How *is* Archaeology Possible

考古何以可能？

考古学理论的对话

陈胜前 —— 著

浙江人民出版社

图书在版编目（CIP）数据

考古何以可能？：考古学理论的对话 / 陈胜前著.
杭州：浙江人民出版社，2025. 5. -- ISBN 978-7-213-11890-6

Ⅰ. K85

中国国家版本馆CIP数据核字第2025T74B86号

考古何以可能？
——考古学理论的对话

陈胜前　著

出版发行：浙江人民出版社（杭州市环城北路177号　邮编　310006）
　　　　　市场部电话：(0571)85061682　85176516
责任编辑：莫莹萍　　　　　　　　营销编辑：陈雯怡　张紫懿
责任校对：何培玉　　　　　　　　责任印务：程　琳
装帧设计：王　芸
电脑制版：杭州天一图文制作有限公司
印　　刷：杭州钱江彩色印务有限公司
开　　本：880毫米×1230毫米　1/32　　印　　张：12.5
字　　数：278千字　　　　　　　　　　　插　　页：6
版　　次：2025年5月第1版　　　　　　　印　　次：2025年5月第1次印刷
书　　号：ISBN 978-7-213-11890-6
定　　价：88.00元

如发现印装质量问题，影响阅读，请与市场部联系调换。

序言　走入理论的天地

在我刚刚进入考古学领域的时候，从来没想过自己将来会做考古学理论研究。这并不是说我进入这个天地纯属偶然，而是说这个过程是不知不觉的，甚至是必然的。我上本科乃至硕士的阶段，其实并不知考古学理论为何物，也不关注它，尽管它就在我眼前。那个时候探讨理论的文章很少，课堂也没有老师专门讲授理论。我读过苏秉琦、张忠培、俞伟超、严文明等先生的文章，其中一部分讲考古学的任务，还有一部分讲考古地层学与类型学。于前者，我当时认为这是大家的指导，于后者我以为是方法，都跟考古学理论没有什么关系。还记得那个时候三秦出版社出版过一本有关国外考古学理论方法的译文集。也看过，老实说，字是汉字，就是读不懂意思。总之，我似乎跟考古学理论没有缘分。

真正意识到自己是在学习考古学理论的时候已经到了博士阶段，我在美国南卫理公会大学（Southern Methodist University，简称SMU）上过三门理论课：考古学原理、人类学理论、考古学理论。考古学原理课更多讲考古学方法，讲方法背后的原理。人类学理论课则比较宏观，讲影响西方考古学的人类学理论流派。我记得分配给我的课堂报告是讲吉尔茨（Clifford Geertz），老师说吉尔茨的英文很优雅,但这倒让我这个外国留学生更为难了,觉得实在不好理解。考古学理论课是宾福德(Lewis Binford)开的,他讲他自己的理论,回击各种对他的批评,尤其是后过程考古学的。由于那个时候我对西方考古学理论还没有一个整体的认识,所以有时听起来也是云里雾里。

博士毕业之后,到中国科学院古脊椎动物与古人类研究所做博士后研究,在自己的研究实践中注意到一个现象,即我们的许多研究受到了考古学理论的约束。更进一步,我开始思考"考古学何以可能"这样的问题,即为什么可以把考古学称为一门学科,而不是一门手艺呢?如果考古学仅仅是调查发掘,那么有经验的技工完全可以比我们这些受过正规考古学教育的研究者做得更好。如果说我们是研究者,那我们究竟要研究什么问题,实现什么样的目标?考古学究竟是一门怎样的学科?如此等等问题吸引着我,而这些问题正好又是国内考古学界很少有人回答的。我很想尝试回答一下,于是,我开启了自己的考古学理论研究历程。

很幸运的是,刚参加工作的那阵子还没有现在这么"卷",因此也基本避开了"青椒"(焦虑的青年教师)岁月。终于有了一段不那么紧张读书的阶段,有点时间消化自己曾经学习的不同理论。借给学生开设相关课程的机会,促使自己去阅读与思考考古学的基本问题。这些反过来又促使自己去做更系统的考古学理论研究,过去近20年的考古学理论研究,也融入课堂中,在学生的反应中进行检验。我想目前阶段一门理想的考古学理论课程应该能够把上述三门理论课程结合起来,系统介绍不同层次、不同流派的考古学理论,同时能够提出自己的理论主张。

有鉴于此,当我在开设考古学理论这门课的时候,就有意这么去做,希望能够让学生首先对考古学理论的范畴有更好的了解。于是,我按照考古学理论的层次、范式、主要的关注点,以及中国考古学的创新问题等四个方面来组织这门课程。我讲到了考古学原理,也讨论到考古学理论背后的思想,还有一些自己的理论主张。五个层次的考古学理论是我提出的划分,以多层次文化作为概念纲领的考古学理论体系也是我的主张。

这样的安排针对当前中国考古学教育中其他理论课程设置不足的现状,大体相当于上述的考古学原理、人类学理论、考古学理论这三门理论课。如果将来中国考古学理论有更大的发展,形成若干独立的理论领域,我的这门课或可以作为入门台阶。那个时候考古学原理可以单独成为一门课程,人类学、历史学,或是社会科学理论都可以独立,成为考古学的相关理论课程,高人更是能够系统讲自己的理论。到那时,中国考古学也足以媲美西方考古学了。

中国考古学理论的发展是现实的必然需求,至少我了解的考古教育就是如此的。近年来,不断有学生,尤其是博士生,在与我谈到论文时,说到论文不好做了。他们选择的几个题目,发现要么早已经有人做过,要么缺少第一手的材料,所以,按照传统思路,即便继续去做,也很难做到超越前人。但是,他们又不得不推陈出新。在我读硕士研究生的时代,全国每年招收的研究生不过两万多人,考古学方向的研究生更是屈指可数。那个时候北大能够让新石器考古方向的学生去野外做半年到一年的田野工作,学生负责一个遗址的发掘与材料整理,然后在此基础上完成硕士论文。如今全国每年招收各类与考古文博方向相关的硕士生(学术型、专业型、同等学力等）可能有上千人，招收的博士生也将近有二百人，不可能再同从前那样让学生拿第一手材料做论文了。

现实情况的确有点严峻，如今博士生毕业普遍延期，博士学制已经从三年改为四年。我注意到，这不是老师的要求高了，也不是学校的要求更严格了，而是形势发展所致。说得直白一点，就是同辈之间的竞争加剧了。当然，你可以选择一个没有什么新意的题目，拼凑一些材料，写上十万到二十万字，混一混或许也可以毕业。但是在同辈中何以立足？如何给自己的理想一个交代？每一个走入研究领域的人，无疑都有一个梦想，希望有所创造，希望能够推陈出新。正是在这样的背景中，理论问题开始受到重视。因为理论意味着新的视角，因为理论意味着研究的深度，还因为理论能够赋予研究以动力。从前大家重视的是新材料，就像我读研究生的那个时代。之后一段时间很强调新方法，记得有一年评审李济奖学金的论文，十多篇论文中就有四五篇用GIS（地理信息系统）做研究的。大家对新方法趋之若鹜，由此可见一斑。最近大家开始对考古学理论产生了兴趣，这是学科发展使然。

长期以来，考古界相信一句话，考古学是研究物质遗存（考古材料）的学科，研究者应该让考古材料牵着鼻子走。这句话听起来好像很有道理，但是，我们需要知道，任何语言判断都是在一定的语境中才有意义的。用这句话来反对主观臆断无疑是正确的，但是如果用它来反对理论研究，那就大错特错了。我相信大家都有一个体验，即便是在偏远农村没有受过教育的人，他们在谈论某人某事的时候，时常以谚语或俗语开头，然后再来说具体的事情。这些谚语或俗语代表的就是人们普遍认同的道理。不引用这些普遍的道理，论说就没有力量。简言之，我们的交流，包括学术研究在内，都是从一定的道理（理论）出发的，否则我们是无法交流的。

人的行动其实是思想（理论）所引领的。以中国近现代革命为例，太平天国运动、戊戌变法、辛亥革命、五四运动，哪一次不是思想先导（包括批判、分析与构想）？哪一次没有思想的鼓动？后来中国共产党人引入了马克思主义，提出了农村包围城市、统一战线、土地革命等一系列思想主张，最后赢得了胜利。每一步都是理论引领的。当然，理论也有很糟糕的，殖民主义、种族主义、纳粹主义、军国主义，给人类带来了深重的灾难。如何避免糟糕的理论也是我们需要深思的问题。科林伍德讲一切历史首先是思想史，就是因为理论思想作为普遍遵从的指引，能够集中群体的力量，从而产生惊人的效果（正面或负面的）。

思想，作为广义的理论，是人行动的指针。然而，我们绝大多数人似乎从未感到需要这些指针，好像没有指针同样也可以行动，跟着大家走，或是跟着感觉走就好。但这并不是说不存在指针，而是我们将指针交给了别人。这样的指针真的合理吗？最近浏览《文化的重要作用——价值观如何影响人类进步》（亨廷顿与哈里森主编）时，我注意到一个问题，如果说文化是包括价值观的，那它必定是某个民族、种族或地域意义上的，按照他们的逻辑，必定会得出文化（或道德、种族）优劣论的论断以及"地域黑"的偏见。他们所主张的文化研究理论看起来似乎很合理，亨廷顿本人也是学界的大咖，不过，经过反思之后，我不得不说，他们所谓的文化研究需要引起研究者警惕与深思。

理论的意义不仅仅提供指针，还提供批判反思的能力。因为实践的代价太大，所以必须对行动的理由进行多角度的思考，因此理论的园地应该欢迎"百家争鸣"。这也是避免我们被理论误导的基本策略之一。

我们如何来评判一个考古学理论呢？这里存在两个视角：一个是外部的视角，即从社会背景、时代思潮以及相关科学发展的角度来看，比如过程考古，它与20世纪60年代的社会变革、科学哲学的发展，以及放射性碳测年技术与计算机技术的应用等密切相关；另一个是内部的视角，考察考古学理论、方法与实践之间的矛盾关系。过程考古学出现之前，功能主义考古其实已经在英美地区流行，它不像过程考古学那样有完整的理论体系，但是它在实践上为过程考古铺平了道路，在支撑理论与方法上，如文化生态学、文化进化论、聚落考古等，为过程考古的形成奠定了基础。从内、外两个视角来分析，我们就比较容易弄清考古学理论发展的背景关联。

不过，真正能够检验理论的还是实践，长期的实践。这一方面需要我们在时间进程中来考察，短时间内或者是身处其中的时候，不容易看清楚。风物长宜放眼量，离开一段时间，经过较长的时间之后，就可能得到较为准确的判断。从另外一个方面来说，检验需要与社会实践结合起来。理论如果只是一个人的空想是没有力量的，只有进入社会实践当中才有价值。对于一个考古学理论来说，需要跟考古学研究实践结合起来，并且进入学术社会之中。就过程考古学而言，其实在它之前，瓦尔特·泰勒（Walter Taylor）已经提出过类似的大胆的理论主张。但是，他的理论没有得到学术界的响应，反而受到学术界的排斥，无疾而终。到宾福德的时代，首先就获得一批年轻学者的拥护，部分资深学者也予以支持。在过程考古学的推动下，考古科学、中程理论获得了前所未有的发展，学术界的研究重心从分期、分区与文化联系转向了文化适应，甚至今仍然是美国考古学研究的主体。尽管如此，过程考古学在揭示文化发展规律方面取得的进展相当有限，除了与进化论、生态学等结合形成一些生物学意义上的普遍认识之外，在历史、社会与文化意义层面上，基本没有什么突破。经过考古学实践的检验，我们现在比较清楚地了解过程考古学的优点与不足。

许多时候，我们可能没有感到考古学理论有什么作用，甚至都没有发现考古学理论的存在。考察考古学的发展，你会发现考古学的每一点进步似乎都离不开理论的指引。比如我们熟悉的考古地层学，在田野考古操作中，它就是指叠压打破关系，根本看不出有什么理论内涵。而回到19世纪考古学形成的时期，就会发现它需要立足于地质学的均变论，即作用于古代的各种营力同样作用于现在，也就是古今一致原理。如果没有古今一致原理，我们实际是无法认识地层的。在一个神创论主导的世界里，你能看出地层成因吗？你能确定叠压打破关系吗？认识到均变论是一个伟大的进步。它还为进化论的出现奠定了基础，人类的由来不再需要虚构一个神来解释。

理论仿佛空气，平时你不会感觉到它的存在，但是当你注意呼吸的时候，你就会注意到。如果没有空气或是空气稀薄，你马上就会感到困难。我们当前感到研究困难，很大程度上要归因于理论的欠缺。一批考古材料摆在那里，有人已经研究过，但是，这一批材料是否有且仅有一个研究视角呢？显然不是，当代考古学理论提出了N个视角，你可以从许多不同的方面来开展研究。

对于学习者而言，这是一个特别关键的问题，即如何把所学到的理论与考古材料或问题研究结合起来。遗憾的是，这不是一个完全能从课堂上学习的东西，必须通过较长时间的实践才能真正掌握。某种意义上，这就使得课堂学习考古学理论似乎是纸上谈兵。但是非学无以广才，没有理论学习为基础，谈何与实践相结合？

走入理论的天地，你会发现原来我们可以这么看待考古材料，世界原来如此丰富多彩；你会发现原来视为理所当然的东西，可能并不像你所想象的那么坚实。

走入理论的天地，你不需要抓住某个理论部分不放，抓住的都是教条，你需要深深地"呼吸"它，也就是体会它，让它融入你的研究，直到你浑然不觉理论的存在。

走入理论的天地，你可以让考古学研究更加深入，让我们的研究不再止步于物质材料，而是可以进入古人的世界，进入更宏观的历史空间，与整个人类的发展联系起来。

目　录

第一讲　什么是考古学理论？ / 001

　　什么是理论？什么是考古学理论？ / 002
　　理论在哪里？ / 006
　　研究是从哪里出发的？ / 008
　　考古学理论是有层次的 / 009
　　理论思维的训练 / 010
　　考古学与科学 / 013

第二讲　文化历史考古 / 025

　　考古学文化理论的前提是什么？ / 025
　　为什么会有文化历史考古？ / 037
　　文化历史考古存在的问题 / 049

第三讲　从文化历史到文化过程的范式变迁 / 053

　　如何理解范式与范式变迁 / 053
　　文化历史考古缺什么？ / 059

选择合适的范式 / 069

第四讲 考古材料 / 082

什么是考古材料？ / 082

中国考古学是如何理解考古材料的？ / 085

考古材料是怎么形成的？ / 089

第五讲 过程考古：作为人类学与科学的考古学 / 108

寻找中程理论 / 108

过程考古的意义 / 114

中国考古学与过程考古 / 132

第六讲 后过程考古：考古学的人文转向 / 140

关于后过程考古 / 140

人的世界是怎样的？ / 147

考古材料的增加是否会限制阐释的可能性？ / 153

多元阐释何以可能？ / 155

考古材料可以反复解读吗？ / 159

第七讲 创造属于自己的阐释 / 167

后过程考古实践的基础 / 167

后过程考古是否科学？ / 174

第八讲 能动性考古 / 193

考古学为什么要研究能动性？ / 194

意识形态对物质材料的影响 / 208

如何从物质材料中寻找意识形态？ / 211

意义的世界 / 213

第九讲　景观考古：寻找空间的文化意义 / 217

什么是景观？ / 217

考古学研究景观的意义 / 221

景观在考古材料上的表现 / 224

第十讲　考古学的新物质观 / 243

什么是物质性？ / 245

人与物的关系问题 / 255

物质性理论的考古学意义 / 260

第十一讲　文化与进化论 / 269

为什么会有进化论考古？ / 270

文化与进化论 / 274

进化论考古 / 286

第十二讲　考古学距离马克思主义有多远？ / 292

马克思主义与考古学 / 296

中国的马克思主义考古 / 300

如何进一步发展马克思主义考古？ / 304

第十三讲　古典-历史考古：考古学的文化使命 / 316

什么是古典考古？ / 316

古典-历史考古是否可以成为一个范式？ / 320

寻找中国的古典考古 / 325

中国的古典文化教育与考古学 / 328

中国古典-历史考古研究 / 330

第十四讲　社会考古：人们是怎么塑造社会关系的？ / 336

社会身份认同问题 / 336

性别认同的塑造 / 343

社会认同的考古学研究 / 350

第十五讲　时代精神与中国考古学的范式变迁 / 357

范式的演进 / 357

科学与人文 / 362

范式之间的关系 / 365

中国考古学如何实现范式变迁？ / 369

后　记 / 382

第一讲
什么是考古学理论？

这门课程主要讲授当代考古学理论现状。会讲到不同的理论主张，尤其是过程考古，这是我个人的强项。最后会讲到它们和中国考古学理论的关系。课程设置的目的是想让大家了解考古学究竟有什么理论，并在此基础上，希望大家掌握理论思考。

我讲的或大家在书上读的理论，很快会被忘记，看似什么也不会留下，但是你的独立思考会伴随你的整个研究生涯，这是更有意义的事。另外就是学术习惯的培养，交流讨论，教学相长。

教学对我自己来说，一直都是学习的机会。因为在大家的提问或讨论中，有不少问题是原来我根本就没有考虑到的。从事教学近20年，我注意到一点，就是我在回答问题方面好像比课堂讲授方面做得更好一点。可能是因为，问题涉及的内容比较集中，回答相对会更切实一些。空讲的时候往往不知道重点，海阔天空，大家也不容易掌握头绪与重点。理论问题的关键并不在于是否知道，而在于是否能够理解，有针对性的讨论更有利于大家去理解理论。

下面我们围绕几个或系列的问题展开讨论。究竟什么是理论？有没有考古学理论？或者说考古学研究中你认为有没有用到理论？

什么是理论？什么是考古学理论？

究竟什么是理论？大家不需要给我一个明确的答案，就说你们是怎么认识的。

——我觉得理论就是得到大家广泛认同的东西，然后在研究的时候大家可以当一个标尺。应该类似于规律那样的东西，应该符合大多数情况。[1]

你说是概率性的，大多数情况，70%的概率？那我们的考古学中有没有你说的理论？我们的考古学研究有没有用到理论？

——好像没有。我觉得现在国内考古学研究里面还没有用到理论。我在想范式和理论有什么不同。

范式是包括理论、方法、实践体系在内的东西。按照托马斯·库恩（Thomas Kuhn）的说法[2]，是指某些普遍接受的科学实践范例——这些范例包括定律、理论、应用、仪器设备等在内——它们为特定统一的科学研究传统提供基础模型。它是一个科学共同体共享的观念，就好像牛顿的古典力学，是大家都遵循的基本的理论、基本的方法，包括共享基本的概念、讨论共同的问题。但是，他的理论体系后来被打破了，绝对的时空观被相对的时空观取代。这是比较经典的范式变迁。理论只是范式的组成部分。你心目中的理论应该是什么样的？

——我觉得理论是规律，可以改变，说它是标尺好像绝对化了。

---

[1] 本书楷体字体的内容为学生的提问或回答，下文同。

[2] T. S. Kuhn, *The Structure of Scientific Revolutions*, third edition, Chicago: University of Chicago Press, 1996.

理论就是先导式的那种，能够对我们做研究有比较大的推动作用。

那就是指导而不是先导，或者是导向性的。理论好像很玄妙，不可捉摸。理论应该有导向性，这是很重要的。按照你说的，理论具有导向性的话，那我们的研究实践是被理论引导，还是被考古材料引导的？有观点认为考古学研究应该被考古材料牵着鼻子走，你认为还可以被理论牵着走。你认为我们目前偏向哪一种？

——可能偏向于材料吧。

那这就是被材料牵着鼻子走。这是否意味着理论的导向性还没有被发挥出来？前人往这儿走，所以我们也往这儿走。那为什么会有那么多的学术批评呢？我是不是可以这么认为，你承认有套路，同时你又承认可以反套路，是不是这样？就是在前人的基础之上，有时候有些人不赞成既有的套路，提出新的套路。不然的话，所有的考古研究都是一个套路了。理论是套路，这个观点很后现代，不合适或是腻味了，就换一个套路？

——研究者在选择方法的时候可能会受到理论先导的影响。

你承认理论有先导性，先有套路后有行动。那就是反对被考古材料牵着鼻子走，倾向被考古学理论牵着鼻子走，是吧？有人说考古学理论里有很深层次的理论，那也是被套路牵着走的吗？究竟什么是套路呢？

——先看到一批材料再决定怎么去做，就是套路。

你的意思是，套路还是实践的产物。那什么会影响理论的生成？

——世界观。我觉得理论是一种观点、看法，当然这种看法不是零散的，而是具有系统性的，从零散的观点里提高或升华出来的。

世界观是系统的，但你要说观点、看法的话，就比较散了。我们在讲哲学的话还会讲到价值观、认识论，这些跟考古学家也有关系。

——考古学理论的产生来自两个方面：一方面大部分人经过实践慢慢地产生自己的看法，另一方面才是观念先导的。

那你这么说的话就有点自相矛盾了。你说我们在开始一项研究的时候，都会有一些观念或观点。观念优先应该是唯心主义的，唯物主义的话应该是物质优先，观念是后来的。你有没有意识到这个问题？

——我觉得我刚才说的在研究之前产生的观点，是从前人的认识中得来的。

是前人的意识，还是现在的材料？

——您这么一说，我突然觉得我好像无法自圆其说了。

这个事情本身比较复杂。观念或观点来自材料，还是前人的实践（认识），泛泛地说好像都可以，但这里面有没有先后呢？

——您这问题其实像是在问，刚出生的婴儿他脑子里的第一个想法从哪里来的。

这涉及另外一个问题了，涉及人类认知的起源。有的人认为是一片空白，即白纸说；还有的人认为不是这样的，就好像被设定了，里面有套路，你赞成哪一个？人类有语言能力，那是因为人的大脑中本身有个套路（模块），所以人会说话。黑猩猩你再怎么努力教它，它也只会几个词汇，永远无法连成句子。实验研究显示，它的语言能力最多达到两岁多小孩的水平，因为它的大脑中没有这样一个发达的模块。这也就是说还是有套路的。但这个套路是怎么来的？你刚才说到了实践，就是历史实践，就是历史积累。

——觉得很好用就用下去。

这是比较典型的实用主义立场。实践中感到这个很合适，就继续用下去。但这里面还有一个问题，就是在用的时候往往不是一个人在用，而是很多人在用。有的人用着合适，有的人用着不合适，或者在某些地方合适，某些地方不合适。有人把一个亿确立为一个小目标，而我们觉得是天方夜谭。这个时候面临的问题就是，谁说了管用。最后得出的结论可能是，从历史中得出来的，但历史是强权者的历史，不是被淘汰者的历史。如果按照你的逻辑，有用是吧，那是对谁有用？这个世界有很多人，不是一个人，有男人、女人、老人、小孩，有钱的、没钱的、有劲的、没劲的，最后就是特别符合社会达尔文主义，适者生存、强者生存。再推广一下，是不是现在我们流行的理论都是强者的理论？流行的理论不仅仅在于它的合理性或真理性，还在于它的强权性，它在社会中的优势地位？

——这个不好说。它两方面都要具备。我的理解是，理论在研究中会呈现出多样的形态。在研究中，理论一会是这样的，一会是那样的。理论不一定来自考古学，理论可以从哲学、社会学等学科中来，引入考古学后，可以让考古学家从考古学材料中找出相对应的部分。

你说的多样是指认识多样吗？理论的本质是什么？你的话我是不是可以这么理解，理论高于考古学研究，可以指导考古学研究？理论是比考古学更具有普遍性的东西，是一个概括？理论本身的特点是什么？那我先问你，什么是方法？

——我理解的方法是介于理论和材料之间一种很模糊的东西。我觉得做研究可以按照套路进行，但套路不是理论。

套路不是理论，而是方法？

——对。理论要超越套路，要具有指导性。研究是被理论牵着走的，怎么运用套路，是由理论决定的。所以说，理论一定是在前的，研究中理论可能不会显现出来，但研究的背后一定是有理论的，在研究者的思路中一定是有理论的，研究者可能自己不说，甚至他都没有发现，就体现在套路上。

理论是什么？理论就是要超越套路吗？怎么指导呢？如果研究本身已有套路，按套路走就好了，那还需要理论指导吗？理论是暗含在套路里面的一种东西？就是有，但看不见摸不着？

——具体的，是可以说出来的。

既然是可以说出来的，那为什么不说出来呢？你的意思是，当套路的效用不足的时候，研究者才会想到理论？但是要改变套路就要先改变理论。我总结一下，即理论是抽象的，是暗含在研究里面的，有时候不可言说；当方法或套路在研究实践中出了问题的时候，我们就需要调整，这时候就需要把理论拿出来说一说了。也就是说，一般情况下是不需要谈理论问题的！

理论在哪里？

大家刚才讨论了什么是理论，有的说是广泛认同的、标尺性的、类似于规律那样的东西，还有的说理论要有先导性，还有的说理论类似于套路，还有的说理论与世界观相关……都说得很好，我个人的理解是，理论是有关"理"的论述，核心就在于"理"。生活中人们常说，要讲理呀。理的确是具有普遍性的东西，是需要得到广泛认同的东西，是具有规范性的东西，也是具有规律性的东西。理究竟在哪里呢？

我们知道自然界存在很多"理"，自然科学里有众多这样的"理"，涉及数、理、化、天、地、生等学科，最简单的"理"是一些符号的计算规则，就像我们用在半导体上的二进制，因为有这种"理"，然后才可以进行运算，才可以发展成为复杂的信息传递。自然科学里有许多的"理"，自然界中存在许多的"理"，考古学中常用的进化论就是来自自然界中的"理"。

人类社会中也有"理"，社会的"理"有一些涉及人类行为，还有一些是关乎社会发展的，如经济学。经济学里有很多的"理"，第一大原理就是机会成本，你要有所得就一定会有所失，有机会就一定有成本，就一定有付出，这是经济学的原理。政治学的中心是权力，围绕权力产生、权力分配、权力使用，也都是有其"理"的。

在文史哲这样的人文领域，同样也有"理"存在的。大家都了解一些人生哲学，人生哲学里有不少大道理，如什么样的人生有价值，什么样的人生是幸福的，或者说什么样的人生值得一过，如此等等。古往今来无数的哲学家思考过这些问题，中国古人特别擅长人生哲学。哲学还讨论世界观与认识论的问题。世界的本源是什么？我们何以认识这个世界？我们是怎么认识这个世界的？这需要"理"，这里的"理"像是基本前提。你生活在这个世界里面，如果感觉都是可以制造的话，你何以知道这个世界是真实的？你怎么敢说这个世界不是虚构的？如果我对你的感觉进行干扰的话，你可以出现快感，可以出现一个虚幻的世界，如果感觉整个可以设定的话，那你何以知道这是设定的，而不是真实的？

这么说可能有点极端了，就我们的研究而言，应该指出，理有很多的层次，涉及不同的范围。当它涉及的范围越大、层次越高的时候，就越有可能出现规律性。在自然界中，我们知道规律性是很强的，如无所不在的万有引力。但是当你进入社会领域，就会发现好多事情并没有那么强的规律性，再往上，讲到世界观，此时就很难用规律这样的说法了，但仍然存在"理"（我们通常称之为道理）。所以，我们知道"理"有很多层次，在不同的层次里它的客观性是不同的。

研究是从哪里出发的？

关于理论的先导性，涉及我们是怎么使用理论的，因为我们所有的人，都是在受到系统教育之后，才开始研究的。我们都是经过长期的教育后才能理解这个世界。一个小学毕业的人坐在这里就不知道我在说什么，不知道讨论这个东西有什么意思。你们之所以能够理解是因为你们接受了相关的教育，所以有同学说考古学理论是套路，就是我们提前装备好的东西，就是已成熟的观念。我们是先有观念后有行动，那么为什么要说研究应该被考古材料牵着鼻子走呢？单纯看这句话，你知道这实际上是做不到的。那么这句话的真实意思是什么呢？我们在听一句话的时候，要注意语境。根据这句话的语境，其原本的意思是说，在考古学研究中你不能天马行空地想象，你不能拿材料去套理论，这个方面，我们是有教训的。我们要被考古材料牵着鼻子走，这个说法有特定的语境，针对曾经存在的问题，而不是一个无限的放之四海皆准的东西。

我们是从观念出发的，但需要强调的是，观念和材料是一个互动的关系，不可分割，互相纠正。不知道大家讨论时是否意识到这一点，这个讨论的前提是二元论，二元论有没有问题呢？要是回到一元论，很多说法可能都要修改了，我们后面讲到的后过程考古学就是立足于一元论的。

考古学理论是有层次的

我们在说理论的时候，是跟考古学联系起来说的。需要知道，考古学研究从底层到高层都是有理论的。最底层的是具体的实物材料，此时考古学研究跟自然科学差不多，面对的是实在的客观的东西。考古学理论还会上升到类似于世界观、认识论、价值论的层次。考古学理论中，有一部分有明确的规律，就像我们说的考古地层学，根据叠压打破关系原理，早的东西可以出现在晚的地层里，而晚的东西是绝不会出现在早的地层里的，这不会因为你是怎么想的而改变。如果你在早的地层里发现了晚的东西，要么是混入的，要么是你把地层做错了，不会有其他的情况。时空穿越是文学，在考古学中这种可能性是不存在的。

当我们用考古材料来推导人的行为的时候，比如说通过墓葬来了解古代人的丧葬观念，通过聚落形态来了解社会复杂性，通过石器来了解当时人类的生计方式，你会发现这个里面存在一个问题，那就是，其中存在的规律是有限的。你可以去做这样的研究，但是你只能具体情况具体分析，针对你这个区域，针对你这批材料。你不能说我这批石器是这样使用的，那世界上所有这样的石器都是如此使用的，没有这么高的普遍性。以丧葬为例，把厚葬与阶级社会画等号，这个说法可能是错的，因为伊斯兰社会普遍薄葬，无论是有钱人还是穷人。当进到社会领域的时候，规律会受历史、文化背景的限制。当讨论世界各大文明起源发展的模式之类的问题时，你会发现往往是众说纷纭。当我们进入世界观层面的时候，就面临一个问题，就像我刚才说的，是观念优先还是材料优先？

理论思维的训练

考古学是一门客观的学问，还是一门被观念渗透的学问？这就会涉及最深层的哲学问题。如果是观念优先的话，因为持不同的价值观，或者说不同的立场，毫无疑问，必定会导致认为考古学并不客观。这正是我们大家刚刚讨论过的，我们可能仍然没有办法得出一个明确的结论，但是我们对这个问题的认识比以前更深刻了，我们的理论思维开始启动了。

在思考理论问题时，你需要关注概念的适用范围、概念的基础、概念成立的前提等。所有的论述都要立足于概念，你说这是一个杯子，杯子的概念是什么？杯子作为一个客体存在没有疑问，但当我们说它是一个杯子的时候，对杯子需要有所定义，这个概念还涉及一个知识网络，如容器、定居、现代生活等。我们在开展考古学研究时，需要思考问题所涉及概念其基础是否牢靠？就像在为盖个三层楼所准备的地基上，盖十层楼，那肯定是要出问题的。在思考理论问题时，我们特别需要关注论述成立的前提。如果前提出了问题，就很容易被驳倒。刚才我们说到的套路中就存在很多的前提，有些前提可能是不需要明说的，比如说世界是存在的，因为世界不存在的话，我们就没必要坐在这儿了，也没有必要讨论什么是考古学理论。

还有一个不会明说的前提是，世界是可知的。如果不可知的话,大家还在讨论什么?很显然,知道这个东西大家是可以沟通的,是有共识的,是有普遍性的,不然的话大家就没法交流。每个人看到的世界都不一样的话,你说的世界和我说的世界不是一回事,那咱们在这儿说什么?我们说的事虽然有偏差,但还是存在共识的,是可以沟通的。这是理论研究的前提,然而,并不是所有人都承认这个前提的。有人会说,感觉并不可靠,历史上很多被认为可靠的知识已经被否定了,谁也不敢说我们现在的认识就是正确的,所谓可知只是暂时的,只是自己认为的而已。当然,作为考古学研究者,我们基本不需要考虑世界是否真的存在与可知的问题,我们把这些问题留给哲学家了。这里举这个例子,只是想说明,理论前提是普遍存在的,发展理论思维需要去追问前提问题。

与考古学直接相关的前提,就是世界是否客观。部分考古学家不认为这个世界是客观的,而秉持科学导向的人则认为这个世界是客观的,因为不是客观的一定没法搞科学。但人文导向的考古学者大多数不相信这个世界是客观的。什么叫客观呢?我的办公室所在的人文楼客观吗?作为可以感觉之物,这个楼能不客观吗?但是从后过程考古学的立场来看,这个楼就不那么客观。十多年前,这个楼外观重新装饰过,它的里子是现代主义式的,是彻底功能主义的,可以说是在有意回避装饰。中国是有建筑传统的,有自己的装饰符号,它与历史做了切割。这也是现代主义的主张,正如现代主义的建筑大师柯布西耶(Le Corbusier)所言,决不能把钱花在没有用的装饰上(大意如此)。

然而,现代主义并没有摆脱象征,人文楼也有暗含的意义,它的平面呈人字形,但是这人字形只能在高空或是平面图上看见。于一个在现场的人而言，你同时只能看见两翼。设计师的目标似乎是想做成一个人字形，象征人文楼，但这个人字形一般人是看不见的。这个尺度就不是给人直接看的，而是适用于图形的展示或是远观与鸟瞰。它一点都不客观，至少并不像我们想象得那么客观。不知道大家注意到没有，权力机构的建筑通常都是对称的，古今中外基本如此。这个很有意思，为什么呢？因为不这样它不足以体现权力。然而大型购物中心的设计很少是对称的，显得无比亲民，让你愿意进去消费。物质材料是客观的，这毫无疑问，然而涉及与人相关的事情就没有客观性可言。

类似的情况很多，具体到我们做研究时，器物形制和功能的讨论某种意义上说就是这样的。刮削器一定要用来刮削吗？砍砸器就一定用来砍砸吗？基于客观存在的形制，我们给器物取名字，并悄悄给它设定了一个前提，即一定的形制对应一定的功能。然而，现在我们做石器的时候就会发现这个前提不是很靠谱，形制与功能之间有一定的相关性，但不是绝对的。

所以，我们在考察一个论点的时候，首先得质疑立论的前提是什么，即在什么样的情况下（有多少材料，有什么样的原理），所提出的论点才能够成立。就考古学理论而言，只要我们不断追溯立论的前提，就会一直追溯到考古学存在的哲学基础，就会追问到一些本源性的东西：究竟什么是考古学？考古学何以可能？考古学有何意义？如此等等。很多时候我们不需要追溯这么远，就一个具体的论点，往往追溯两三步，它就可能瓦解了。追上两三步，你就可能发现它的立论前提有问题，当你发现它的立论前提有问题的时候，后面的那些论证就不值一驳了。

这是我们说的理论思维中很重要的方面，质疑概念，质疑立论前提。在研究中，我们首先必须保证概念的统一性和立论前提的可靠性。只有对立论前提有认同时，才可以交流。如果你认同的前提，我并不认同，那后面的讨论就都不成立了，比如说许多人认为文化变迁来自传播，也有人根本不认同这个前提，认为文化变迁与传播之间没有必然的联系。所以我们说，进行理论问题的讨论时，必须知晓前提。你可以选择认同它或是批判它，你认同就可以继续使用，不认同就不能使用。

有没有考古理论？肯定有！我们有没有用到？用到了！就像前面有同学说的，我们用了，但是没有说出来。理论有不同的层次，不同层次的理论与考古学研究的不同环节相关，从材料的获取一直到最后的解释。就"考古材料"而言，为什么我们敢把一些物质遗存叫考古材料？你凭什么认为物质遗存就是考古材料？那么盗墓的人盗掘的东西是考古材料吗？你肯定说这不是材料，那为什么它不是材料呢？因为它不是经过考古发掘所得。那为什么经过考古发掘的就是考古材料，没有经过考古发掘就不叫考古材料呢？因为考古发掘的时候，我们会关注遗存的空间关系。为什么要关注遗存的空间关系呢？因为空间关系决定遗存的年代，决定遗存与人类行为的关系。其中暗含着考古地层学的科学原理。考古学之所以不同于盗墓，正在于它的科学性。

考古学与科学

——就这个问题我首先想到的是，如果要说考古学是否科学，或者说究竟有多科学的话，首先得知道什么是科学。至于什么是科学，考古学研究的目标是什么，在这个目标下我们可以做到什么，我理解科学应该是可以被用来证伪的，不能证伪的就不是科学。

按你说的，可以证伪的就是科学，不可以证伪的就不是科学。那我们现在发掘的考古材料，是什么年代的都可以证伪吗？

——在某种情况下可以证伪，某种情况下不可以证伪。比如说我挖出了一个东汉晚期的墓葬，它可能是东汉晚期的墓葬，也有可能是西晋时期的。

确定年代的还有其他材料，如墓志、竹简或者其他有关纪年的材料。有纪年的材料是不是可以用来证伪？那就是说，这也可以是科学。

——这只是一个基础材料问题而已，还没有达到科学的高度。

那是不是说，至少在基础材料层面上，考古学还是有一点科学的？在基础材料层面上有一定的科学性，那你认为哪个部分的考古学没有科学性？

——在解释考古学材料的部分。

我们或许可以这样理解，历史事件发生过，历史事实存在过，就可以说是客观的吗？问题是我们能不能认识到它，我们能不能认识到历史事实。跟考古学比较相关的问题就是，我们能不能认识到远古时代的过去。

——我觉得一定程度上可以了解过去。我也认同这样的了解。但是你要说复原过去的话，我就不太认同了。

如果复原是指百分之百的话，确实不可能复原，历史已经消失了。百分之百地复原，那等于说让历史重现。重现的意思是要让历史再来一遍才行，不再来一遍肯定不行，那都不是百分之百。但如果我们说的复原不是百分之百呢？我们说的复原是说我们了解它的基本信息或重要信息。复原历史或者说复原过去，很显然只是复原某一部分，是绝对不可能做到百分之百复原的。我们能够复原的是什么？复原历史过程是考古学的任务，现代考古学兴起以来，我们颠覆了宗教创世论与神话传说，重建了人类的史前时代，这是一个科学的过程吗？如果你说考古学不是科学，那你认为什么是科学？按你的说法，这样的考古学解释不科学吗？

——我也不知道说什么好了，有点懵。

我们先不说考古学是不是科学的，那你认为考古学的目标是什么？如果不知道的话，就说说个人的目标，你个人从事考古学研究的目标。

——如果是说我自己的话，就是为了获得一个体面的人生，不是纯粹为了了解过去，而是为了当下。现在看过去，是为了了解未来和过去的关系。

考古只是一种体验，体验过去与现实之间的联系。

——是的。体验过去也相当于体验现在，这为体验当下添加了一个角度，从而有了更丰富的体验，比纯粹体验当下更丰富。

人生当然是一种体验，那你为什么要体验过去和现实之间的联系呢？体验现实不很好吗？考古学研究是一种体验。说得也没错，考古学必须要有体验，没有体验就不是考古学。你的说法也不是特别的天马行空。你好像确定了，只有体验才是真实的。那你在写论文的时候就很麻烦了，你写论文的时候能够直接把你的体验写出来吗？

——不能，论文一般不会涉及这部分，这是我比较个人的部分。

是啊！其实是可以的。你的这个想法太具革命性了，在目前还不是很能被容忍的。有一种考古学理论就认为，考古学研究应该要加入体验，这是很后过程（考古）的主张。刚才我们提到了发掘，其实我想编一本书，叫《看见考古》。后过程考古特别强调不同人的体验，主张多元叙事。在这本书里，可能由我做一个主持人，内容可以有学生实践时获得的一些认识，还可以有当地民众的认识，他们对自己家乡的一草一木都很熟悉，我们可以听听他们对考古学、对出土物的认识。很可能不那么正确，但是会很有意思，不同的表述交织在一起，好像万花筒一样。

我最近在读王澍的《造房子》[①]，他是中国建筑界第一位普利兹克奖得主，这个奖相当于建筑界的诺贝尔奖。他设计了中国美术学院象山校区、宁波美术馆等。他的作品不是很多，但是都非常有特色，有创意。中国美术学院象山校区用了700多万片从浙江各地收集来的旧砖，都是别人不要的。里面的墙是采用当地特别传统的工艺做的。过去当地的穷人，常常用一些破砖烂瓦来砌墙。这里有个小缝隙，那里有个小缝隙，哎，这块材料正合适，于是就塞进去。整个墙最后看上去特别斑驳，特别沧桑，特别有历史感。他在做这项工程的时候，每天都去工地，每天都和工人商量，这些工人与包工头说了一句很有意思的话："凡是我们认为做错的，王老师都认为是对的；凡是我们认为做对了的，王老师都说做错了。"因为在砌墙时，他们习惯垒好砖之后，就"唰唰唰"地抹灰泥，然后准备贴瓷砖。王澍说："别这样，不能这样做，要随心所欲地砌，

[①] 王澍:《造房子》,湖南美术出版社,2016年。

要像你们老家那样地砌砖。"这些工人都参与进来,参与到整个项目中来,他们有很多的发明。

建筑师不是高高在上的,不是建筑师指导工人怎么做,而是大家在一起参与和发明,非常强调体验。这个做法特别后过程,特别后现代。用这些旧砖瓦,他们创造了一个全新的建筑。他得奖的时候,称自己为"业余建筑设计师",搞业余建筑。王澍在学生时代就很有名,他有名不是因为那个时候他设计了什么作品,而是他在大二的时候就说,没有老师可以教我。他说中国的建筑师只有一个半,一个是杨廷宝,另外那半个就是他导师,特别狂。上硕士的时候,硕士论文答辩时,当时答辩委员都同意了,但是后来没给他学位,因为他太狂了。似乎真的应了孔夫子的那句话,"必也狂狷乎"。确实你得有一股狂狷之气,敢说中国考古学界只有半个考古学家,或者说根本就没有考古学家。要有这么一种勇气,才会有颠覆性,才有革命性。

沿着套路走不算什么,你要敢反套路,你敢创新套路,那才叫了不起。我们学前人的套路就是为了超越他,这是我们的目的,而不是说我们学这个套路就是准备永远照着这么做。永远照着前人的套路做就不会有真正的研究了。人类了不起的地方就是永远不满足,永远在探索,所以我们可以"上九天揽月,下五洋捉鳖"。因为如果你满足了,就一切挺好的,就不用再研究了。

——我认为考古并不是完全意义上的科学。科学是一系列学科的集合,而不是说科学是一个过程,许多学科的研究其实都在按照科学的方式进行。科学的方式包括观察、数据分析,然后假设,最后进行检验。考古学有一个问题,它不具有精确性,不具有可重复性。

你觉得科学不是一个过程？你说的就是一个过程啊！如果说科学要具有可重复性，那按照可重复性原则，好多学科都没有可重复性。

——自然科学有，不就是这样定义科学的吗？如果它没有可重复性的话，就不是完全意义上的科学。

那地质学有可重复性吗？

——地质学好像有点问题。

考古学不是完全意义上的科学，那它究竟在哪个层面上科学，哪个层面上不科学呢？科学的标准是可证伪，或者是可重复。严格意义上的科学就必须可重复，可以受检验。考古学有一定的科学性，但是不完全科学，不像严格意义上的科学。那你认为考古学研究的目标是什么？

——我觉得考古学研究的目标，应该就是从物质文化当中观察时代的变化，探究时代变化背后的历史的规律。其实不用放到这么大，就是吃什么、穿什么、住什么，衣食住行。

你没有说物质材料，说的是物质文化，就是通过实物材料来了解古人的生活。即我们要重建过去，重建过去的生活方式。这不可能是百分之百的，就是能得到什么就重建什么，能重建精神的话更好。这里面首先要承认有一个真实的过去存在。其次，从物质遗存中可以重建真实的过去。如果我们的目标就是要重建一个真实的过去的话，能够说我们跟科学没有关系吗？科学就是求真的。如果终极目标是真实，我们可以把这种真实理解成为上帝，好像可以是吧？终极的真实，绝对的真实！即便永远不可能实现，但需要永远去追求。在基督教里，你完全可以把上帝理解为绝对真实。明明知道不可实现还要去追求。从这个角度说，追求绝对真实，带有宗教的理想色彩。

——这就像西西弗的神话一样，你永远不可能把石头推到山顶上去，但是你可以处在推的过程中。我们可以趋近真实，但是找不到绝对真实。不可能说，我能复原出过去的每分每秒。

现在我们说具体一点的问题，就古代陶罐里装了什么我们可以进行脂肪酸分析，这不真实吗？我知道古人吃的C3植物比较多，这可以通过同位素分析进行验证，这很科学吧？再往上推，比如说是否为母系社会就开始有问题了。大家马上就会问什么是母系社会，母系社会有什么物质特征吗？究竟是财产的母系传承，还是子女都是跟妈妈一起生活，还是说女神崇拜，还是说只是一种血亲的计算方式？母系社会只有一种社会形态吗，还是说有很多种形态？如果什么叫母系社会大家都弄不明白，也就无法进行推理了。再进一步探索古人的观念，就更难了。我们越往上推，就越难以验证。也就是说，我们可能在物质材料分析这个层面上科学性还比较强，然后我们在物质材料层面推导的基础上，再往上推导的时候科学性就在减弱，第三次再在上面推导的时候，科学性就更弱了。这可能是大家能够达成的一个共识！我们说考古学不科学，不行；说考古学很科学，也不行。我们现在想了解孔夫子的想法，他原来写《论语》的想法，你认为可不可能呢？这是不是我们的研究目标呢？刚才我们说要重现真实的过去，我们现在研究《论语》，最重要的目标应该就是理解孔夫子原来说的是什么意思。后人的可能全都是误解，我们的终极目标就是真实。

——我觉得这个有点太绝对了。

你觉得孔夫子的原义应该是《论语》研究的目标吗？

——我觉得不完全是。我觉得孔夫子原来怎么想的不重要，重要的是《论语》对于我们当下的意义。我觉得考古学研究像老师说的，一部分科学，一部分不科学。解释材料的时候它可能是有一定的科学的套路存在的。但还有一部分是比较玄的东西，比如说精神、观念什么的，它就不科学了。

刚才我们说清楚了，考古学在哪些层面上科学，哪些层面上不科学。现在说的问题是，考古学的目标是不是要重建真实的过去？我们用了孔夫子的这个例子，把真实的过去理解成为孔夫子的原意，即真实的过去；现在我们认识到更重要的是，要根据现实需要来解读。这实际是两种立场，你是赞同后面这个立场？

——现实的需要。我是觉得是这样的，我们在重建真实过去之前，其实首先要相信有这个东西；但是怎么重建，则是另外一回事了。

也就是说，在解读的时候还是不能脱离真实的。虽说不能脱离真实，但真实并不是我们的最终目的，我们的最终目的是满足现实的需要。如果说考古学研究的目的并不是在完全了解真实的过去，这是不是对我们有点打击？就拿我们都熟悉的《论语》来说，大家知道，孔夫子原来的意思并不那么重要，事实上你是无从知道他的原意的。你不可能回到两三千年前，即使你遇到了孔夫子，他也未必清楚他原来说的这话的意思。语言的意义高度依赖情境的存在，所以，你就算遇到了孔夫子，孔夫子也不可能告诉你这话什么意思，除非是在他正好说这句话的时候。我记得，有位作家看到高考语文试卷用了他的文章作为阅读理解的材料,说:"我当时写这篇文章的时候并没有这个意思啊!"评论的人说:"你是什么意思不重要,因为你是当局者,实际上是当局者迷,旁观者清;文本生成之后产生的意义不是作者能够决定的,意义的理解是基于当下的社会情境,而不是作者的个体情境。"

也正因为如此,我们对孔夫子的理解不一定比孔夫子本人差,因为我们有长时段的优势。经过几千年的实践,我们知晓孔夫子思想成功的经验与失败的教训,这些经验和教训让我们可以对孔夫子的了解比孔夫子本人更深刻。我们现在学《论语》的时候,有两个前后关联的目标,一方面,我们当然要尽可能去探索真实的过去,如果我们不知道真实的过去,那解读的时候就会恣意妄为了。另一方面,尽管我们不是古人,也无法面对古人进行检验,但实际上我们是有可能比古人更了解他们,因为我们有历史实践,让我们能够比较清晰地认识到真实过去所产生的影响。我们的目标并非仅仅在于了解真实的过去,而是要考虑到它在当下的影响,这样的影响是开放的,还没有结束。

大家在学习考古学史的时候,已了解到考古学为什么能够产生。它之所以会产生,是因为有社会现实需要,包括像我们说的要了解真实的过去,比如人是怎么来的?按照17世纪爱尔兰的红衣主教乌舍尔(或译厄谢尔)(James Ussher)的计算,人是公元前4004年10月23日由上帝创造的。现代考古学(或称科学考古学)打破了神创论,这在当时,对于西方社会的发展是必要的,也是西方社会近代化进程的结果。如今考古学告诉我们,人类有超过600万年的历史,至少250万年前就有了石器,人类演化过程中存在不少分叉，走了不少弯路，最后只有一支成功了，可能在20万年前左右发展成了解剖学意义上的现代人。大概在4万年前的时候，人类文化开始出现了"大爆炸"，1万年前左右开始有了农业，5000年前左右开始有了文明。这些都是考古学告诉我们的，是我们以前不知道的。

考古学还告诉我们，我们原来的中国是怎么来的。以前我们只知道三皇五帝，只知道《史记》上讲的那些事情，后来疑古派说历史是层累的，好像是以讹传讹的意思，于是有了"大禹是条虫子"之类的说法。殷墟的发现与发掘表明，原来司马迁没有胡说八道，他说的内容经过考古材料、经过甲骨文，得到了证明。最近一二十年的文明探源已经较为清晰地揭示出夏的轮廓，还有"五帝时代"。西方不少学者不愿意承认，说你们中国学者太迷信历史文献，是被民族主义洗脑了，只有考古材料才是可靠的。难道那么连续的文化传承，那么丰富的古史文献，那么多相关的考古学文化发现，还有一系列的古城址，不足以厘清中国文明的源头？离开了文化与历史背景的关联，你们能够读懂考古材料吗？脱离中国历史、文化与社会背景来谈中国文明起源，颇有点买椟还珠的味道。为什么我们要进行文明探源？因为这个文明塑造了我们，塑造了中华民族，塑造了大家炎黄子

顾颉刚《古史辨自序》

孙的身份。这样的文化认同意义巨大，能够决定这个国家是统一的还是分裂的。今天的中国为什么能够崛起，其中很大程度取决于我们在文明发展进程中完成了民族大融合，形成了统一的文字，成了一个超大规模的统一国家、统一市场。

考古学还帮助我们认识到什么是中国式的"美好"。这样的价值意义体系是需要传承的，需要历史的积淀。以前书院中是要有古松的，要有银杏、国槐，要有梅花竹石，还要有书法楹联、碑刻等，这些物质，在中国文化中都有特定的文化内涵，是西方文化所没有的。当然，西方文化也有它的"美好"，其标准多来自古希腊文化，现在西方人喜欢健身，练肌肉，练得像古希腊的雕塑，有黄金比例，这是西方的一脉传承。横渠的四句"为天地立心，为生民立命，为往圣继绝学，为万世开太平"，说的正是考古学的一个重要意义：文化上的意义。考古材料不仅仅是古人活动的遗留，客观反映过去的历史，它还是有意义的，是文化传统的载体，是文化传承的基本途径。从前者来看是科学问题，从后者来看则是人文的问题。

假设中国没有考古学，会是什么样？那么我们的历史就要由别人来书写，让别人给你写历史，那是要经过人家的剪裁的。这时候你会发现谁来叙事，真的非常重要，别人讲你跟你讲你自己，那是不一样的。所有的言说都是要有判断的，谁来说叫话语权，能说就是一种权力。别人来说你的时候，必定是要以他所在的文化为中心的，以之来衡量我们的文化。别人看的是他的视角，必定要对他有利。所以说历史是不可以由别人替代书写的，自然科学学科很少有这样明晰的主体性，但历史学科是不同的。

归纳一下，考古学是不是科学？一定程度上是科学的，考古学研究的是实物材料，研究目标是认识真实的历史，还有研究是从现实需要出发。考古学处在自然科学、社会科学或人文科学之间，可以帮助我们探究人类的来源，促进族群认同，传承文化价值。

第二讲
文化历史考古

考古学文化理论的前提是什么？

每种理论的存在都是要有一定的前提的，如果前提不合理的话，或者前提出了问题，就可能面临着范式的革命，就可能被新的东西替代。前提是它的基础，就像房子的基础，是看不见但又很重要的东西。"考古学文化"是大家耳熟能详的概念，它的理论前提是什么？

——我所知道的是，考古学文化所说的文化是交流的，是流动的，每个文化的发展和变化，都源于外来文化或邻近文化的影响。通过我们阅读的文章来看①，我注意到过程考古与文化历史考古不是完全脱离的。

文化历史考古的目标，现在通俗的理解就是复原古代社会，通过考古材料来复原古代社会，当然，完全复原是不可能的。

文化历史考古强调从考古材料出发，但考古材料恰恰是离散

---

① G. S. Webster, "Culture history: a culture-historical approach," in R. A. Bentely, H. D. G. Maschner, and C. Chippindale, eds., *Handbook of Archaeological Theories*, Lanham: AltaMira, 2008, pp. 11–28.

的、残缺的，你用很少的部分遗存去推测一个复杂社会的时候，显然是不够的。

我们谈论到，过程考古学、后过程考古也都想复原古代社会，不过它们明显做得比文化历史考古成功。当它们成功的时候，我们会反过来问：文化历史考古究竟出了什么问题？三者的目标是一样的，效果却不一样，是不是基础概念或理论前提上存在约束？好比说在计划经济的框架下发展市场经济，即便要搞改革，你发现改来改去都还是计划经济，结果自然是发展不起来。如果整个指导思想存在制约，后续的研究是很难开展下去的。不知道大家有没有意识到这个问题，就是存在观念制约的可能。大家怎么看考古学文化的理论前提？

——它的理论前提就是默认考古学文化是一种文化，还有就是文化是不断发展的。

文化不断发展？所有的理论都是这么说的，考古学史上，文化历史考古的主要目标是要去构建民族文化认同。其前提是什么？是不是要假定我们研究的对象要等于一个民族？或者至少可以等于一个社会群体？我们定义一个考古学文化，即相当于找到了一个群体，你觉得这个假设能不能成立呢？

——我说不出来。不同历史时期的人群，在漫长的历史进程中可能存在步调一致的可能，也可能不一致。

同一个群体可能产生不同的考古学文化，不同的群体可能产生类似的考古学文化。等于说考古学文化和族群或社会群体之间的关系，我们实际上是不可能把握的。我们暂且不说古代，就说现在我们准备通过物质遗存来判断一个群体，比如说让大家对中国人民大学的研究生群体的物质遗存进行定义的话，可不可以定义出来？如果说时空停滞了，大家全部消失了，来了一批考古学家开展研究，他在分类的时候怎么做？硕士生、博士生，怎么区分开来？有没有可能呢？

——有可能。有校园卡，还有作业、宿舍空间也不一样。

作业以及相关的带文字信息的材料不一样，这些属于文献或者说档案，直接知道谁是谁了。如果知道关键性的标志特征，并找到了这样的标志，那么我们对一个群体进行划分，那还是有可能的。类似的，比如说要区分中国人跟日本人，他们的生活习惯、饮食等很多方面都不一样，日本人有点头哈腰的习惯，说话的动作姿势与中国人也不一样，甚至连走路的姿势都不一样，长期下来就形成了某些标志性的特征，熟悉的人一眼就能看出来。

从考古遗存到考古学文化，这中间是有一个提炼的过程。什么样的考古遗存叫做考古学文化？什么样的遗存能够帮助我们识别社会群体？这个大家有争议。刚才有同学说，如果我找到学生卡的话，一下就定位出来了。但是，如果说没有找到学生卡，只是找到一些模棱两可的特征的话，那么在划分的时候就可能出现问题。历史时期有文献记载的族群，有的文献记载详细一点，有的有很多空缺，尤其是一些小族群，还有一些可能根本就没有记载。通常是他们与中原的确有接触的时候，才有对他们的记录。这些记录，从某种意义上说，是二手的，有时候甚至是三手的。

把考古学文化等同于族群，这个假设是文化历史考古的基石，很难证实，有点像哥德巴赫猜想。我们先不去管它，假定它是合理的，因为如果你不假定它是合理的话，后面许多研究就没法开展了，比如要复原古代社会生活，连社会单位都没有，如何能够做复原？但是，这个问题没有得到解决，我们通常是先假定，然后开始研究，研究这个文化跟其他文化之间的关系，都是以这个概念为中心操作的。我们需要知道的是，这个概念本身是一个假设，并不是一个公理，更不是一个已经得到证实的理论。刚才我们说到文化可以传播，这也是一个假设，这个假设有一定的合理性，文化有时候的确可以传播，有时候又不可以。有的时候先进地区的文化可以传播到落后地区，有的时候落后地区的文化也可能传播给先进地区，比如美国音乐中有受到非洲打击乐的影响，让人感觉美国的音乐原始化了，这种传播究竟意味着什么呢？在考古学上，我们看到B文化受到A文化的影响，就说A文化比B文化强，暗示A文化的社会群体比B文化的强大。这个强暗含着力量在里面，就像是军事上的强。实际情况未必如此。

——关于考古学文化的理论前提，特定的文化之所以对应特定的群体，是因为文化内部有一定的规则。

是叫规则比较好，还是叫规范比较好呢？我们现在划分一个群体的时候，是通过什么东西划分的？

——行为模式与价值观。

价值观，这个好！你认为这个是真的，我认为是假的；你认为这个可以说清楚，我认为说不清楚。所以，我们经常说的人与人之间的最大的不同是什么？三观不同。这里面还有一个问题，文化与社会群体有什么关系？为什么我们可以假设文化是社会群体？这里文化是一系列的规范，或者说标准，这一系列的规范足以让我们划分一个群体。这些标准是被这一群体所有人认同的，我们假定他们都认同这一套规范,然后构成了一个社会群体。这是个假设,是不是一个社会群体里面的人都遵守共同的规范呢?当然不是,不过,我们研究的是留在物质遗存上的规范,是结果。是什么原因导致这种规范的形成呢?我们并不是特别清楚。现在大家开车都是靠右侧行驶,你可以不走这侧,但是马上就会撞车,你不得不靠右走。如果你在日本靠右侧走,这就是个问题,你必须得改,因为大家都靠左走。大家做陶罐的时候都这么做,于是就有了罐的样子,你非要做一个壶的样子,人家会说你这个器物长得真丑。大家做陶罐的时候按照现成的规范、材料、方法都已经很系统了,照着做的话也相对简单容易的多。你特立独行,另起炉灶,没有时间,没有技术,做起来就比较困难,做出来以后也没有人认同。

类似的情况很多,西方人喝汤用浅盘子,还不让出声,很考验水平;我们中国人喝汤用碗,小碗都是比较深的。大家都这么做,都习惯了,都觉得理所当然。当我们说文化的时候,一个是认同,另外一个就是习惯,这里我们借用一个社会学的概念叫"惯习"。习惯这个词已经太常用了,这个词还有其他的含义。还可以用习性这个词,但是当我们说习性的时候,一般专指动物。创造一个新词,把它跟习惯、习性区分开来,可以避免一些歧义。刚才有同学说得很好,说文化是一种规范,这也是考古学文化理论的一个前提。

——前提假设就是,文化是一群人约定俗成的东西。

还不止这个,一般我们在讲文化的时候都是比较笼统的。"人类学之父"爱德华·泰勒(Edward Tylor)说的文化是一个包罗万象的综合体（complex）[①]。考古学文化只是选取了其中具有物质遗存表征的部分，并把考古学文化等同于一个一个的具有时空边界的社会单位，这跟人类学上所说的作为整体的文化并不完全是一回事。

——我觉得不管怎么说，这些文化最后其实都是研究人的。

也就是说，考古学文化的划分是为了研究者的方便而进行的人为的切割。实际上文化是不可划分的，为什么不可划分？

——因为划分的时候，往往会根据需要强调或是忽视文化的共性与联系。

这里需要我们追溯学术史，当面对考古学文化这个概念的时候，有必要知道是谁提出来的，为什么要提出来，以及概念原初的意思是什么。人类学对文化有定义，考古学家借用了这个概念，但是考古学家在借用的时候，面对的并不是一个鲜活存在的社会，而是一大堆物质遗存，包括一大堆器物组合以及遗迹，它们具有一些共性特征。我们叫它们什么呢？我们不能还是称之为器物特征组合吧。我们需要用一个概念，这个概念一定要抽象，能够上升到一个更高的层面上去，即从器物（物质）层面上升到社会（人）层面上去。考古学家想到了"文化"，于是创造了一个词叫"考古学文化"。我们需要知道，考古学文化是考古学家创造出来的一个概念，是从物质遗存中抽象出来的概念，或者可以称之为概念工具，它是考古学家开展研究的功率计，通过它可以去研究古代的社会群体。

---

① [英]爱德华·泰勒著，连树声译：《原始文化：神话、宗教、语言、艺术和习俗发展之研究》，广西师范大学出版社，2005年。

这是考古学家了不起的地方，因为你不能总是在描述实物特征，也不可能无限地做分期研究，考古学家必须要去研究古代社会，而要研究古代社会，你的抓手是什么呢？你必须抽象出概念来，让大家都能够利用。

抽象出必要的概念是研究深入的必然选择。我再举个例子，就说"原子"这个概念，这是哲学家首先提出的概念，当时还没有人见过原子这种东西，但当时居然有人敢提出原子这个概念。没有概念的抽象就没有下一步的研究，就不可能去探索规律与原理，研究也就不可能达到理论高度。有时候我们称之为"归纳"，其实归纳也不完全是对所有现象的概括，很多时候，我们在归纳时需要进行理论的抽象，从复杂的现象中抽象出理论概念。一方面简化思考，另一方面提升层次。

在考古学文化这个概念中，我们把文化理解成是可以划分的，这是一个假设，究竟可不可以划分，是值得进一步思考的。现在我们把文化划分到有点泛滥的程度了，可以按地方划分文化，如北方文化、南方文化，南方还有江南文化；按历史划分的话，还有吴文化、越文化，还可以按照器物对象进行划分，旧石器文化、新石器文化，还有诸如青铜文化、玉文化的说法，如此等等。最后大家都不知道文化究竟是什么了，什么东西都往上面贴个文化的标签，于是就泛化了文化的概念。文化这个词在社会生活之中，本来就是一个特别泛泛的词，有点像习惯这个词似的，但我们在考古学上使用的时候，"考古学文化"是有特定的内涵的，它与特定的理论体系联系在一起。

——我觉得考古学文化的前提就是，如果一个考古学文化存在的话，那么这个文化的内容应该是有独特性，对外部的其他考古学文化来说，它们是可以区别开来的。

对，对，是有这样的意思。这里需要强调的是，什么是文化的特殊性，这种特殊性建立的基础就是一些特征组合。很有意思的一点，我们在划分一个文化的时候，基于的是遗存特征的共性，比如说兴隆洼文化的标志性器物筒形罐，兴隆洼文化必须有筒形罐，这是这个文化的共性。

兴隆洼文化的筒形罐（引自《辽河寻根　文明溯源：中华文明起源展》，文物出版社，2011年）

——因为考古学文化内部是存在规范的，然后形成共性。基于这个共性，一个考古学文化是能够和其他考古学文化区别开来的。

你觉得基于共性靠谱吗？

——我觉得是有一定道理的，因为有共性，考古学文化才能与族群联系起来。

这里面涉及一个重要问题，共性还可能跟生活方式相关。定居的群居方式意味着人们长时间住在一个地方，生活比较稳定，人们始终用这些东西，所以留下的东西都差不多。但是过程考古不这么看,早在1939年的澳洲,有学者研究土著生活时发现,土著一年四季住的地方并不一样,在每个地方从事的活动也不一样,不仅吃的东西不一样,连使用的工具也不一样,也就是说不同季节的活动留下不同的物质遗存。[1]如果你按照共性原则划分的话,那么每个季节都是一个考古学文化,春季有春季文化,夏季是夏季文化,四季可能都不一样。创造不同文化的是同一个群体,物质遗存的差异性并不能否定这个群体,是差异性而不是共性让他们成为一个群体。

——考古学文化和群体不一定是必然联系在一起的。如果一定要用考古学文化的概念,不一定非要把文化和群体对等起来。

是,这个说法很好。很多主流考古学家就说,别对应上来了,既然对不上就别对了,对应不上来会出很多的问题,这就涉及文化历史考古学后面的一个问题,它的一个bug。我们知道柴尔德(Gordon childe)使用考古学文化这个概念是受了科西纳(Gustaf kossinna)的启发,而科西纳是个种族主义者,他的学说深受纳粹的支持,他所谓的"聚落考古"就是把特定物质遗存与族属对等,凡是发现了日耳曼人遗存的地方,就可以对之提出领土的诉求,现在占领它是天经地义的事。[2]用考古学文化对等族群的方式,有可能会被滥用,成为一个现代政治上提出领土诉求的手段。因此,在考古学研究中,让学术归学术,政治归政治,可能是更合理的选择。

---

[1] D. F. Thomson, "The seasonal factor in human culture," *Proceedings of the Prehistoric Society*, 1939(5): 209-221.

[2] [加]布鲁斯·G.特里格著,陈淳译:《考古学思想史》,中国人民大学出版社,2010年,第182—186页。

——族属考古本身就是政治,包括促进民族认同。从学术史上看,这项工作很大程度上推动了考古学的发展,学术和政治很难分开。

需要其他的东西来约束,单纯考古学解决不了。经过大家的讨论,认识逐渐明晰了。也就是说,分开是不现实的,让它被滥用的话肯定也不是我们愿意看到的,怎么防止它被滥用?考古学家有没有可能去防止它被滥用呢?

——我的想法是,当考古学文化这个概念用到一定的程度,也就是有些被滥用的情况下,一个方法是往回收一下,另一个方法是可以设定文化研究的层次,即考古学研究的是物质文化的集合。

一个是限定层次。另一个是收一下,当我们看到它被滥用的时候,就把它收一下,就是说考古学文化不等于族群,两者中间还有差距。限定层次是什么意思?

——不同的层面上有不同的文化。

考古学的主要研究对象是物质遗存,它可以代表不同层次的文化。这个想法是可行的,可以深化我们目前的研究。文化历史考古是一个很系统的体系,当我们说文化历史的时候,先要弄清楚什么是历史。如果说历史只是过去发生的一切,这是个泛泛的说法。有贯通朝代的通史,还有断代史,这是一种划分;还有一种角度,就是从社会或历史的某个方面进行重建或分析。我们讲到文化历史的时候,是考古学文化的历史呢,还是什么别的历史?如果按照文化历史考古的理论体系,就只能是考古学文化的历史了,因为理论、方法与材料都是围绕考古学文化的概念展开的。如果说是其他方面的历史,就需要思考一个问题,既有的理论、方法与材料能够支持吗？比如我想重建新石器时代社会的家庭组织状况，考古学文化研究显然是不能回答这个问题的，我需要另外去找理论、方法与材料。

文化历史考古学的未来，很大程度上取决于我们怎么理解历史，怎么理解文化历史。如果说我们理解的历史是一种内容很丰富的东西，那么需要研究的对象就会比较广阔。如果理解的文化历史类似于考古学文化的话，那么需要了解的东西就少得多。如果从未来的角度思考，就需要逐渐把以考古学文化为中心的文化历史概念进行拓展，拓展到跟我们日常理解的文化历史比较接近的程度，好比说玉器、青铜器、漆器等等，都是文化历史的组成部分，属于物质文化。不过，需要注意的是，当我们用到"物质文化"这个概念的时候，就有可能马上掉到另外一个陷阱中了。因为我们早已有了这个概念，比如说汉代的物质文化史，有关它的陶器、铁器、墓葬、纺织等，孙机就汉代物质文化史有本书[1]。但是，我们这里说的物质文化史如今另有一种含义，其中涉及能动性的问题，这在后面的后过程考古一讲中会有更深入的讨论。

人类社会中的物质不是一种死的东西，而是活的，是具有能动性的。有本书叫做《权力与建筑》[2]，其中讲到纳粹德国的建筑师，运用巨大的广场、雄伟高大的罗马式建筑，塑造德意志帝国的神话，所用的物质手段，包括反文的万字符这样的神秘符号。物质文化可以限制或者促进我们的行动与思想，甚至可以说制造我们的思

---

[1] 孙机：《汉代物质文化史资料图说》（增订本），上海古籍出版社，2012年。
[2] [英]迪耶·萨迪奇著，王晓刚、张秀芳译：《权力与建筑》，重庆出版社，2007年。

想,就像在我们这个工业化时代或者说网络时代,我们的思想注定会有这个时代的烙印。你没感觉出来吗?在如今这个网络时代,我们的思想观念跟之前相比有了很大的变化,因为有了这种新的媒介、新的物质手段,大家可以把它融入信息传递、处理与表达之中,也就是说,我们在运用物质文化创造思想。

这样的物质文化是历史的,不是普适性的。20世纪50年代,一批中国画家访问东欧,他们尝试用国画的方式在欧洲写生,用中国的毛笔画欧洲的山水,效果怎么样呢?应该说画得挺好,但是大家没感觉,为什么会没感觉呢?因为中国的山水早已被我们诗化了、哲学化了、历史化了,被我们传统的笔墨渗透了。欧洲的山水没有这样的文化,所以用中国笔墨来画,很难让人产生共鸣。当我们现在说到西湖的时候,这个湖已经经过了两千年的改造,围绕西湖写的诗无数,画的画无数,西湖已经完全被改造了,它不再是一个完全外在客观的东西。当我们说到黄山的时候,黄山也已经被历史文化所渗透,已经被诗化了。黄山本身已经不是一个完全客观的东西,这是不是很有意思?我们在说物质文化的时候,不能简单地将其视为外在之物,而应将之视为具有能动性的东西,视其为历史的,具有特定的背景依赖的。从这个角度来理解文化历史,那么我们看到的东西会是很不一样的。

考古学家莫里斯(Ian Morris)提出,要在文化历史考古的基础上建设"新文化史"。[①]新文化史就是要拓宽文化历史的概念,不然

[①] I. Morris, *Archaeology as Culture History: Word and Things in Iron Greece*, Malden: Blackwell, 2000.

就还是考古学文化的历史，那样的历史是非常窄的。大家可能已经感觉到了，中国考古学的历史似乎就是考古学文化的历史。凤凰出版社出过一套"早期中国文明"的丛书，就是基于考古学文化构建的历史，内容全部都跟考古学文化研究相关。然而，考古学文化能够囊括的东西是比较少的，能够利用的方法也比较少，可以深入研究的东西不多。

为什么会有文化历史考古？

下面我们要讨论的问题是，文化历史考古是考古学自身逻辑发展的必然结果，还是时代发展的产物？或者是两个方面都是？

考古学自身发展的逻辑是，首先我们必须弄清楚物质遗存的时空特征，但是这个也可以是因应时代的需要的，也就是在文化历史考古形成时的社会需要。波兹曼（Neil Postman）写过一本书叫《娱乐至死》[①]，书中有个观点，说媒介就是信息。媒介可以掌控信息，现代印刷术帮助了现代国家的成长，以前西方流行的书只有一本《圣经》，现代印刷术出现之后，信息能够大规模扩散，培养了民族国家意识，同时也把爱国主义变成了一种致命的毒药。这是波兹曼的看法，媒介是至关重要的。物质遗存也是一种媒介。从这个意义上说，考古学是近代民族国家兴起的必然结果。我不知道大家对这两个看法是怎么理解的。为什么文化历史考古能够兴起？刚开始时考古学家并没有意识到自己做的叫文化历史考古，只知道自己做的是考古，也就是说，文化历史考古是自然形成的，不知道大家

[①] ［美］尼尔·波兹曼著，张艳译：《娱乐至死》，广西师范大学出版社，2011年。

对此有什么看法？

——肯定有时代的原因，读特里格（Bruce Trigger）的《考古学思想史》，我注意到，文化历史考古的前身是进化考古，但是进化考古带有歧视性。

特里格在书中讲到了进化考古，在文化历史考古出现之前，确实是有一段时间强调统一的历史序列。不过，以前不叫进化考古，《考古学思想史》的第一版称之为"帝国主义的综合"，后来特里格退步了，他的思想退步了，不敢承认了，其实就是殖民主义考古，就是种族主义考古。但是在卢博克（John Lubbock）的时代，考古材料极少，东西特别少。卢博克写《史前时代》一书的时候，几乎没用考古材料，而是根据民族志材料写的，把澳洲土著放在石器阶段，把世界其他民族分别放在不同阶段，当然，欧洲放在最高的阶段。他按照这样的次序重建人类历史演化的框架。写《古代社会》（Ancient Society）的摩尔根（Lewis Henry Morgan）、"人类学之父"泰勒等先后也做过重建工作。这样考古学家就是后来者。用考古材料来证明，就好像是人家建好了房子框架，我们往上面砌砖。

——他们的工作是相互交错的。当时的时代产生了这种思想，影响到了他们。同时代会有类似的解释。

宏观上你的说法是无可挑剔的。学科内外影响的交错肯定是存在的。比如工业革命之后，钱多了，开始建博物馆，修了铁路，然后大家可以去参观博物馆，这是教科书上写的。考古学家以前只能看本地的博物馆，现在可以轻易看到整个欧洲的博物馆。一看这个地方跟我们那个地方的不一样，存在文化上的区别。

——时代的产物还包括当时要解决的问题，不同地区有差异。

考古学自身的发展逻辑也很重要。

你认为应该更强调自身发展逻辑？

——从考古学史来看，确实是有学科自身发展逻辑的原因，比如说汤姆森"三代论"的出现。

你把问题往前追溯了，汤姆森（Christian Thomsen）开创了类型学的工作，后面蒙特留斯（Oscar Montelius）继续细分。但是，细分到一定程度的话，会怎么样呢？分类的合理性非但不会提高，还会降低。另外，分类跟古代社会有什么关系呢？此时北欧、西欧的考古学家，像穆勒（Sophus Müller）、科西纳，提出了考古学文化的概念，后来柴尔德用考古学文化概念来重建欧洲史前文化的框架。从这个发展过程中，可以感觉其中存在一个完整的发展逻辑。从器物的分类开始，汤姆森为博物馆里展示进行分类，后来沃尔塞（Jens Worsaae）开始发掘，他尝试跟不同学科的研究者一起合作，包括地质学家、生物学家。更晚一点的，因为有铁路，因为有博物馆，因为有了更多的发掘，因此有了更多的材料发现，可以进行更详细的分析排队与比较。蒙特留斯由此可以把铁器时代再分成多个阶段，把青铜时代再分成多个阶段。这在以前是不可能的，因为没有这么多的材料。与蒙特留斯差不多同时的时代，"田野考古发掘之父"皮特-里弗斯（Pitt-Rivers）将军，展开了非常精细的考古发掘。他非常有钱，有超过120平方千米的私人地产，他可以在自己的地产里慢慢挖，可以有乐队伴奏，一面听着演奏一面发掘，可谓是前无古人后无来者。他是高精度考古的先驱，细致化的发掘能够提供更多的信息。

时空关系是至关重要的，这是现代考古学的命门，如果你没掌握这个的话，那就连考古学的ABC是什么都不知道。这是考古学的基础，抓住这一点，然后看看关联在一起的东西是什么，最后才有了考古学文化的概念。这也正是柴尔德比蒙特留斯强的地方。蒙特留斯能够分期排队，但是他没有多少发掘材料，柴尔德不仅有更丰富的发掘材料，他还有蒙特留斯没有的东西——考古学文化的概念。没有考古学文化的概念怎么去重建这个史前史的框架？只能继续分期，但没办法分区，没办法去构建史前社会分析的基本单位。

考古学发展的每一步都要有理论的支持，理论发展有其自身的逻辑。我们可以继续说说汤姆森，为什么是他搞出来三代论，而不是别人？因为他拿到了很多墓葬材料，汤姆森发现，墓葬是封闭的单位，只要是在一个墓里面发现的，肯定是一个时期的东西，至少是曾经同时的。里面的东西只可能比墓葬年代早，而不可能比它晚，是不是？根据这一点就有办法了，有铁器的墓里可能有玻璃器，出青铜器的墓葬里面是绝不会有玻璃器的，基于这样的共存关系，我们就可以知道，玻璃是铁器时代的东西。你在出青铜器的墓葬里面可能挖到石器，但是出石器的墓葬里面绝对不可能挖到青铜器，这就一下子把青铜器排除出去了，从而知道青铜器的出现要晚于石器。

共存关系是考古学理论的一个重要基石，我们为什么把地层学、类型学当成考古学的理论基础，因为这是考古学立论的前提、方法的前提。如果前提错误的话，那么整个学科就崩塌了，相对早晚的年代判断完全不成立。有人说地层学不是理论，地层学是理论，它只是比较基础的理论。如果没有整个理论前提的话，我们后面很多研究都没法做，从这个角度来说，强调考古学自身发展逻辑也是合理的。

——我觉得这是一个方面，另一个方面是考古材料的数量在不断地增长。考古材料是起点，需要用更多的理论方法来研究。如果从一个比较严格的本质的角度去看整个发展过程，文化历史考古是自己形成的，不是后来我们给了它定义它才有的。它本身也在不断发展之中，形成了不同的发展阶段。要说为什么的话，是时代背景催生了它。

站在时代背景这个角度来讲，文化历史考古的兴起与19世纪中后期欧洲民族国家的兴起密切相关。其实在19世纪初的时候，已经有了这样的苗头。为什么科学古物学首先兴起于丹麦，而不是在英法出现呢？一般地说，英法比丹麦先进，但因为当时丹麦受到了拿破仑（法国）的侵略。某种意义上来说，丹麦人需要一种精神胜利法，从古物里面去寻找民族文化认同——我们是丹麦人，我们有共同的祖先，有这样一种愿望来促进民族认同，提升社会的凝聚力，抵抗侵略。

后来类似的情况也出现在意大利，起初意大利还只是一个抽象的概念，站在梵蒂冈环顾四周，这儿是意大利，那儿就不是意大利。要把整个意大利团结起来，需要一个明确的认同：我们都是意大利人。什么东西能够把人们凝聚在一起呢？一种语言？你不可能在短期内统一语言，做不到。需要类似于一面旗帜的东西把大家凝聚起来，共同的历史文化无疑是合适的标签。这样的情况也出现在德国，德国最初有三四百个小政权，混乱不堪，后来统一起来，这里面就涉及德意志民族的认同问题，德国对文化历史考古一直有一种特别强烈的兴趣，一直到现在都是如此，他们有这样的社会需求。

过程考古学在美国很时兴，在欧洲大陆，尤其在德国并不是很流行。似乎也可以用它来解释中国的情况，中国考古学家并非不知道过程考古学，20世纪80年代就知道，但是一直都不怎么用。有一个解释说，因为中国作为一个晚近形成的现代国家，一直有强烈的增加民族认同感的需要，而且中国一直处在一个被威胁的国际环境中，像毛泽东时代一直担心会被列强干涉，于是有一种强烈的增强社会凝聚力的诉求，因此会一直支持这方面的研究，或者说考古学家也会自觉不自觉地强化这方面的研究，这是从时代需要的角度来讲。

我们在审视一个范式或是在审视一个理论的时候，经常会用到两种视角：一种是内部关联，或者叫内史；一种是外部关联，有时候叫外史。当我们从外史来看的时候，需要考虑时代背景，考虑社会思潮，还会考虑到相关学科的发展。这是一个外在于考古学的世界，但又是考古学发展所不能离开的。我们说到现代考古学兴起的时候，会说跟文艺复兴以来西方近代资本主义社会的兴起密不可分。特里格说跟中产阶级的出现密切相关，因为中产阶级有强烈的文化生活需要。考古一开始是贵族才有条件开展的活动。中产阶级兴起带来博物馆的繁荣，为什么是中产阶级而不是社会下层？社会下层一天到晚地忙着解决衣食等生存问题，哪有时间去看博物馆。还因为没接受足够的教育，去参观也看不懂，所以说时代背景的因素还是非常重要的。因此，社会思潮方面的影响毫无疑问也是重要的，民族主义的兴起也有推动作用，此外，还有浪漫主义的影响，浪漫主义追求文化特色。

外史的说法可能不是太好，因为如社会思潮，往往是贯穿一个时代的东西，考古学也是时代的一个部分，因此也是要被社会思潮所贯穿的。换个角度说，它可能是一个时代学术的观念基础，做学术是不可能离开它的。解放后指导中国考古学的是马克思主义，马克思主义就是中国考古学的观念基础。任何一个学科的发展不可能不立足于一个思想基础之上，不可能只是立足于技术之上，在这个意义上说，辩证唯物主义与历史唯物主义就是中国考古学的思想基础。虽然我们不会将其挂在嘴边，但是你不能否认，我们的研究中暗含着这个理论基础。对于中国考古学的理论创新而言，也必定意味着理论基础的拓展。

这里还是以中国建筑为例，因为它比较具体，更容易理解。如果要形成中国的建筑流派，必须建立在中国的建筑思想上。前面给大家推荐过王澍的《造房子》一书，因为他就这个方面有独到的思考。2012年，他得了普利兹克奖，那就是西方对中国建筑的承认。他始终讲，中国要建立自己的建筑流派，要建立自己的思想，要把自己的思想立足在我们的建筑传统的基础之上，不仅要包括园林，还要包括民间的实践。他的思想非常后现代，很有意思。从考古学角度去看的话，是非常后过程的，很有人文情怀。

中国考古学未来要发展，立足的思想基础是什么？如果我们没有独特的思想基础的话，是绝对走不出去的，考古学就不能只是一门技术，只是调查发掘，为其他学科提供研究材料。中国考古学需要不断拓展自己的理论基础，考古学的发展史早已充分体现了这样的发展趋势。如果没有早期地质学的突破，那是绝对不可能有旧石器考古的，因为你没弄明白地质过程是怎么回事，你不知道地层的形成需要多长的时间。再者，如果没有达尔文的进化论的话，根本就无法理解人是怎么来的,无法理解人类演化需要一系列的过程,旧石器考古不可能诞生。如今我们谈旧石器考古,很少会专门提及地质学的均变论、生物学的进化论,但其实它们是旧石器考古不能离开的理论基础。

内史的视角通常指考古学的理论、方法与实践,有时会说理论、方法与材料,强调材料的重要性。内史是考古学发展的内在逻辑。许多时候理论、方法和实践相辅相成,但并不是像我们想象的那样,总是很和谐的关系。一般地说,理论、方法、实践需要相互配套,实际情况并不是如此的。有的时候实践走在前面,比如说积累了很多材料,应该用什么办法整理材料呢?考古类型学应运而生。研究者发现器物形制原来是演变的,演变序列可以用来区分年代。怎么知道演变序列不会颠倒过来?这个时候就需要把握地层学的叠压打破关系。而要准确把握地层关系,就必须在发掘的时候进行严格地控制,划出一个一个的探方格子。发掘者刚开始也不知道可能会挖到什么,如果只是漫山遍野地挖,肯定是无法把握地层关系的。后来自然而然想到分探方发掘的方法,我们把要发掘的区域划成一个一个标准化的格子,每个格子留一块不挖,帮助我们把控地层。

考古学史上,考古学家一开始也是像古生物学家挖化石那样漫挖的,只要东西。挖了一段时间之后发现出了问题,好比说挖到灰坑上去了,灰坑可能是很晚的,如果只是采取水平发掘的话,那么很晚的东西和更早的东西就出现同一水平面上。如果你将它们看作是同一时代的,那么地层就乱套了,考古发掘便失去了意义。灰坑与地层原来是可以区分的,土质土色不一样,如果你长期在这个地方发掘的话，你还会发现发掘的手感也不一样。

我第一次参加田野考古实习的时候就遇到过这样的情况，我们发掘的是内蒙古林西县的白音长汗遗址，这是个新石器时代的遗址。记得当时是发掘前的试掘，在山坡顶上遇到一片黄土，技工在那儿画了个圆，说这是个灰坑。灰坑里面也是黄土，跟周围的黄土区别并不明显。我对此半信半疑，但是挖下去确实发现有陶片，还有很大一块素面陶，上面还有附加堆纹。这里后来叫小河西文化，有研究者认为比兴隆洼文化还要早一点。当时我觉得特别不可思议，因为我什么也看不出来。技工说灰坑里的黄土颜色有点杂，用手铲刮时有毛刺感。颜色看不出来，可以浇点水，增加反差。在一个地方发掘时间长了，慢慢就有了经验，让人觉得神乎其技。

方法来自实践，所以有"实践出真知"的说法，但这样的说法并不绝对，考古学研究中有时候是理论先导的。比较典型的就是过程考古和后过程考古，当初在提出这些理论主张的时候，根本就没有实践。然而，研究者沿着这些理论的指导去开展研究，比如说性别考古，就揭示出一些此前不曾为人注意到的现象。性别是早就存在的东西，但是成为研究对象却是比较晚的。不是性别不客观，而是一直都没有人关注，后来因为时代变迁，社会思潮发生改变，女性地位提升，女权主义思想诞生。研究者就开始思考，女性在人类历史过程中难道没有贡献吗？难道这个世界全是男性创造的吗？那人类的另外一半是怎么生活的？大家开始关注性别问题，突然一下子就看见了许多与性别相关的物质遗存。也就是说，如果你没有理论头脑，你很可能是看不见的。就是把那些东西摆在你面前，你还是看不见，因为你压根儿就没有想到还有这样的东西，这不是对象是否客观的问题,而是认知过程的问题。从这个角度说,没有考古学理论,就不会有考古发现。

我们生活中也会有这样的体现,每个人周围都有无数的东西,你会看见什么?你看见的往往是你懂得的。五台山的南禅寺一直在那里,默默无闻,没有人觉得有什么了不起的。梁思成去了,"哎呀,这是唐代的建筑呀",南禅寺一下子身价倍增,成了国宝。唐代的建筑能够保存这么完整的,太罕见了,梁先生看到后激动得不行,但在我们看来,那就是一座庙。你不懂就不会欣赏。就像石器,我的一项学术专长就是研究石器,在野外采集到旧石器时代的石器,很是兴奋。当地老农说我们这里到处都是。可不是这样的,不是所有碎石头都是石器的。你仔细观察那些旧石器时代的石核,会注意石片疤体现出来打片的节奏,技术熟练的人打片时有特别清晰的节奏,一个一个的片疤打得特别匀称。林西白音长汗遗址曾经出土一件细石核,7.8厘米长,铅笔头那样的粗细,古人从上面剥

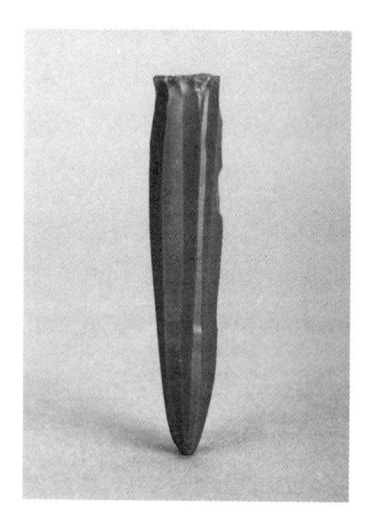

白音长汗遗址出土的细石核(引自《辽河寻根 文明溯源:中华文明起源展》,文物出版社,2011年)

离细石叶,一片一片地剥制,上面的片疤非常整齐,现在的工艺大师也做不到。因为我做过实验考古,知道制作这个东西有多难,不仅需要原料要特别好,而且每一步都不能错,加工的时候手要特别稳。因为我有石器生产的基本理论知识,所以能见到许多东西。

这里也许还可以加个"心灵鸡汤"——幸福一直都在那里,但是你看不见,你要能欣赏这个东西的话你就能看见,这也是教育的意义之所在。你读了一段好文章觉得神清气爽,觉得有一种浑身被洗涤的感觉,有满足感,这是因为你能欣赏,你不能欣赏的话就不会有这样的满足感。找伴侣的时候就需要学会欣赏,如果你没有欣赏能力,把一个优秀的人摆在你面前,你还是发现不了,好多不幸就是这么发生的。

头脑里先有才能看见,这个跟我们说要从考古材料出发,可能有所不同。过程考古强调从理论出发,强调要去发展理论,认为只有这样才能看见。后过程考古更加过分,它认为理论与材料早已相互渗透。后过程考古主张多元叙事,性别考古其实就是对既有知识的批判,即当前的学术叙事太多以男性为中心了。这个例子说明,拓展了理论,材料也会随之增加。相反,如果大家都拘泥于同一种理论,那么就可能在同一批材料的圈子里内卷。

理论拓展后还可能带来方法上的变革,后过程考古从后现代主义里面吸收了不少思想,非常理论化。学界批评它没有方法,后来它发展出来反身的方法(reflexive approach),利用互联网,发展多元叙事与平权对话。后现代主义强调混杂,强调平等,强调多元,而网络时代恰恰具有这样的条件。每个人都可以有自己的看法,不同的看法交织在一起,不知不觉地形成一种混杂的美感,你不需要说哪一种说法是绝对正确的，因为哪一种说法都不是绝对正确的。每一种说法都是从他的利益阶层、从他的身份认同出发讲的，每个人都有自己的看法，都有自己的利益诉求。我的认识可能没有你的深刻，但是我的认识来自我直接的生活体验，是不可替代的。

一个在北京打工的人讲"北漂"现象，他说他不是社会学家，他没有调查过北京的流动人口，但是他说："我天天给人家搬家，我知道'北漂'是什么感觉。我搬了这么多年家，我知道'北漂'是什么意思。"他的那些感受是纯粹个人体验，是真实的。社会学家去调查"北漂"，一大堆数据，有时候调查数据并不可靠，人家可能没有真实回答问题，最后可能得到荒唐的结论。给人家搬家的打工者给人家搬了十多年家，他的体验有很强的说服力。反身的方法强调参与体验，后过程考古大家伊恩·霍德做过尝试，他在发掘的时候让大家都来参与评论，有当地的老百姓，有工人，有学生，当然也有考古学家。不同的观点相互交织，实现了他的理论主张。

考古学上还有方法先导的情况，突然出现方法上的突破，对考古学理论与实践产生重大的影响。经典的案例就是碳十四技术的出现。这项技术的出现有点偶然，开创者威拉得·利比（Willard Libby）是个化学家，偶尔跟考古学家聊天的时候，考古学家说："我们最头痛的就是年代问题。""年代，我们有一个东西就可以当年代尺度呀。碳十四有很稳定的衰变速率，是不是可以试一下？"利比回答道。还有古DNA技术，它的使用几乎把旧石器考古逼上了绝路，DNA考古说人类都来自非洲，而且是十几万年前一位女性的后代，这就是著名的"夏娃假说"。旧石器考古学家们很迷惑，人类走出非洲好几次，怎么从石器上找不到证据呢？是DNA考古的方法不对,还是旧石器考古本身有问题?为什么石器文化与人类生物特征完全没有关系?

理论、方法、实践或材料都可能成为引发学科发生重大变革的先机。回到文化历史考古这个问题,如果我们需要从内、外两个视角来看,它是时代的产物,它也是考古学自身逻辑发展的结果。它们相互交织在一起发挥作用,也正因为如此,我们看文化历史考古的时候,发现上面的说法好像都合理,它深受时代的影响,也与人类学的文化理论发展关系密切,还离不开考古地层学、类型学方法的发展,更受到考古材料不断增加的影响。也许我们根本不必执着于最后哪一个答案更加正确,我们需要从内、外史结合的视角去分析这个现象。最后我们还有一个问题,就是文化历史考古的问题在哪里?为什么大家感到不满意?

文化历史考古存在的问题

先说说你满不满意吧。如果觉得满意的话,就没有什么问题了。

——不满意,我觉得它的主要工作就是构架年代序列。其实我们构建的框架并不能真正代表当时时代的发展过程。相比于过程考古或后过程考古学,尤其是精神方面的内容,文化历史考古很少会去关注。考古学应该尽可能复原古代社会。另外,用文化传播来解释文化变迁就不是太准确。

我再问一个问题,1950年以前,经过了一两百年的发展,考古学取得了怎样的成绩?文化历史考古有没有成绩?

——当然是有成绩的,它对浩如烟海的考古材料进行了初步的处理。不过，更多的精力应用在年代框架研究上。

为什么只能做到这一步呢？是不是被理论方法束缚住了？

——是被理论方法束缚了。

我再补充说一下，刚才没有讲到的，其实文化历史考古经历了好几代人的发展，汤姆森算一代，蒙特留斯算一代，科西纳算一代，柴尔德的早期也是一代。20世纪30年代，柴尔德去了苏联，此后他很强调古经济学研究，强调研究古人的生活，可能是因为受了马克思主义影响。不过，这可能也是当时的普遍认识，跟柴尔德政治立场很不相同的考古学家格拉汉姆·克拉克（Grahame Clark），也强调研究古经济学，剑桥大学有古经济学派。还有两个人：一个是瓦尔特·泰勒，另一个是戴维·克拉克（David Clarke），他们是新考古学（及过程考古）的先驱，也是想研究古人的生活的，甚至说想研究社会形态、精神生活。他们想这么做，就是做不到，包括我们中国的考古学家，也是如此。

大家对考古学的发展现状毫无疑问是不满的，分期排队、梳理文化谱系之后怎么办呢？其实大家也想往下做，但是你发现你被束缚着，研究材料一开始就是按照类型学、地层学，按照文化历史考古的框架来收集的，它没有收集当时的环境信息，也没有收集古人生活方面的信息，巧妇难为无米之炊，你想研究这些东西，但它没有被收集。这个时候你会发现，你的材料跟你的方法、理论不协调，按照一定的理论方法发掘到的那些材料，其中所包含的信息是相对固定的，好比说我研究旧石器，如果我的目标是文化历史考古的，我会按地层学发掘，然后选取典型器物，区分类型，完成分类之后，最后写一个特征归纳，也就算完成了研究。旧石器考古被称为技术类型学，归纳的方式有标准的流程：石器组合用的是什么原料，以什么原料为主，打片技术以什么为主，器物组合以什么类型的产品为主，最后对石器组合的风格归类，属于南方砾石工业传统，或者属于北方小石器工业传统，它还有自身的特色……在新石器考古中也是类似的归纳，某某组合和某文化有联系，但是也有自身的特色，这是放之四海皆准的一条结论。

如果要了解古人的生活方式，那么在发掘的时候，可能整个田野发掘方法都要改变，当然最基本的探方发掘方法不会有太大的变化。发掘出土的石器材料可能需要拼合，还需要实验，还需要进行微痕观察，还需要民族考古的参考，借助狩猎采集者研究的理论模型。在石器研究上，我个人有个例子，可以帮助大家理解目的不同带来的区别。我研究夏家店下层文化大山前遗址的石器，我不是按照形制来划分器物类型的，而是从功能的角度来划分的。当我看到大山前的石铲的时候，我注意到这可能不是石铲，因为它很扁很

夏家店下层文化大山前遗址的石铲

薄，用作铲很容易折断。我们有实验的证据，有使用痕迹的证据，有民族学的证据，我们建立了一整套的方法论，最终确定了它的功能，再结合当地的自然地理条件、文化发展阶段，去推断当时的社会发展。你猜我们发现了什么？夏家店文化时期有了原始的精耕细作农业，人们的耕种区域从山坡走向了河谷，人们开始耨地，开沟垄，引水灌溉，开始有中耕除草，这是此前的时代所没有的。为什么这个时候会有啊？进一步推断，我们知道那个时期辽西地区是群龙无首的，各个社会政治单位之间竞争激烈，战争频繁，人们需要在有限的土地上得到更多的粮食。

换一个研究思路，我们对当时的社会组织、当时的生产力发展水平，都有更详细的了解。从不同的理论视角看问题，关注的器物特征都改变了。如果是从文化历史考古的角度出发，你会侧重关注有时代意义的形制特征，而我是从文化适应（过程考古）的角度出发的，关注的是它的功能特征，有经济意义的特征。关注点是有非常大的影响的，你的头脑里装备什么东西，你想知道什么，才会去想办法，采集相应的信息，寻找相应的资料。老一辈学者讲，你想挖到什么就能挖到什么，说得比较夸张，他们是在强调关注点的重要性。因为你想都没想的话怎么可能挖到呢？挖到了你也看不见。你想都没想到要挖的房子有柱洞，就算那个柱洞出现在你面前，你也会说这是老鼠洞，很可能是挖完了才想起来。考古发掘中是有这样的情况的，挖完了才想起来。既然我们知道了问题之所在，那么我们该怎么改变？我们下一讲中继续讨论。

第三讲
从文化历史到文化过程的范式变迁

上一讲我们侧重讨论了文化历史考古的基本概念、成因以及存在的主要问题,接下来讨论的核心问题是如何走出文化历史考古,实现考古学研究范式的变迁。我们从宾福德的著名论文《考古分类学与文化过程》(*Archaeological Systematics and Cultural Process*)[①]开始,这是考古学史引用排名前十的论文,经典性毋庸置疑。论文发表的时候宾福德35岁,估计写的时候34岁左右,那个年纪我刚博士毕业,感觉自己是写不出来的。

如何理解范式与范式变迁

怎么能够实现考古学研究的范式变迁?首先要理解范式这个概念,托马斯·库恩最初提出这个概念的时候,更多是指科学共同体的信念,带有比较强的主观性。受到学界的批评之后,他退缩了,更多将范式视为对研究现状的客观描述。我在使用范式的概念的时候,对这个概念进行了改造。我说的范式包括三个层次:核心概念

---

① L. R. Binford, "Archaeological systematics and the study of cultural process," American Antiquity, 1965(31): 203–210.

纲领、支撑理论方法以及实践体系。为什么要改造范式的概念呢？因为我发现直接从科学哲学中借用范式的概念，太空泛了，没有抓手，很难使用。将其区分为三个层次之后，就有了具体的分析路径，在实际研究中，也确实证明很好用。考古学范式的三个层次是我的发现，理论方法与实践体系都是围绕核心概念纲领展开的，抓住了核心概念纲领，也就能比较好地理解范式。从范式的角度来看，当前考古学中存在文化历史考古、过程考古、后过程考古三种主要的范式，还有若干试图发展成为范式的考古学主张。

还需要特别强调指出的是，考古学研究之中，范式之间并不是一种简单的替代关系，过程考古是后出来的，它立足于文化历史考古的基础上。这并不是说文化历史考古就是错的，而是说它的认识还存在不足，过程考古拓展了理论基础，开辟了新的研究领域。就好比说牛顿的力学，这个范式不再流行了，但是牛顿的力学错了吗？它不是错了，在古典物理学体系中，牛顿的力学是成立的，现在依然要学习。但是我们能说牛顿力学没有问题吗？也不是，后面产生了相对论、量子力学、超弦理论等一系列新的理论，每个理论都代表一些新的突破，这也几乎是所有理论研究的一个特点——后来者突破前人的研究范畴。所以，这里我们要避免一种观点，当我们提到新考古学或过程考古的时候，就认为传统考古学就是错的，或者是保守的、落后的，这种说法是很偏激的。其实文化历史考古在它的领域里是很合理的，但是这个领域太窄了。如果你考虑的问题太窄，那么就可能老在一个小圈圈里面打转，考古学研究不能总是分期定式，考古学文化的概念包含的信息量太少了。

我们在看宾福德的文章的时候会注意到，他提出来的真正重要的东西就是核心概念纲领，这是跟前人不一样的核心概念纲领，这篇文章其实也没有太多的东西，尤其是后面的系统分类学，后来也没见有多少人引用，大家引用的是他前面提出来的核心概念纲领。它就好比是一粒种子，在当时的学术情境下，这粒种子顺利发芽了，因为当时大家对文化历史考古已经不满意了，这样的土壤已经足以让这粒种子发芽。

在宾福德之前，瓦尔特·泰勒也提出过类似的对文化历史考古的批评，但是泰勒失败了，他失败的关键在于，他没有一粒可以发芽的种子，而且当时的土壤和气候也不具备这样的条件。他把别人都批评了一通，把文化历史考古学的缺点几乎都给挑出来了，得罪了很多人。但是泰勒没有找到一个新的核心概念纲领来统领自己的主张，他提出"缀合的方法"，但是这个方法采用与文化历史考古同样的核心概念纲领，他没有能够从根本上摆脱文化历史考古，所以他最终失败了。

上一讲我们分析了考古学文化的概念，有同学还在质疑这个问题，究竟什么是文化？文化是一种真实的存在吗？是经验世界里有这个东西，抑或只是一种大家构建出来的东西？如果是为了研究的目的构建出来的话，那么它的目的是什么呢？文化历史考古的意义是很明确的，它可以整理材料，重建史前时代的时空框架，然后大家在进一步分析研究的时候，就有了出发点，有了基础，没有这个基础的时空框架，就不好开展下一步研究了。文化历史考古的研究都是围绕考古学文化展开的，类型学、地层学是文化历史考古的基本支撑理论方法，在此基础上，形成了一整套完整的实践体系，能够影响学术出版、学术评估、博物馆展陈等。考古学文化，或者说作为标准的文化就是它的核心概念纲领，抓住了这个，就可以理解文化历史考古的后续工作。

不久前大家说"中国考古学派"，苏秉琦先生（大家习惯叫苏公）认为应该建立中国考古学派。[①]如果说在文化历史考古的范式里面建立起中国考古学派，这是没有问题的。但是，大家需要理解，他倡导建立的这个考古学派，是在什么意义上建立起来的。他通过考古学文化研究去构建中国史前史的框架，区分条条块块，提出古文化—古城—古国的三部曲，他根据这些重建中国史前文明的框架，打破了所谓的"两个怪圈"（"把马克思提出的社会发展规律看成是历史本身"与"大一统"）[②]，应该说是很成功的。大家在其他地方应该已经了解了上述苏公的观点，我就不再赘述了。现在，如果让我们跳出文化历史考古的范式，那该怎么做呢？

下面要讨论两个问题，两个考古学界仍然存在争议的问题：第一个是过程考古跟文化历史考古之间究竟存在怎样的差别？这个差别是否足以划分出两大范式来，有学者就认为这种划分是人为的，包括特里格都有类似的观点，认为过程考古有点过分强调了自己革命性的一面，强调自己跟传统考古学完全不一样。张忠培先生就很不喜欢"传统考古学"的表述方式，考古学研究一直都在持续发展之中。如果是这样的话，连续性又是怎么体现出来的？如果不是连续性的，革命性达到了什么程度？假设这是两种观点，你支持哪一种？是存在革命性的变迁，还是认为只有过渡性的变迁？第二个问

---

① 苏秉琦：《建设有中国特色考古学派》，《考古》1995年第6期。
② 苏秉琦：《中国文明起源新探》，三联书店，1999年。

题是，当前中国考古学无疑是以文化历史考古为主导的，我们如何才能够实现范式的变迁？大家一直都在思考这个问题，好像没法改变似的。

——考古学应该在文化历史考古的基础上向前推进，不仅要建立时空框架，还要了解古人的生活。过程考古没有文化历史考古那么死板，文化历史考古太过于关注器物。

中国的考古学也有许多试图复原古人生活的研究啊。中国考古学家的目标也是想复原古人的生活。单纯就目标来说，两者之间的确没有什么本质的区别。过程考古跟文化历史考古一样，都要研究古人的生活。大家看柴尔德，他提出新石器时代革命、城市革命的概念，都是关于古代社会的研究，他特别关注金属冶炼技术，强调古经济学方法，都是为了研究古人的生活。格拉汉姆·克拉克，他和他的学生也特别注意研究古人的生活，所以你说文化历史考古不研究古人生活，文化历史考古学家可不同意这一点。

看来你是支持革命性的，但是有学者如特里格更多地认为文化历史考古跟过程考古之间是一个过渡的关系，他的《考古学思想史》第一版中有一章叫"功能主义考古"，后来新版中称为"早期功能-过程考古"。他所说的功能主义考古其实还是文化历史考古，是功能主义化的文化历史考古，代表人物有格拉汉姆·克拉克、戈登·威利（Gordon Willey）。也就是说，文化历史考古确实也是要研究古人的生活的。既然两者的目标是一样的，那是方法上有不同？你支持哪种途径？

——我支持过程考古。因为面对文化历史考古的时候，我容易迷茫。我觉得做这样的研究没有很深的意义。如果考古学研究只是这样,就是整理材料,那么大家都可以做,不用太多的训练。

只讨论分类,不讨论意义是不行的。

——通过比较过程考古与文化历史考古,我注意到两者不同的地方就在于,文化历史考古认为的文化是比较单线条的,只有一个变量,就是把器物组合等同于人群;文化变化来自文化交流,也就是文化传播的结果。而过程考古认为文化是一个系统,系统的范围很大,里面还有子系统,涉及的变量增加了,会考虑很多因素,这些变量之间会相互作用。过程考古探讨文化适应的问题,除了讨论功能,也涉及传统的文化分区研究,只不过研究更深入,不是单纯地整理材料。文化历史考古的研究感觉只是为后人做铺垫,把时空框架整理出来后,就没了。

过程考古还涉及解释为什么变化的问题。就文化传播论而言,为什么会发生传播?为什么接受这个文化因素而不接受那个?不能说这是一个心理学的问题,因为我们喜欢,所以我们接受了;因为我们不喜欢,所以我们不接受。宾福德开玩笑说,考古学家好像在心理学方面的训练是很差的,基本上搞不明白古人是喜欢还是不喜欢。关于为什么接受,过程考古认为不需要考虑得那么复杂,可以从系统的角度去考虑。宾福德的方法是解决古人的文化适应的问题,回答古人是怎么生活的。生活就是适应,通过什么适应?通过文化系统来适应,其中包括技术、人口、社会组织乃至宗教等很多变量。牵一发而动全身,通过研究文化系统的改变来解释文化变迁,而无须借助文化传播论,无须去考虑那些难以把握的心理问题。

——我还是欣赏比较人文性的研究。经过这些年的专业学习与训练，我有一点体会，一般老师都会让新手先学习分型分式，文化历史考古应该是研究的起点，它给我们建立一个基本的时空框架，为后续的探讨奠定基础，我们不能抛弃这个直接去探讨后面的问题。目前阶段文化历史考古的问题在于太倾向描述性，很多时候脱离了古人的生活，包括环境、人口等；过于强调分类，缺少深入探讨问题。文化历史考古重视时空关系，更倾向于历史学，相比而言，过程考古是人类学倾向的，宾福德主张发展"作为人类学的考古学"，因此在研究路径上有区别。

我想问你一个问题，你觉得分型分式有没有一个准确的方案？

——我觉得没有。就我自己的经验来看，分型分式中研究者有自己的观点，看他想去突出什么。

有时候他可能会强调某些差异，有时候又会弱化差异。几个小段可能合起来叫一期，你说应该分为三期四段，我感觉应该分三期七段，难以验证，也没有说清楚为什么会存在这样的分期，它们究竟意味着什么。

文化历史考古缺什么？

大家注意到，文化历史考古似乎很少讨论理论问题。这些考古学家认为，考古学就是这么一条线发展起来的，自然而然就是这个样子，不需要考虑所谓的理论问题。我们讨论理论问题，给人感觉，我们是在把理论强加给它，是在给它贴标签。你认为理论是我们后来强加给它的吗？

——我自己有一点体会，当我好像看到什么问题的时候，我会去收集资料，一步步地去做，后来发现确实有问题需要解决，这是一个自然而然的过程，好像并不需要什么理论。有时候我故意去学习一个理论，再去看材料，想想可以解决什么问题。

这里面涉及一个问题，就是文化历史考古欠缺什么？这个东西就是理论探讨。我们说要建立中国考古学派，那就需要把方法和实践立足在一个理论基础之上。大家在读宾福德这篇文章时可能注意到，宾福德在写这篇文章的时候，把整个文化历史考古的基本概念全部给梳理了一遍：怎么来的？立足点是什么？核心的观念是什么？什么叫文化？什么叫考古学文化？它是不是一种实在？它是真实的吗？如果不是真实的话，它又是什么意义上的真实？我们很少有这样的思考，围绕这些理论问题，研究才可以深入下去。

如果再深入下去的话，就会触及本体论的问题，文化历史考古所立足的这种本体论是什么呢？文化历史考古学家看到实物，是什么样的实物？实在的物体是可以被看见的，可以被感受到的，这是19世纪唯物论的观点。20世纪、21世纪物质的概念可能跟这个不一样，比如说当代物理学家把物质看作信息场。本体论的基础可能是不一样的。

如果你进一步追溯，认识论也可能不太一样。文化历史考古的认识论是归纳式的，一点一点地归纳，从纷繁复杂的特征中考古学家提炼出来一个形态，从考古学文化到文化传统与文化圈。比如中国北方新石器时代的彩陶，以中原地区为中心，向东北分布到了辽西，这里有红山文化，西北方向彩陶更加发达，从马家窑、半山到马厂，甚至扩展到了新疆，彩陶形成了一个文化互动圈。再比如东北地区的之字纹文化圈，之字纹的分布区也是筒形罐的分布区，这两个特征重叠的比例比较高。整个东北地区都有筒形罐，东北亚与朝鲜半岛也有，之字纹的分布范围稍微窄点，两个特征叠加构建起来一个文化互动圈。这样的互动圈都是从考古材料中提炼出来的，研究者从考古材料中发现存在彩陶、之字纹这样的共性特征，我们通常把这样的归纳工作称为形态识别（pattern-recognition），文化历史考古学家在这方面的工作是很出色的，面对一批材料，可以提出一个新的考古学文化命名。考古学家以自己能够命名一个新的考古学文化为荣。

但是文化历史考古不能解释为什么会出现这样的形态特征，或者说这样的形态特征有什么意义？它说明了什么？宾福德表述为"What does it mean"，比如说我们发掘了白音长汗兴隆洼文化时期的两个聚落，以壕沟分开，聚落内部发现了成排的房址；有的房址中出土大量的筒形罐，保存完好；房址中央是石板灶，周围的地面抹有细泥；房子都是方形的，面积比同时期中原的房子大；山顶上有墓地，整个聚落的朝向，按照门道来看，是朝向东北方向，非常奇特……我们还可以继续描述特征，但是这些特征意味着什么呢？为什么会是这样的？我就此写过一些文章[①]，大家有兴趣可以参考一下，我是从文化适应的角度进行解释的，深入到了当时的生产方式、社会组织（性别角色）乃至于意识形态的结构。

新石器考古的情况其实还要稍好一点，特征的描述至少有助于建立时空关系。在旧石器考古，特征的罗列许多时候很难看出有什么意义，比如说一个石器工具组合以刮削器为主，占比60%，还有少量的大石器，如砍砸器；原料基本来自本地，器物风格，归纳一

---

① 陈胜前：《思考考古》，生活·读书·新知三联书店，2018年。

下,叫小石器工业,属于北方小石器工业,但是有一些自己的地域特点。你会发现这样的归纳,对于了解古人的生活一点帮助都没有。关于古人你几乎什么都不知道,你只知道发现了一个遗址,出土了一些石制品。但它们跟古人的生活有什么关系呢?跟人类在演化中的意义又有什么关系呢?

旧石器考古中经常争论的一个问题,旧石器时代早中期人类能不能狩猎大型动物?有的人认为能,有的人认为不能,不管怎么说,你得有证据。你看到遗址中发掘出土那么多的大动物化石,但是这些都是人类狩猎的结果吗?民族考古的研究就反对这一点,因为人类不太可能把一个二百公斤重的动物给扛回去,尤其把包括头部在内所有的骨头扛回去。他们会选择扛一部分,把肉多的部分扛回去,这是完全有可能的。周口店遗址出土不少的大角鹿(肿骨鹿),大角展开接近两米长,这个头就有好几十斤。如果说是在洞口狩猎的还可以理解,但如果距离很远,人类想要把它扛回去,在当时没有开阔道路的情况下,翻山越岭,那就是一项不可能完成的任务。动物本身也可能会死在这里,鬣狗有收集动物骨骼的习性,我们需要证明这些鹿是人狩猎的。

如果真的是人类把大角鹿的头砍下来,运回了中心营地,那在人类演化史上是有特别重大的意义的。河南郑州的赵庄遗址,就曾发现了一个大象的头骨,放在一堆粉红色的石英砂岩上面,砂岩是人加工过的,来自5千米开外的地方,总量有170多千克。这就很有意思了,赵庄遗址年代比较晚,距今三四万年前,属于旧石器时代晚期。在这个时期出现这样的行为是可以理解的,因为旧石器时代晚期人类有了象征能力,有了宗教礼仪行为,跟旧石器时代早期

郑州赵庄遗址的部分与大象头骨共出的石制品

是不一样的。但是，如果说周口店遗址旧石器时代早期也能这样，那这就不得了了，具有里程碑式的意义，能够改写整个人类历史。目前整个非洲都没有这么早的考古发现。简言之，你需要回答为什么的问题，回答"What does it mean"，不然，仅仅归纳考古材料的形态特征，对于我们了解古人的生活而言是远远不够的。

——我觉得过程考古跟文化历史考古学之间是一种发展的关系，从它们的研究方法、研究内容、研究目的来看，都是连续的发展。两者没有本质的区别，都是在研究人类过去，只是说过程考古学扩大了它的研究范围，文化历史考古学主要研究器物，但是过程考古是把器物和当时的出土背景结合到一起，更多考虑到了古人的生活环境。

文化历史考古也考虑环境问题，文化历史考古很早的时候就注意环境的问题，像20世纪30年代的时候，考古学家也做生态重建，采用了孢粉分析这样的科学手段。当前我们需要考虑的是如何提升当前考古学研究的层次。大家已经意识到，文化历史考古的分期排队，做了太多之后，会觉得好像没什么意义。但是下一步怎么走，又不知道。

——当前中国考古学的工作分两个部分。第一部分涉及在考古一线的下工地的人，他们的工作重点就是挖，把器物挖上来后可能仅仅做一些类型的划分，属于比较初步的整理，在这些步骤之后还缺乏更加深入的研究；另一部分的人就是做研究。

考古报告都是他们写的。

——是的，但是报告大部分内容都是比较传统的。材料基本分析完成之后研究就结束了，主要完成的是初步的器物研究。过程考古指出了文化历史考古的不足，开拓了新的领域。

我看到一个数据，大概在2000年，美国考古学会召开年会，上千人一起开会，分好多小组，只要你有兴趣，十几人就可以成立一个小组，比如说北方民族考古，我们可以组成一个小组。统计这几年的小组构成，总数大概有几百个，过程考古大概占到了60%；然后是文化历史考古，20%到30%的样子；还有后过程考古，大概10%的样子。总体趋势显示，过程考古在美国也是在下降的，文化历史考古也在下降，后过程考古在增加，不过主体还是过程考古[①]。

20世纪30年代前后，美国考古学跟我们现在所做的几乎一样，但后来的发展就不太一样了，这个是很值得注意的。我估计，中国考古学研究中，80%左右做的都是文化历史考古，10%多一点的研

---

① T. D. Price, and G. M., Feinman, "The archaeology of the future," in G. M., Feinman, and T. D. Price eds., *Archaeology at the Millennium: A Sourcebook*, New York: Kluwer Academic/Plenum, 2001, pp.475–496.

究有点过程考古的意思，剩下的是有点后过程考古意思的研究。最近这些变化还是比较明显的，日趋功能主义化，纯粹的考古学文化研究少了许多，尽管还是文化历史考古，其中过半的研究都是功能主义化的。

——中美考古学的差异可能与两国考古资源的特点相关，近些年来中国考古的新发现层出不穷，各个地方都在挖，每年都有很多新东西出土，正因为各种发现很多，当前中国考古学的发展特征就建立在丰富的考古资源的基础之上。

实际上还真不是太丰富，简单做一下比较，日本旧石器时代遗址有3700多处，新石器时代的遗址大约有3万处，我们现在发现的旧石器时代、新石器时代遗址可没这么多。我们的国土是人家的25倍，2012年前后我做过统计，我国旧石器时代遗址的数量不到2000个，连地点都算上了。日本的地形多高山，不适合人住，中国有许多沙漠也不适合人住，不宜居的国土面积比例差不多。如果按照日本发现的考古遗址密度，中国差不多应该有10万处旧石器时代遗址①，但目前发现的数量是非常少的，新石器时代遗址的数量也是远远不够的。前些年每年的考古发掘工地大概在300处，现在多一点了。日本有的年份不止300处，因此，说我们考古资源丰富，是在跟我们以前比，以前我们的工作更少。和邻国相比，实际上我们的资源不丰富，工作力度还不够，专业人才太少，全国从事旧石器考古研究的不过五六十人（真正受过专业训练并能够专门从

---

① 陈胜前：《现在的过去还是将来的过去——中国旧石器遗址现状与保护对策》，《东方考古》（第8集），科学出版社，2011年。

事的人更少），相对于中国这么大的国土、两百万年的漫长人类史来说，这个数量是太少了。

——按照中国的情况看，中国的考古学理论研究还是停留在文化历史考古的层面上，尽管现在很多学者，包括中国的学者，强调发展过程考古，但实际发展就是在文化历史考古阶段，没有必要把现在的范式改变成另一个范式。至少没有必要刻意去改变，而可以在既有的范式基础上发展。20世纪20年代，现代考古学传入中国的时候，西方已经处于文化历史考古的阶段了。中国考古学的发展需要时间，应该多去调查，在调查的基础上多一些考古发掘。

你觉得过程考古跟文化历史考古在田野发掘阶段会有差别吗？

——田野考古发掘层面上的差别应该不是很大。我觉得过程考古在理论上的层次更深入一些。

这一点还是值得注意的，考古学理论的核心概念纲领不同，是会影响到后面的材料和分析的。因为如果你是研究考古学文化的话，那么你所要收集的数据与材料，都是会围绕这个东西展开，你会特别侧重收集器物形制方面的信息。但是，如果你是想了解古人的文化适应，就必须知道工具的功能。陶器是干什么用的？陶器为什么要这么生产？你的关注点就不是陶器的形制特征，它可以分几期，里面有什么文化因素，以及它属于什么文化传统。你关注的重点会发生改变。

我们做过一项陶器研究，研究内蒙古通辽哈民忙哈遗址出土的陶器，我们研究它的纹饰，这种纹饰很罕见，叫麻点纹，是哈民忙哈文化代表性的纹饰。这个文化有点像小河沿文化，分布区域的气候类型、地理环境跟小河沿文化很相似，文化特征的区别之一在于

内蒙古通辽哈民忙哈遗址

它有麻点,有时候又叫突方格纹。我们研究之后发现,这种纹饰其实是它在陶器生产工艺过程中的副产品,因为这个地区是沙地土质,陶土中的含沙量比较高。沙地的沙与河砂很不一样,它的磨圆度太高。大家知道建筑工地用的都是河砂,是不能用沙漠中的沙子的。陶器中夹砂陶一般也是添加河砂的。哈民忙哈位于科尔沁沙地的腹心地带,陶土含沙量太高的话,陶器就难以成型,此时需要在外面给它套个网兜。等陶坯稍微干一点的时候,再揭下来或者直接进入烧制过程,留下来的痕迹就是麻点纹(如果陶坯的表面比较湿的话),或者是突方格纹(如果陶坯表面比较干的话)[①]。

我们刚提出这个观点的时候,没有人相信。一般研究者都是把陶器纹饰当成文化的风格特征,不认为它具有功能性,认为它是比较好代表一个群体的标志性特征。从文化历史考古的角度这么来考

[①] 陈继玲、陈胜前:《哈民忙哈遗址陶器纹饰研究》,《边疆考古研究》第20辑,科学出版社,2016年。

虑问题，是合理的。但是从文化适应的角度来考虑，情况就不一样了。哈民忙哈遗址位于生态交错带地区，是华北落叶阔叶林环境与温带高原环境的交错地带。我们通常也将它称为长城地带，历史上，这里是草原游牧民族与中原农耕群体拉锯的战场。这个地方是农业的边缘环境，农业文化适应的风险比较高。在气候条件比较好的时候，这里可以开展农业，气候条件不好的时候，农业适应就会失败。从我们对石器工具的研究来看，哈民忙哈社会有一定的农业，但狩猎采集在生业中所占的比重也很高。哈民忙哈遗址发现了很多房址、陶器，说明当时可能是定居的。但是，狩猎采集的生活必须是流动的，因为没有哪个地方的资源能够持续利用。定居与流动是矛盾的，这也正是哈民忙哈社会悲剧的根源，后来这里很可能发生了鼠疫，数百人死亡。

结合沙地环境来看它的陶器、石器、房址等遗存特征，会发现它们之间都有很好的一致性。这里房址往往有二层台，从辽西到内蒙古中南部一线都有类似的特征发现，有人也认为这是独特的地域

河北康保兴隆遗址的陶片

文化特征。其实从文化适应的角度很好理解，因为是沙地，地面太软，立柱很容易下陷。布置一个二层台，上面铺上木条，把立柱绑在这些木条上，就像坦克的履带一样。二层台的特征是典型的对沙地建筑环境的适应。最近几年在张家口市康保的兴隆遗址、内蒙古乌兰察布市化德的裕民遗址都发现了类似的陶器、房址，尤其是在兴隆遗址，在有的陶片上甚至发现了清晰的网兜的绳结。

我们的关注点侧重的是文化适应，而不是形制、分期、文化联系。从文化历史考古出发，就会讨论哈民忙哈文化跟小河沿文化有什么关系，讨论它是不是小河沿文化。针对这个问题，会从年代、分区、陶器组合、石器、墓葬特征、装饰品等方面进行对比，最后可能认为，还是属于小河沿文化大传统的，是靠北的分支，是小河沿文化的变体。陶器纹饰有些差别，没有小河沿文化代表性的八角星形纹，但是也有一些类似于装饰品之类的东西跟小河沿文化很像，都有不少陶塑。

选择合适的范式

核心概念纲领就像陀螺的顶点，研究都是围绕它展开的。要想实现范式变迁，关键在于要改变核心概念纲领。可能并不像大家所认为的，不需要特意去做什么，顺其自然就可以，而是需要重要的调整的。

——西方考古学很强调团队，每个人负责一个子系统，组合起来复原古代生活。我们的研究似乎是一个人做了所有的工作。

我们现在做一个遗址发掘的时候，也会去找好多人的，也强调多学科合作，从孢粉分析到年代测定，都是各有分工的。

——但是陶器单项研究太突出了，这会挤占其他方法的空间。

考古报告后面附录很详细，有材质鉴定报告、孢粉分析报告、年代测定报告、陶器烧成温度分析报告……附录报告挺多的，你觉得这算不算多学科合作，跟西方考古学的多学科有没有区别？

——这些报告各有各的，有点分散，缺少统合。

是的，以前的确存在这样的情况。20世纪80年代我们做过周口店遗址的综合研究，并且出版了研究报告。[1]这本书是由不同学科的研究者撰写的，但是有一个很严重的问题，那就是考古学的意思比较弱。动物考古变成古脊椎动物学，研究者的侧重点是动物种属鉴定，讨论是否是新的种属，以及这个物种的进化特点等。真正的动物考古并不关注这些内容，而是关心这些动物是否是人类狩猎的，如何狩猎的，人类能够获得多少肉食，以及动物个体年龄有多大，如此等等。

西方做动物遗存研究的是动物考古学家，他们首先是考古学家，其次才是搞动物研究的。我曾经用过一个比喻，这有点像战场上的步炮协同，19世纪的战场是先打炮，然后士兵冲锋，第一次世界大战的时候步炮协同水平提高，可以一面开炮，一面冲锋，士兵可以随着弹幕的移动前进。现在我们是想打哪里就打哪里，可以即时定点清除，协同能力进一步提高了。目前中国考古学的多学科协同还只是不同专业的协同，没有达到交融的程度。

动物考古学家、植物考古学家、年代考古学家需要能够深入理解考古学的问题，而不是只知道鉴定与测量，只提供鉴定与测量的

---

[1] 吴汝康、任美锷、朱显谟等编：《北京猿人遗址综合研究》，科学出版社，1985年。

结果，而不管有什么意义。他们首先应该是考古学家，他们鉴定植物、动物的水准可能不如专业的植物学家与动物学家，但这没关系，我们不需要那么精确的种属称谓，对动物考古学家而言，能够识别动物是否是家养的更加重要。

就这一点而言，过程考古的贡献是比较大的，过程考古的核心概念纲领是作为适应的文化，而要研究文化适应就涉及很多科学分析。过程考古的出现需要适当的土壤、适当的气候。20世纪60年代，美国考古发掘的高峰已经过去了，不可能像30年代、40年代罗斯福新政时期，给大家开好多考古工地，培养这么多的考古学家。刚才我们说范式变迁，是等学科自然而然地发展，还是说可以有意识地推动？

——应该可以有意识地推动。

目前我们怎么去做才有可能推动？

——我们需要可以讲故事的材料。

这个回答很好。好的考古学研究就是能够讲一个精彩的故事。过程考古有个突出的特点就是能讲一个故事出来。你要是做考古分期研究的话，就很难讲一个故事。过程考古研究涉及古人的生活，它可以讲故事。这方面我自己有一点体验，我做石器研究，基本是过程考古范式的，如前面讲到的大山前遗址夏家店文化石铲、石锄的研究，就是一个故事，情节甚至还有点跌宕起伏的味道。通过石器研究揭示，夏家店文化时期史前农业社会开始了精耕细作，人们从山坡上下到了河谷里来耕种。当时的辽西地区群龙无首，为了提高粮食产量，不得不精耕细作，灌溉中耕。做分期排队的话，的确没有什么故事可以讲，因为它跟古人的生活关系不太密切，它讲的故事是非常概略性的，缺少细节。

——我觉得考古学研究不仅是要复原古代社会的面貌，更重要的是面貌背后人类社会组织这样的深层次问题。我们在回答"是什么"的问题之后，还要去解决"为什么"的问题，这里可能要用到如生态学这样的理论方法。

你觉得我们具体研究的时候应该注意什么？目前我们的做法是否可以？

——应该注意新技术。

那是手段。你在研究设计阶段可能就要注意你的目标，因为研究手段是要服从于目标的。如果目标是要了解古人的生活，你就会注意去收集相关的信息。如果目标只是想了解分期断代，那么你收集的信息就不一样了。这是一个很简单的道理，做分期断代需要什么材料呢？自然是完整的陶器，碎陶片的作用不大，哪怕是器物不完整，能够把器形复原出来也是好的。这样分期排队的时候，可以来回对比，结论也比较能够让人信服。但是从文化适应角度来考虑的话，所有的陶片都有用，因为这些陶片会决定房子的功能分区，还会涉及考古材料的形成过程的问题：陶器是怎么被废弃的？完整的器物有多少？陶器生产专业化程度如何？专业化程度与社会复杂程度相关，社会复杂程度越高，陶器生产的专业化程度就越高。总之，你的研究目标决定你会收集什么样的材料，收集的材料也决定你的研究可以实现怎样的目标。

有什么目标才会收集什么材料。如果你没有相关的目标，你是不会收集相关材料的，所以现在当我们回过头来看那些考古报告的时候，有时候会很痛苦。你想了解古人的生活，但是你发现报告里没有提及相关的内容，它没有告诉你房子里有多少件陶片，也没有告诉你陶器的完整程度、摆放的方式。

这也就是我们为什么要强调范式变迁。也许有人不喜欢范式变迁的说法，那么可以叫范式的拓展。你在做文化历史考古研究的时候，不能局限于此，我们现在还要考虑到过程考古的问题，甚至是后过程考古的问题。在收集材料的时候，需要尽可能收集得丰富一点。考古发掘者如果在提供材料阶段能够考虑充分一点，那么其他人后期做研究的时候，就不至于有那么多的遗憾。

——我觉得特别奇怪，中国考古学的范式到底是什么？为什么会这么认为？我的意思是，不要从范式的角度去理解考古学的发展，它就是一个发展过程。范式似乎是把这个过程专门抽出来，设定为一个思维框架。我觉得这么做的话，就把考古学不同阶段的变化统一放到一个框框内，就好像没有任何改变似的，实际上里面是存在明显的发展变化的。

是的，变化很明显，你说得没错。但是在经典的科学领域，还是存在知识体系的，比如牛顿的力学体系，后来这个体系被颠覆了，不过它还是可以在属于它的那个范畴里、在限定的范围内使用。

——我的意思是，文化历史考古可能还算不上一个范式，只是一个发展阶段，因为它缺乏理论。

文化历史考古是后人在研究学术史的时候所赋予的名称，它是第一个考古学的范式，它在发展之初，并不需要考虑什么名称。后来过程考古兴起，对既有的考古学研究形态感到不满，由此出现了竞争的范式，此时才开始形成文化历史考古这样的概念。在过程考古出现之前，文化历史考古就是考古学，后来被批判被攻击之后，文化历史考古学家意识到，原来既有的认识是有局限的，后来又进一步认识到，如果把考古学文化的概念限制在一定的范围内，比如将一个考古学文化视为一个社群而不是族群，那么研究还是合理的。

文化历史考古也提出要复原古代社会面貌，这个目标很好，没有错，但是它能实现吗？它实现不了，为什么实现不了呢？因为它的核心概念纲领、理论方法是为建立文化历史的时空框架服务的，在解决这个问题的时候效率是非常高的，但是一旦让它去研究古人的生活面貌，就会发现它的边际效用递减，不好用了，或者说效率很低。后过程考古在批评过程考古的时候，也是如此。过程考古在研究古人文化适应方式的时候很有效，但是在研究古人意识形态的时候，就不那么好用了。过程考古研究古人的文化系统，其中不是包括意识形态吗？是包括的，过程考古并不反对意识形态，它也试图去研究意识形态，但是它在研究这个问题的时候，效用显著降低。没有一个理论是放之四海而皆准的，任何理论都存在边际效用递减的问题。理论是在一定范围内生效的，超过了这个范围的时候就没那么好使了。

当你面对一批材料的时候，根据你掌握的方法、所具有的理论基础以及所希望解决的问题，你需要考虑哪个范式最适合，这样你才可能最有效地利用你的材料、你的精力去做好一项研究。好比说你在美术方面的能力很强，你可以选择做与这个相关的历史考古研究，美术考古往往与后过程考古关系更密切一点，涉及象征、表达相关的内容。如果你所面对的这批材料来自沼泽地环境，保存了很多有机材料，那么你可能特别适合去研究文化适应。如果材料不是特别合适的话，即便想用某些范式，也是不可能做到的。

——每个范式都有一套自己的理论，在考古发掘的过程当中，我们需要不断反思，发展新的范式，因为既有的范式没有办法解决所面临的问题，存在较大的局限性，而且问题也在变化之中。每个范式似乎都认为前一个范式不对，比如后过程考古就认为过程考古学有问题，认为应该把研究重点放在人的思想观念上面，所以它又提出一套新的理论方法，这就相当于提供了一个新的探讨过去的框架。

我想问一下，如果你做研究的话，文化历史考古与过程考古，你会偏向于哪一个？

——文化历史考古主要侧重于建立时空体系，过程考古更关注解释，我觉得解释是一件好事。

假设现在让你做一个过程考古的研究，你会觉得有困难吗？

——有困难，因为我自己陷入一个怪圈难以解决。当下的考古学研究都是用咱们现在的思维方式去分析古人，解释他们当时为什么要那么做。要知道，咱们的思想立足于现在的知识体系，但是子非鱼焉知鱼，咱们又不是他们，这样的研究能够可靠吗？

那你觉得现在做过程考古学的主要困难是什么？

——就是很难找到证据来证明假说。我初看宾福德的《追寻人类的过去》的时候，感觉被颠覆了世界观，觉得特别有道理。后来又看了几本书，发现考古学研究还是一个时代性的东西，一个时期得到证明的，结果后来又被推翻了。

我能理解你说的，好比格林·艾萨克（Glynn Isaac）曾经提出的，一个地方石制品多，动物骨骼少，那就可能是石器制造场；如果石制品多，动物骨骼也多，那么就可能是中心营地。我们一直也都是这么认为的，但宾福德说这样的认识是不对的，他说如果一个群体反复光顾某个遗址,比如说干旱地区的泉水边,人们的反复光顾就可能会留下很多东西[①]。这个地方不仅人类经常光顾,其他一些动物也会经常来喝水,肉食动物会来这里捕猎,因此很多动物骨骼也不一定是人类留下的。有时候可能有点关系,因为人类来到这里的时候,发现有动物吃剩下的动物骨架,可能会用石器敲骨吸髓,把骨架上剩下的肉剔下来。尽管动物并不是人类捕猎的,但是动物骨骼上显示出来的都是人类使用石器的砍砸痕迹与切割痕迹。这样的话,考古材料中就混入了一些与人类活动并不相干的东西,给我们的研究带来了挑战。研究是一个不断深入、不断纠正从前认知的过程,发现以前存在的不足应该说是好事,研究是没有终点的。

开展一项过程考古的研究,可能存在的困难,我们前面已经说到了,巧妇难为无米之炊,如果没有按照目标收集材料,那么在研究中可能就没有需要的信息。如果一开始就以文化适应研究为目的的话,那么你在收集材料的时候会很注意收集相关方面的信息。2009年,我自己主持发掘了湖北郧县余嘴2号旧石器时代遗址,那个遗址总共才出土了332件石制品,连小石片都算上,没有发现动物化石,发掘面积500平方米。不过我们挖出了一个砾石条带,可能是河流阶地的残留。我们想了解古人是怎么利用这个空间的,于是我们把每一个挖到的砾石都做了测量与记录,包括它的大小、重量、材质等。同时,我们在这里做了好多石器实验,检验我们的观察。

[①] [美]路易斯·宾福德著,陈胜前译:《追寻人类的过去:解释考古材料》,上海三联书店,2009年。

从这个遗址的材料出发，我们发展出来一个理论，叫最佳栖居地理论。狩猎采集者过着流动不定的生活，对他们来说，石料、水源、燃料是不好搬运的东西，所以在选择居址的时候一定要靠近这三样东西。哪些地方有这三样东西？就石料而言，一定要靠近河流，因为坡度的原因，河流的搬运动力是上游强下游弱，也就是说，一定在某个区域里面，石料的大小是最适合制作石器的。任何一条河流都会存在这种状况，有那么一段是最合适的，这一段往往就是河流的中游区域。利用这里的支流，就可以保证相对清洁的饮水。这个地方往往还有森林，于是也就有了充足的燃料。如果是河流下游区域，水网密布，容易出现洪水泛滥，如果没有船，就会行动不便。像江汉平原这样的地方，到处都是湖，有面积巨大的云梦

湖北郧县余嘴2号旧石器时代遗址

泽。河流中游地段，有大小合适的砾石原料，有充足的燃料，有方便的水源，地形相对开阔，有利于人类活动，不容易受到洪水泛滥的影响，自然这里就应该是狩猎者的最佳栖居地。这个理论意味着什么呢？有石料，有水，有燃料，狩猎采集者最佳栖居地区域的人口密度很显然应该是最高的。当其他条件一致时，如果说有农业起源的需求，那么首先就应该是在这个地带。我在《史前的现代化：从狩猎采集到农业起源》一书中就用到这个理论，用它来解释为什么农业起源会首先出现在山前地带。①

当你的研究目标是侧重古人的生活方式的时候，你就会有意识地关注相关信息。在余嘴2号旧石器时代遗址的研究中，我的目标是想知道古人是怎么制作石器的，而不是整个石器技术类型的地域特色。如果要做类型学的话，就必须关注器物类型的地域特色。而要做文化适应研究的话，就需要考虑实验考古的方法，不仅需要了解石器生产的过程，更需要了解这么做在文化适应上的意义，我需要解释古人为什么要这么做。如果按照文化历史考古的范式来解释石器工业的面貌，就会用传播论来解释是因为人口迁徙或是文化交流。

我们是从适应这个角度来解释的，如果古人的生计方式更加强调狩猎，就会更强调工具的便携性，更强调切割功能，以此来解释旧石器时代晚期这个地区出现的石器小型化现象。进入旧石器与新石器过渡阶段，该地区又出现了砾石工业。这可能是因为气候回暖

---

① 陈胜前：《史前的现代化：从狩猎采集到农业起源》，生活·读书·新知三联书店，2020年。

之后，植被增加，人类群体的流动性下降了，更多地利用当地原料，更少地利用外来的质地细腻的燧石。原料利用的变化跟群体的流动性的降低相关。流动性下降还意味着什么呢？狩猎采集人群在一个地方待的时间越长，这个地方的资源消耗越大，这个地方不可能长期支撑人们的生产生活。此时就意味着人们必须要强化利用资源，把那些不适合直接吃的食物，如橡子，加工成可以吃的东西；还必须要广谱利用，吃平时很少吃的东西；最后，可能需要发展种植。古人发现有些植物，如果加以照顾的话，会有更大的产量。

面对同样一批考古材料，你的解释角度是不一样的，你需要关注的材料信息也不一样，这里面就涉及范式的问题。文化历史考古用人口迁徙来解释文化变迁，但是这个观点是很难验证的。我们用狩猎采集者流动性的变化来解释，我们之所以用流动性，是因为这是狩猎采集者的文化生态学原理中的重要变量。如果这个原理不成立，那么我的这个解释也就错了；如果你想证明我错了，需要能够推翻这个原理。

——我有个问题，范式变迁这个概念总给人一种很激进的感觉，存在很强的对立性，但是在您这里变成了一种包容性的变迁，为什么会有这么一种变化？

因为在回顾考古学史的时候，我们可以发现，文化历史考古不是错了，而是做得还不够，错误与不够是有明显区别的。过程考古有新的拓展。革命性的变化许多时候是一种夸张，几乎所有的革命，你要是对它进行追根溯源的话，都会变成过渡。"工业革命"号称翻天覆地，现在好多人发现工业革命也是一个过渡。

所以，当我们用革命这个词的时候，其实已经表明了立场。在科学领域里面讲革命，牛顿力学体系的确太典型了，典型到难以复制的程度。因为确实有人为它自杀殉葬，革命往往就是这样的，像王国维，他就为了他立足的那种文化自杀了，他所面临的正是一个文化意义上的范式剧变。学术研究没有这么极端，这个领域更多地强调积累性。对于在地方上长期从事田野考古工作的研究者来说，他有很多你无法取代的东西，他对当地熟悉的程度，是特别重要的，不是你可以轻视的，可能他的范式有些老旧，但是你要知道人家是有很重要贡献的，因此，在范式变迁上，我们强调一种更包容的态度。

考古遗址是非常珍贵的，所以我们需要尽可能多方面地获取信息，文化历史考古是一种范式，过程考古、后过程考古也是，还有诸如生态、性别等新的视角，总之可以采用多种多样的方式来研究这同一批材料。通过研究，这批材料所揭露出来的信息也是越来越丰富的。

——为什么我们现在采用过程考古的时候会有这么多的困难呢？

这个问题特别好，我们应该讨论这个问题，为什么会有困难呢？20世纪80年代的时候过程考古就已经进入中国，相关著作先后被翻译成中文的有两本，是论文的合集[①]，但是在具体使用的时候，大家发现很难真正用起来。需要说明的是，我们确实用了，并且还在使用。从90年代开始，中国考古学研究实际上已经悄悄在

[①] 中国历史博物馆考古部编：《当代国外考古学理论与方法》，三秦出版社，1991年；中国社会科学院考古研究所编：《考古学的历史·理论·实践》，中州古籍出版社，1996年。

转向了。功能主义的研究显著增加，只不过大家不愿意说我这个就是过程考古。有些人做得还很出色，包括张忠培先生，他做的并不纯粹是文化历史考古，他做良渚墓地的研究，通过墓葬了解当时的社会组织结构，确定什么是神王、贵族、社会底层[①]，这种通过考古材料做的社会分层研究并不是文化历史考古，而是颇为过程的。

  为什么是从西方留学回来的学者探讨理论？可能是因为接受了不同的训练，回头来看中国考古学时，容易发现理论是问题的关键。中国考古学有很强的历史学传统，跟西方考古学，尤其是美国考古学秉承人类学传统是不一样的。目前，英国的过程考古早已退潮，德国就更弱了，美国考古学研究的主要是印第安人的东西，本身就是人类学式的，正如后过程考古学批判过程考古时所说的，人类学是以科学之名对人本身的疏离。科学主张外在的客观的观察，与人类学作为"他者的研究"有内在的一致性，而历史是我们自己的，由此带来学术基础的差别。历史学传统跟人类学传统究竟有什么差别呢？为什么历史学传统就那么难以更改呢？其实问题不在于我们的历史学传统，而在他们的人类学传统，做人类学的时候总免不了给人一种猎奇的感觉，有一种旅游者的心态，历史学传统意味着我们研究的是自己的文化，不是外国的文化。

---

① 张忠培:《良渚文化墓地与其表述的文明社会》,《考古学报》2012年第4期。

第四讲
考古材料

什么是考古材料?

琳达·帕提克(Linda E. Patrik)写的《什么是考古材料》一文我翻译过。[①]一般把 archaeological record 一词翻译成"考古记录",这就涉及一个中英文语境转换的问题。大家一听"记录"就想到文本,这也意味着,当把它翻译成"记录"的时候,就等于承认了它的文本属性。实际上,在英文语境中不是这个意思,所以我把它翻译成"考古材料"。这是一个我们熟悉的概念,可能也有争议。这篇文章大家可以看看,不一定要看完,因为有点长,有点啰嗦,看三分之一或四分之一的篇幅就足够了。我们从中能学到什么呢?那就是西方考古学对基本概念的关注。考古材料,也就是物质遗存,是我们平时觉得天经地义的东西。那些东西不就在那里吗?看得见,摸得着,哪用得着思考?你去反思它什么呢?学术研究正是从这样的地方开始的。你认为这个世界是客观存在的,哲学家说这可

[①] L. E. Patrik, "Is there an archaeological record?" *Advances in Archaeological Method and Theory*, 1985(8): 27–62.

不一定。质疑最基本的概念往往与学科的重大变革联系在一起。

对最基本的概念进行质疑，这是中国学术里面特别缺的，我们的思维方式不大偏好思考抽象的概念。什么叫考古材料？这个东西有什么好质疑的，然而，后面我们反复质疑的正是这个概念。帕提克就这个概念写了一篇超长的论文，翻译成中文有两万多字，是严格按照学术规范来做的，被称作掉书袋也好或是太啰嗦也好，这篇文章把所有相关的信息组织起来了，围绕一个基本概念进行反思，这个还是很值得我们学习的。大家如果对理论有兴趣的话，可以思考一下什么是中国考古学所说的类型？这个概念的哲学基础是什么？有什么意义？再比如许多人讲的"文明"这个概念，究竟什么是"文明"？如果文明等于国家的话，为什么还要用文明这个概念？考古学上所说的文明究竟指的是什么？

究竟什么是考古材料？在不同范式里面考古材料的属性有什么区别？中国考古学中我们是怎么理解考古材料的？与历史文献材料相比，考古材料有什么特点？有什么优点？有什么缺点？考古材料跟考古学研究有什么关系？考古材料的获取、分析都是在科学的范畴内进行的，我们是否可能在此基础上进行一些人文的研究？这些问题都是我们需要讨论的，我们群策群力，一起来思考，看看可以得到什么。

——我觉得考古材料是静态的物质遗存，导致考古材料形成的因素有自然的，也有文化的。可能在研究某些问题的时候，比较重视自然的方面；在研究另外一些问题时，就会涉及文化的方面。

不同的时候用不同的方面。我现在有一个问题，考古材料究竟是实物还是信息？

——考古材料是有层次的，一个陶罐、一段纹饰、一些痕迹都是考古材料。你看陶罐的时候算实物，如果看一些微观的东西，比如说图案、裂痕等，这些就算是信息。考古材料是实物，还是信息，就看从哪个角度来看了。

这个想法又深入了一点。这里我们对考古材料做一点反思，其作为实物无疑是人人都知道的，是可以直接被看见的，还有部分通过设备看见。大自然到处都是实物，这些东西是不是都是考古材料？如果说必须经过考古发掘的话，没经过发掘的是否就不是考古材料？这里面有一个前提，当我们说到考古材料的时候，首先要假定它是跟人相关的。如果跟人完全不相关的话，就不能称之为考古材料。

——问题是在何种条件下跟人相关，我们需要一个统一的标准。

现在我们讨论的就是相关性，问题是在何种情况下相关。这里存在直接相关与间接相关的区分，直接相关意味着物质参与到人的活动中，影响到人的活动了，比如制作石器的原料。需要注意的是，那些没有直接参与到石器生产过程的石料就不能说是直接相关的。间接相关是指通过其他环节来影响人类活动的，比如人类把出产石料的山看作一座神山加以崇拜，此时这座山是通过观念影响到人，是间接作用。当然，你可以说这座山处在人类的生活范围内，是一定会影响人的。这样的物质，我们通常称之为环境，属于人类行为的背景。如此说来，相关性不仅有直接、间接之分，还可能存在层次的区分。其实，考古学研究就是在探讨实物遗存与人不同层次的相关性！所以说要统一的标准，这个肯定是不存在的，而且也不需要，这不是考古学研究的目标。

除了相关性，考古材料的另一个维度是实物。考古学家是通过实物遗存去了解古人的。究竟什么是实物？这就需要引入物质的概念。实物遗存是物质，究竟什么是物质？过去一百多年来，它的定义其实是发生了很大改变的。大多数人眼中的物质概念都来自日常生活实践，基于个人的体验。对于我拿的粉笔，喝的茶，呼吸的空气，我很清楚地知道它们的存在，它们都是通过体验能得到的。物理学进一步探索物质的构成，推到了原子，从原子再往下推那是什么？推到了最后就是力、场，有点像古时候中国人说的气。物理学进步之后大家逐渐认为物质就是这么一种东西，并不是我们以前理解的实体。现在则把物质理解成信息，这很有意思。后过程考古把物质看作文本，这并不是纯粹的心血来潮，它的物质观跟当代科学的进步、物理学的进步是同步的。大家开始对物质有了一种新的理解——信息。有趣的是，当代的技术应用也是与之同步的，当代的社会靠什么挣钱？就是信息，谁能实现信息资源的最佳配置，谁就能挣钱。

需要进一步说明的是，从实物里去获取古人的信息，是一个推理的过程。考古材料所记录的古人活动的信息，并不能自动传递给研究者，人们是需要推理才能了解的。摆在那里的东西对考古学家来说没有太大的意义，除非我们能够解读其中的信息。考古材料其实一直都在那里，但是只有当考古学家解读它们之后，才能够真正把握其中的意义。

中国考古学是如何理解考古材料的？

下面讨论在中国考古学中我们是怎么理解考古材料的。什么是考古材料呢？在中国考古学里这是一个问题吗？

——实物。我们能接触到的，我们所能认知的。

你觉得我们平时在理解考古材料的时候，有没有问题？在你研究考古材料的时候，你觉得最困难的是什么？

——零散、混乱，不知如何才能把它们连接起来。

很有意思。为什么考古材料这么零散呢？不光考古材料是零散的，社会现象似乎也是零散的。社会学家研究的社会现象不是零散的吗？经济学家研究的经济现象不是零散的吗？为什么我们考古学家会感觉自己的研究材料特别零散呢？

——可能是因为我们对考古材料的认识不够，不是考古材料不完整，而是我们的方法论不够完善。在运用考古材料中比较困难的是排除其他的可能性，因为一批考古材料会给我们具有很多可能的信息，不同的人会有不同的看法，怎么知道我选择的这个是正确的呢？这个很难。

这个有点道理，大家都不完整，但是考古学在方法论上存在的问题更突出。你觉得中国考古学家把考古材料当作文本了吗？还是把它当成化石记录？

——应该是当成了化石记录。不过，这里有点矛盾，如果是当成化石记录的话，那么首先应该是遵循一个过程，化石记录是有形成过程的。更可能就是一种感性直观的东西，好像就是古人一样。

你这个比喻挺好的。考古材料不是化石记录，也不是文本，就是一个东西，究竟是什么东西呢？感性直观的东西是能够影响人的，这意味着考古学家能够直接与古人对话，并不是没有意义的。

——在中国考古学史上，考古材料是一个与考古学相对应的概念。随着考古学的发展，考古材料的概念是不断扩大的，包括从地下发掘出来的。出土文献是不是考古材料？我们怎么去界定考古材料呢？

这是一个很好的拓展。你刚才说的要把考古材料放到学科发展进程中去看，这是合理的想法。在中国现代考古学兴起之前，金石学家把古物材料看作证经补史的资料，作为文献的补充。尽管是跟文献不同的东西，本质还是文献的，只不过说它是另外一种形式的历史文献而已，中国在本质上还是把它当文献来看的，而不是把它当成古人活动的化石记录来看的。现代考古学兴起之后，在历史考古这个分支领域中，文献与考古材料的作用是平分秋色的，部分考古材料本来就是以新的文献形式出现的，如简牍、墓志、图像等。

——跟中国考古学相比，美国考古学的历史传统少些，人类学传统更重。他们会不会把人类学材料也当成考古材料呢？

你把考古材料又拓展了，当然会的。回顾现代考古学发展史，19世纪时，一些早期"考古学家"（可能还不能称为真正意义上的考古学家）就是把人类学材料与考古材料混用的，并不区分两者。他们把人类学材料当成古代社会"凝固的化石"。不过，我们知道现代考古学有三个主要的源头和一个次要的源头，三个主要的源头是古典-历史考古、新石器-原史考古、旧石器-古人类考古；一个次要的源头就是民族志。在古典考古（或称为古典文明考古）中，它的目的是有所不同的。

在北欧地区，那里的文献记录出现很晚，是公元1000年之后的事，那里只能把考古材料当成是像历史文献的东西。这是新石器-原史考古领域的开端，在没有文献帮助，或是文献帮助极为有限的情况下（更多是一些半真半假的神话传说），需要用考古材料来帮助重建史前史。这种情况也存在于旧石器-古人类考古领域,化石记录的说法来自整个领域,旧石器考古一开始研究的就是人类与动物化石,再就是石器。在古典-历史考古这个分支中,考古学家面对的可能有希腊雕塑与建筑、罗马时期的墓葬,可能还有文字,部分材料可能跟《圣经》相关,能够跟《旧约圣经》的内容对应。我们通常理解的考古材料更接近哪个领域呢?

在旧石器-古人类考古领域,通常是把考古材料当成化石记录的,大家也注意到,中国旧石器考古会运用文化传统这样的概念,有时候也是把一些石器产品看作一种工业传统。我们并没有把考古材料真正当成化石记录,尽管用到化石记录的说法,有意思吧!如果是化石记录的话,应该记录了过程信息,但是我们经常在做旧石器考古研究的时候,用到文化传统的概念,有小石器传统、砾石石器传统。小石器传统南北往来传播,砾石石器传统也是到处传播,实际上我们把新石器-夏商周考古这种经典的对考古材料的定义,套到了旧石器考古中来了。

还有一点很有意思,那就是考古材料与历史文献、人类学材料的关系。现代考古学进入中国之后,研究方式跟传统史学是不一样的,这里面有个转换过程。最开始的是王国维用出土甲骨文材料来证明传统文献的记载,所谓"二重证据法",王国维用的其实仍然是文献材料,只是年代更早。到了梁思永时代,情况就完全不一样,比如他们发掘的城子崖遗址,这些东西跟文献一点关系都没有,这些材料就不是文献的补充了,跟文献的性质很不一样了。

——也不一定吧!我觉得跟文献的性质还是相同的,都是作为历史信息,用来说明中国历史问题。现代考古学要复原历史。

这是我们知道的。现在要回到考古材料的意义上来说，在中国考古学里面，我们既不认为考古材料是文本，也不认为它是化石记录，那究竟是什么呢？中国考古学的前身有证经补史的传统，有同学认为中国旧石器考古里面并没有把考古材料当作化石记录，历史考古或在新石器考古更没有把它当作化石记录，也没有感觉它是文本。或者说，化石记录与文本是相互对应、相互依存的两个概念。没有其中一个，也不会有另外一个。从另外一个角度说，可能是因为中国考古学还没有真正追问过这个问题，我们的讨论只是一个起点，究竟中国考古学把考古材料看作什么，还需要大家进一步去探究。

考古材料是怎么形成的？

相比文献资料，考古材料有什么特点？刚才大家已经说到，考古材料是比较零散的。关于考古材料还有一种争论，就是说考古材料被扭曲了，被文化、自然过程改造扭曲了。不过，宾福德反对这种观点，他认为文化改造过程本来就是考古材料的组成部分[①]，大家怎么看？

——重点在于观点的二元对立，这从来都是有问题的。什么叫做扭曲？扭曲是怎么发生的？一个东西从原材料到成品，再到被使用、被改造、被废弃，我们是否可以把这个过程看成扭曲的？您把这个过程看成客观的还是主观的？分析之后，我觉得这个问题本身就是有问题的。

---

① L. R. Binford, "Dimensional analysis of behavior and site structure: learning from an Eskimo hunting stand," *American Antiquity*, 1978(43): 330-361.

你认为主客二元论不合理，应该是主客体一致？

——不是这样的理论问题，而是目的、方法、手段的问题。相对主义是理论问题，所谓此一是非彼一是非。从客观的角度看，主观的东西也都是脑电波，都是正负的钠离子的活动。从主观上看，海森堡有测不准原理（海森堡不确定性原理），你不能去观察，你一去观察，这个东西就不是原来的东西了。非要说是主观的还是客观的，是文本还是化石记录，在我看来，这本身就值得怀疑。刚才说中国考古学不关注这个理论问题，在我看来没准是好处，是长处。

那你的意思是，讨论这种问题是没有意义的？

——这个问题根本就没有正确答案。最后你把它追到上帝那里，会得出什么呢？我觉得这是没有意义的。依照我们现在的认知水平，根本没有能力做出判断，这又有什么意义呢？子不语怪力乱神，就是因为得不到有意义的答案。

你认为把考古材料是什么作为考古学的本体论来讨论，实际上是没有太大意义的。有一派学者就是这么认为的，考古学家做自己的研究就行了，考古学家做考古学家的事，把本体论的事情留给哲学家去讨论。

——如今学科分得这么细，就是因为每个人的研究范围是有限的，如果考古学家非要去做哲学家的事情，倒不如在本学科内继续发展。不一定非要把所想的东西都付诸实践，理论一定要付诸实践，这是一个后来才有的概念，是18世纪以后才有的。

我们经常是这么说，没有理论指导的实践是盲目的实践，就像中国新民主主义革命，如果没有理论指导，那就跟历史上的农民起义没有什么区别了。正是因为有马克思主义指导，才有了新民主主义革命，才有了一个具有创新性质的政权。照说毛泽东主席作为一个革命者，他不需要讨论什么矛盾论、实践论这样的哲学问题的。那为什么他还要去讨论呢？正是因为它们有巨大的实践价值。从哲学基础意义上来讨论学科的关键问题，有助于我们把握学科的发展方向，你会发现不同观点之间究竟在争论什么。

主张过程考古的宾福德与主张后过程考古的霍德之间有许多争论点，但是追溯这些争论，就会发现大家最后争的是基本的哲学立场。不仅在本体论上，还有认识论与价值论都有很大的分歧，由此形成了两个差异显著的学科范式。如果你把哲学和考古学分开的话，就很难认识到它们之间的差异了。

——我的意思是，如果一个问题始终得不到答案，那还问它干什么？一个问题非要得出答案吗？这也是一个问题。

没有得出答案也是一个答案。不是所有的答案都是对错问题，最后得到的，可能是出发点不同，或是角度不同。主、客体之间的关系，是个老掉牙的哲学问题。主、客体二元对立是近代化的产物，与近代科学的形成密切相关，也与西方文化密切相关。经过工业革命的洗礼，成为具有主导性的哲学问题。我们熟悉的辩证唯物主义与历史唯物主义就立足于此，它们也是当代中国考古学的哲学基础。我们之所以不去反思考古材料，因为我们已经将其视为客观的，这毋庸置疑。

19世纪末20世纪初，哲学界逐渐意识到，主、客体二元对立的观念带来了不少负面效应，包括对人的本身的忽视，尤其是对人的历史、人的文化的忽视。人不仅仅生活在物质世界中，更生活在人创造的意义之中。2018年我去中国科学院大学，在怀柔那边，房子修得好漂亮，也宽敞，硕士生也可以住单间，食堂又开阔又明亮，比我们这边强太多了，但是有一个问题，你没有感受到历史，没有感受到人文气息，那么大的空间里面，没有一幅书法作品，没有一幅绘画作品，连张贴画都没有。一切似乎都是按照效用来布置的，给人感觉很单调、萧瑟呀。2023年我又去了一次中国科学院大学，发现走廊上多了不少艺术品。这些艺术品是否合适暂且不论，说明管理者意识到人文的必要性，人活着不仅仅需要食物，还需要意义。人会赋予物以意义，这是否算是对考古材料的扭曲呢？

——我觉得这不算扭曲。

一个遗址的地面上留有许多石器，有人或是动物跑过来，"啪啪"地把石器踩烂，一开始本来很完整的器物，一下子有了好多碎屑。旧石器时代的石器材料很多会经历踩踏的过程，石器暴露在水边的地表上，动物来喝水，一定会踩踏的。埋藏在地层中，还会受到地层的挤压。于是，这些石器完全被改变了模样，也改变了原来的位置。后面可能还有山洪暴发带来的冲击与搬运，把那些细小的器物全部带走，然后留下来全是大型石器。可能会导致我们认为古人使用的本来就是大型石器。

——这种情况是存在的，但是考古材料传递的信息还是真的。地层分析之后发现存在这样的过程，那就不能说明考古材料信息被扭曲了。

如果我们没有认识到呢？懂地质的人会说这个遗址有很强的水动力作用，但是有人不承认。有很多学者特别愿意说自己发掘的遗址是原地埋藏，如果说是经过搬运的，研究价值就大大降低了。

——材料传递出来的信息还是真实的，只不过大家在研究它的时候出了问题。

改造的情况是多样的，例如蚯蚓对地层的改造，尤其是澳大利亚的蚯蚓，一米多长，能够彻底搅动地层[①]。经过一两万年，我们是很难知道有没有蚯蚓曾经活动过的。我们基于现在对当地条件的观察，知道蚯蚓活动很厉害。还有一种情况，在河北阳原的虎头梁曾经发现过融冻现象，末次盛冰期时气候非常寒冷，整个文化层都成了冻土层，后来又融化，融冻过程带来的膨胀与收缩，搅动了整个地层，有的地方能看到融冻褶皱，地层完全扭曲了。

——这不能说是材料被扭曲了，因为我们已经知道了。我们说的扭曲应该是指在研究过程中没有能够排除那些扭曲因素，并认为它是真实的，这样的话，才可以说材料确实是被扭曲了。

现在我们加了扭曲过程研究，这对考古学研究有没有帮助？

——我觉得还是要分阶段地看，就像是研究一幅画，你想研究的是这幅画创作时发生的事情，还是这幅画传世过程中发生的事情，后人不断在画上题字、盖印章，不同阶段关注的东西应该是不一样的。

历史会反复书写某些东西。就你讲的这个例子而言，我没有感觉到存在扭曲。

——可是如果发生了灾难，情况可能就不一样了。

有这样的情况。火灾后一幅画变成了两截，修复时把烧毁的部分补上，一幅画就变成两幅画，每幅画都有一半是真的。

[①] J. K. Stein, "Earthworm activity: a source of potential disturbance of archaeological sediments," *American Antiquity*, 1983(48): 277-289.

——还有调包的可能。这些都是扭曲。扭曲是广泛存在的，需要去认识，一旦不认识，那么得到的考古材料就很不可靠。

对。这就是谢弗（Michael Schiffer）的研究重心，他花了好多时间研究考古材料的形成过程[①]，他认为这一过程包括文化改造过程与自然改造过程。刚才讲的大多是自然改造过程，这个过程可以分为物理改造、化学改造和生物改造。我们刚才没有说文化改造过程，比如说，搬家时拿走一部分东西，另外一部分没拿走。在考古遗存中，这种情况是常见的，发掘出土的房址里面有的遗物特别多，有的房址里面什么也没有，这种状况怎么解释？

——可能就是因为穷，这涉及一个社会过程。

过程本身是很有意思的。为什么有的文化的房址，如兴隆洼遗址，出土的东西特别多，不只是这个遗址如此，同一文化的其他遗址也是如此。而在另外一些文化中，房址中出土的遗物非常少。关键是还存在这样一种情况，有的房址里面发现的遗物好像经过整理似的，我们在白音长汗遗址赵宝沟文化阶段的房址中曾经发现七八件石铲摆在一块，整整齐齐的，这些石铲都是实用器物，非常完整，还可以使用的。这涉及遗址废弃过程问题研究，不同的废弃过程可能导致不同的遗物分布形态以及不同数量的遗物废弃。有些房子不是突然被废弃的，而是逐渐被废弃的。当一所房子被废弃时，如果还有人住在这附近，那么这所房子就是一笔财富了，会变身成为原料场，我现在缺一根木头，就可能从这所房子里去抽取一根。

[①] M. B. Schiffer, *Formation Processes of the Archaeological Record*, Salt Lake City: University of Utah Press, 1987.

这很正常，农村常见这样的情况，一所房子不要了，以前住人的，现在变成了牛棚或猪圈，喂牛养猪，有时候可能还会变成仓库，堆一些粮食、柴草，改变了用途。所以当你发掘这样的房子时，就会出现一些问题，这是个猪圈，曾经也是住人的，而发掘到的东西多是在最后使用阶段被废弃的，相反，曾经住人阶段的遗物很少。

在白音长汗遗址中，我们发现，有那么几座房址中出土遗物特别多，还有几座房子出土物很少，尤其是遗址围沟外面的一些房子。当时的解释是，人口增加后，围沟内住不下了，所以住到了围沟外面。但是这些房子里甚至连火塘都没有，面积也比较小，为什么会这样呢？后来看了一个民族学的材料，知道存在这么一种状况，就是当白音长汗先民要建立起这个聚落时，是不可能将所有东西都一次性搬过来的，盖房子储备木料可能要花费几年的时间，一年内完成所有木料的砍伐工作是不大可能的，砍下来的新鲜木料也不能马上用，会严重变形的，必须等它稍微干燥一点再用，所以前期会有一些人来砍树储料。这些人住在这儿，需要盖工棚，也就是临时住的地方。他们每年都来，储备好木料之后，然后开始盖房子，最后再一次性搬迁。盖完了新房子之后，这些工棚可能就空在这儿了，工棚的作用是暂时的。现在建筑工地不是也有好多这样的房子吗？现在我们会把它拆走，当时不会，可能会变成为上面说的原料场，是聚落中最早被废弃的，而不是最晚的。因为是工棚，人们可能在户外用火，因此房址中没有发现火塘。

——聚落建成后，完全可以继续使用，可以在里面存放东西，没有必要把东西放在围沟外面。我觉得这个解释还是没有回答为什么是这个样子的。

你说的是一种可能。它不是正式的建筑，为什么要把它放在围沟里面呢？如果全部的房子都是40平方米左右的，那几个工棚只有几平方米到十几平方米，搁在围沟里面也别扭。假如每个房子都是一个家庭，那些工棚给哪个家庭都不合适。我们说的是一种可能，你刚才说的那种可能也是存在的。把它当成材料场，或者留着，或者把它拆了，完全有可能在聚落建成后就把它拆了。

——也许可以换一种思考方式，如果把对它的反应当成一种话语表达的话，外围的应该就是被排斥的。

住小房子的是被排挤的人？被排挤的话，估计是不能待在那里的，更好的选择是直接远离这个地方，而不是待在村子的边缘。当然你这也是一种解释，那就意味着房子里面应该有生活用品，但是我们在里面什么也没发现，是空房子。

刚才说受到民族学的启示，这对于史前考古是极为重要的。因为考古学家早已远离史前时代，完全不熟悉那个时候的生活。如果没有民族学的启示，就只能从当代的生活常识出发，而我们现在的常识不是农业时代的（定居农业），就是工商业时代的（城市生活）。民族志记载的生活与史前生活有更多的相似性，尤其是狩猎采集者与处在初级农业状态群体的民族志。此时民族志就能够给我们带来极为重要的启示，我们不能把史前社会群体等同于民族志中记载的群体，但是由此否定民族学启示的作用，无疑是因噎废食了。如果能够从民族志中提炼出来更具备普适性的原理，那么就不是简单的类比，而是理论指导了。后面在中程理论那一讲，我们会侧重探讨这个问题。

刚才我们讲到了废弃过程，其中涉及原料的再利用、循环使用

哈民忙哈遗址的敲砸器　　　　　0　1　2　3厘米

的情况。就像我们在内蒙古通辽哈民忙哈遗址看到的，观察那里的敲砸器，你会发现所有的敲砸器，有的两面特别光滑，与其他石器工具一对比，发现它是由原来的磨光石锛或是石斧改制的，这些磨光石器损坏后，哈民忙哈的先民们把它们分成几节，然后修理制作成为敲砸器。哈民忙哈遗址因为远离石料产区，这里没有真正的废东西，石器损坏后都会再加工、再利用，这也属于对材料的改造过程，是文化改造。宾福德说没有扭曲这回事，循环使用、选择性废弃，都是文化进程的一部分。在宏观上说，宾福德的说法是有道理的，我们不应该把搬家看作一种改造，它本来就是生活的基本内容。

谢弗把文化改造过程单独抽出来专门研究，也是有意义的，他强调废弃过程对考古材料构成的影响。宾福德与谢弗之间有一个著名的争论，就是有关"庞贝前提"的争论。[1]谢弗说考古材料都特

---

[1] L. R. Binford, "Behavioral archaeology and the 'Pompeii premise'," *Journal of Anthropological Research*, 1981(37):195-208; M. B. Schiffer, "Is there a 'Pompeii premise' in archaeology?" *Journal of Anthropological Research* 41-18-41, 1985.

别零散，难以用来重建过去，特别希望能找到像庞贝古城那样完整的考古材料，这样的话，解读考古材料时就容易得多。格拉汉姆·克拉克花了很长时间去找沼泽地遗址，就是因为沼泽地遗址保存特别好，许多有机质材料都可以保存下来。他运气不错，最终找到了斯塔·卡尔遗址，这是英国一个中石器时代的遗址。谢弗的观点提出来后受到宾福德的批评，宾福德说他是典型的经验主义者，完全以材料为中心——你这不是过程考古学，你是混到我们队伍里的"蝙蝠"。我不知道大家怎么看这个问题，重建过去是否必须有像庞贝那样的材料？

——看你想达到的目的是什么。考古学重建过去的目标，到底是要达到一个什么样的目标？

你提到了精度的问题，是高精度的还是低精度的，我们肯定是想越高精度越好，这是毫无疑问的。

——即便没有庞贝古城的材料，我们还是可以通过其他具有代表性的遗存推断出当时的生活情况的，庞贝古城里也不是所有的材料都是有用的。

当然如此。我们在重建过去的时候，能不能用零碎的材料实现目标？或者说，我们是否非得有庞贝古城这样的材料才能重建过去？如果没有的话，我们就肯定不能重建过去，是不是？

——我觉得不是，因为零碎材料提供的信息也可能足够充分。

为什么？根据零碎的材料我们也能重建过去，为什么能够做到呢？既然是零碎材料，怎么足够充分的呢？我们还是希望留存的信息越多越好，而不是说无论有多少信息，我都能重建过去。谢弗的观点是我们需要更多的信息。完全依靠材料归纳来重建过去，离开材料就不行，这是过程考古学所批判的观点。过去是个大圆，现在知道的片段只有那么一点点，你要用这个去重建过去，这怎么可能呢？谢弗的观点是我们要找到尽可能完整的材料，从中得到有关过去的模板，然后才能去重建过去。宾福德批判他什么呢？说这个是经验主义，是单向思维。宾福德说，没有完整的材料，可不一定就不能重建过去。我没有这个原料也能做出这个饭来，宾福德说，如果我一开始就知道史前生活的模板是什么样的，那么我现在找到了一些片段，就可以像拼合陶器一样照模板拼上去。如此这般，凭借零碎的材料，也是可能重建过去的。

对宾福德来说，这个模板是什么呢？是怎么来的呢？它是理论建构，来自从具有普遍性理论的演绎。过去的人也是人，如果你不了解一般意义上的人，也就无法了解作为特殊意义上的过去的人。不见森林，难见树木。你先要了解普遍性，然后你才能知道特殊性，这是宾福德的意思。他批评谢弗是批判他的必须经过特殊性的归纳才能提炼出来普遍性的观点。从这里大家可以意识到一点，过程考古学是强调统一性、普遍性的，也就是强调理论原理的重要性，在过程考古学家看来，你不了解一般性的狩猎采集者，是不可能了解特殊的狩猎采集者的，即史前的狩猎采集者。不论是远古、历史时期，还是晚近时代的狩猎采集者，他们都生活在自然界之中，是以直接获取自然界中的资源而不是通过农业生产为生的，因此所有的狩猎采集者都会受到生态条件与人地关系的影响。

当然，谢弗也可以反击，你不知道特殊的狩猎采集者怎么可能知道一般的狩猎采集者呢？你不经过这种纷繁复杂的事实的提炼，怎么得到一般性的东西？有一种鸡生蛋、蛋生鸡的意思。在现实生活中，在我们说话的时候，往往从一般性出发的。尤其到农村，即便是没受过什么教育的人，也会使用不少谚语、格言。诸如，路遥知马力，日久见人心。先把普遍原理摆出来，然后再说具体的情况。某种意义上说，这已经是人类的一种认知习惯。科学研究是从一般性还是特殊性出发的呢？应该说是两者都有，看情况。近现代科学兴起的时候，尤其强调归纳，这是对人们认知习惯的颠覆。那时候提出来要观察现实生活，要考察大自然，这样得到的知识才可靠，要从中提炼出理论原理来。后来我们看到许多科学研究都是从具有普遍性的理论原理出发的。不过，有时候我们发现预设的理论原理或是前提可能并不成立，就像前面说到的一种实在的、可以测量的物质观，这是我们一种历史悠久的认识，但是现在有人告诉我们这种物质观可能是有问题的。这就是一个很大的挑战，学科存在颠覆性发展的可能。

我们在重建过去的时候，如果先有一个较为完整的框架或模板的话，那么工作效率会提高很多，就不需要非要找到像庞贝古城一样的东西，不一定非得要有特别完善的材料才能说话。当然我们是希望材料越完整越好，但是没有特别完整的材料的时候，也是有办法的。我们把从物到人的研究路径分为三条：一条是从下而上，即从材料出发的归纳；一条是从上而下，即从理论出发的演绎；还有一条是平行的，也就是类比。我们现在做得比较多的是从下而上，从上而下的做法特别少。过程考古学强调从上到下。实际上，我们需要把这三者结合起来。

如果仅仅依赖归纳，你需要把所有的碎片都拼起来，越多越好，那你要找多少碎片、要挖多少遗址才能回答一个问题？现在申请发掘项目并不容易，而且往往只让你挖一小部分，这就可能导致盲人摸象的情况发生。我们还是以格拉汉姆·克拉克为例，他运气很好，找到的遗址保存得很好，他发掘得也很细致。他能根据动物、植物以及其他遗存来复原遗址的性质，他提出这是一处湖滨遗址，这里出土了好多木板，是穿越泥沼的铺道，这些木板保存完好。遗址中还发现有鹿角，以及其他动物的骨骼。他们根据鹿角脱落的季节判断，这是一个季节性的遗址。根据出土遗存，可以推知古人在这儿吃了什么，干了什么。但是，20世纪七八十年代的时候，英国考古学家继续发掘这个遗址，新的发现表明克拉克说得不对，遗址的规模比克拉克认为的要大很多，发现了代表定居的房子。克拉克运气很好，他挖的是遗址的中心位置，但是他只挖了一小部分。这个遗址不是一个季节性的遗址，而是常年居住的遗址。

如果完全根据材料来研究的话，除非克拉克把遗址全部揭露开来，否则永远看不到全貌。然而，这显然是不现实的，成本难以接受，而且也不利于文化遗产的保护。宾福德提出，重建过去并不需要全都揭露开来，如果研究狩猎采集者的文化生态学，就会发现利用水生资源的狩猎采集者，其社会结构往往是比较复杂的，他们可以定居，可以形成很大的群体，可以参考的民族志材料就是北美洲西北海岸的印第安人。这也就是说，尽管你只挖到了一小部分，但是仍然可以得出较为准确的推断。你知道这是海岸地带的狩猎采集者，它应该属于复杂的狩猎采集者，他们在居址营建上有很大的劳动投入（修建了木板铺道、码头），不可能是暂时使用的；而且也会知道，对于狩猎采集者而言，鹿角是原材料，可以储存很长时间，它不适合用来指示居住季节。

宾福德特别关注狩猎采集者的文化生态学，知道狩猎采集者是靠流动狩猎采集来获取食物资源的。他们必须经常流动，不仅通过流动获取食物，还包括获取未来可以利用的食物的信息；在流动之中通过与周围的社会群体互动，交换产品，通婚，确定自己的地盘，如此等等。狩猎采集者不像农业群体，他们没有特别明确的家的概念。于定居农业社会而言，家属于私有的空间，家里的东西是真正属于我们的东西。狩猎采集者是流动不定的，对他们来说，这片我们经常光顾的区域都是我们的"家"。对于居无定所的人来说，个人的私有空间是很难稳定维护的，对他们来说，"家"并不是一个合适的概念。

　　依此类推，我们是否可以说周口店遗址是"北京猿人之家"呢？按我在学生时代的理解，北京猿人住在这个洞穴里面，他们出去狩猎、采集，把从各个地方获取的食物都带回洞穴来，在这里加工、分享。这是一种典型的农业时代的想法，假定古人会把所有这些东西都扛回来，甚至还有人计算过，几十万年间打到了一两千头鹿，平均多少年能打到一头鹿，以此证明当时北京猿人的狩猎能力还是比较弱的。然而狩猎采集者并不是定居的，他们要流动，人类并不是洞穴的唯一主人。洞穴中出土了包括鬣狗、熊、虎在内的动物化石，这些动物都曾利用过猿人洞。

　　所以说，如果你理解狩猎采集者的文化生态原理的话，回头看那些从材料中得出的推论，你就会知道这样的认识很可能是不对的。也就是说，如果你仅仅根据材料来做研究的话，就很可能基于有限的材料得出错误的结论。20世纪五六十年代，路易斯·利基（Louis Leakey）家族持续在肯尼亚做发掘，他们在一处早期人类遗址中发现了石制品，还有乌龟、兔等小动物的化石。然后，他们根据这些材料推论，认为当时人的狩猎能力比较弱，所以只能抓住乌龟这种爬得比较慢的动物，还有兔子这种比较小的动物。美国国家地理协会认为他们的发现挺好，化石、石器年代都很早，于是给他们一大笔钱，让他们再挖大一点。结果挖到了大象、长颈鹿、狮子、鬣狗的遗存，怎么办？如果按照之前的预设——共存即相关的话，那这些动物也应该是人类狩猎的。早期人类能够狩猎大象、长颈鹿、狮子、鬣狗吗？很多时候我们也是假定共存即等于相关，比较极端的如大连古龙山遗址，发现了70多种动物化石，有天上飞的、地上跑的、水里游的，但只发现五六件人工痕迹不那么典型的石制品，得出来的结论是人类在这里吃得很丰富。可以认为这些动物都是人类狩猎的吗？在一个临时居住的遗址中，人类的食物资源会如此丰富？

考古学上一个特别重大的难题是共存与相关之间的联系。共存不等于相关，如果我们认为存在相关性，那就需要提供充分的证明。在旧石器考古中，相关性的问题比较突出。理智上，大家都知道共存不等于相关，然而，具体做的时候，几乎人人都在这方面犯错误。因为人有证真偏见——愿意用材料证明自己主观认同的观点。发掘者好不容易把这些东西揭露出来，如果认为它们之间没有关系，发掘者是很难接受的，这意味着所有的努力都白费了。于是你去仔细观察，越看越像，越看越觉得两者好像有关系。这是我们经常干的事，可能是人性的弱点吧！

在这样的情况下，如果对基本原理有了解的话，就可能有助于我们保持理性。不是说这样的原理就一定是对的，但是它有利于我们控制认识的范围，了解认识成立的条件。宾福德写了一本书叫

《构建参考的框架》[1],他曾经指出:不是说我建的框架就是正确的,而是建立一个这样的模型,将有助于你认识问题;如果现实的观察过于偏离模型,那么我们就要小心了,我们的认识犯错误的概率会大幅度提高。

我们可以以青藏高原最早的人为例来说明这个问题。现在中国科学院古脊椎动物与古人类研究所高星老师的团队一直在西藏工作,找到了不少石器遗址,有的在海拔4500米、4800米,甚至在更高的海拔上。在青藏高原做野外工作,非常辛苦,很危险,很需要献身精神,因为如果有高原反应,或者本身有先天性的疾病,是很要命的事情。我们根据狩猎采集者文化生态原理来推测,如果人

西藏阿里地区尼亚底遗址(张晓凌提供)

---

[1] L. B. Binford, *Constructing Frames of Reference: an Analytical Method for Archaeological Theory Building Using Ethnographic and Environmental Data Sets*, Berkeley: University of California Press, 2001.

类依赖狩猎采集，那是不可能长期在青藏高原生活的，充其量在边缘地带生活。为什么呢？因为这个地方的地表生产力非常低，相当于北极地区。也就是说，这里每年能长出来的植物量是非常少的，可能需要几十平方千米才能养活一头动物，所以，当你看到一群藏羚羊的时候，它们有可能是这两万平方千米范围内的一群羊。人类在那里生存，只能依赖狩猎，这里很少有供人类食用的植物，天天吃冬虫夏草是不可能的。即便是冬虫夏草，也只在某个季节才能采集到。最困难的是，高原环境限制人的行动能力，如果没有马、牛的帮助，人类的行动能力就会弱很多。

高寒环境里人类需要更多的热量。藏族人吃的糌粑会加许多酥油，以增加热量。狩猎采集者要长期在高原上生活，尤其是越冬，需要增加大量的热量摄入，意味着他们只能依赖狩猎。而这里稀疏的猎物分布以及人类行动本身的困难，都意味着冬季在这个地区生存是非常危险的。正是基于狩猎采集者的文化生态原理，我在《史前的现代化：从狩猎采集到农业起源》一书中提出，最早的西藏人应该是农业群体，没有农业（包括畜牧业在内）的帮助，人类是很难在青藏高原上长期生存的。最近这些年，有数个研究团队陆续在青藏高原上发现了旧石器时代的遗址，有的年代早到三四万年前，有的年代甚至早到数十万年前，由此提出，旧石器时代人类就已经生存在青藏高原上了。不否认早期人类在夏季可能深入到青藏高原地区，甚至不否认有人类群体冒险留下来越冬，但是这些群体大概率会失败。既有的语言学、Y染色体、体质人类学的研究都显示人类稳定利用青藏高原是比较晚的，大约在距今六七千年前。

——只通过零散的考古材料去复原古代，实践已经证明是不可能的，我理解，除了需要理论原理的支持之外，我们还需要更为完整的情境。

刚才我已讲到，其他学科的材料其实也是零碎的，为什么这些学科能够得出一些深入的、完整的认识呢？比如经济学，它的材料可能是来自对各个公司的抽样调查，数据是有限的，甚至是片面的，因为你只能得到某方面的数据。就是基于这些数据，经济学家提出中国经济的运行状况如何，并对出现的问题提出应对策略。相比而言，零碎的考古材料很难组织起来，很难从材料中获得深入的认识。

——因为我们的材料跟他们的材料不一样。我们不是想获得什么样的材料就能获得什么样的材料的。相比较而言，他们获取材料不仅更为方便，而且可获得所需要的关键材料，所以他们可以提供一些清楚的认识。但是，我们挖出的遗存，都是那些没有腐烂的东西，很多信息已经无从知道了。零碎的考古材料到底能不能复原出古人的生活很大程度上还是取决于材料的性质。

昨天我与中国科学院大学一位做环境考古的老师聊天，我们聊起植物考古。他不久前在剑桥访学一年，看到一个捷克遗址里获得的信息特别丰富，他想到，为什么我们没有得到这样的信息呢？我反思了他的话，为什么我们的材料这么零碎？某种程度上说材料的零碎是我们制造出来的。比如发掘某个遗址，如果是连续不断的话，不断深入分析与研究，你是可以得出来比较完整的信息的。但是如果只是以重大发现为目的，博人眼球，不能持续地工作，那么材料就会比较零散。没有人是神，第一次发掘就能够把握住所有信息，往往都是在不断探究之中，不断调整方案，然后才得到较为丰富的信息的。西方考古学因为实践的时间更长，机会更多，由此形成了相对更完善的工作方案。假以时日，我们也是可以做到的。

考古材料本身不会说话，你不可能直接把它提升到人类行为层面的认识上来，这需要考古推理。为什么我反复强调原理的重要性，因为没有"理"的话，是无法进行下一步的推断的，所谓"推理"，是要沿着"理"去推的。这个理可以是一个古代社会生活的框架、模型或模板，如果没有它，我们是没法把零碎的考古材料拼起来的。我以前读到过一个故事，说是一个传教士第二天要布道，晚上不得不准备讲演稿，但脑子一片空白，儿子在旁边特别吵闹，让他无法集中注意力。他随手把一张纸撕碎，扔给儿子，对他说：你把这些碎纸片拼起来后，我就跟你玩。没想到儿子不到三分钟就拼好了，传教士很奇怪，问他儿子怎么做到的。儿子说：这张纸背后是个人像，照着人像拼，所以很快就拼好了。传教士一下子顿悟了：只要一个人（上帝）是正确的，那我们不就有了人生的向导吗！

这个故事对考古学也很有启示。如果我们知道考古材料背后的人类社会生活的框架，那么拼合材料就会容易很多。中国考古学通常是按照两个框架拼合过去的：一个是研究者自己当下对社会的理解，即根据常识拼的，这个常识来自农业时代的生活，如"北京猿人之家"的说法；另一个是马克思主义的社会发展史框架，从母系社会到父系社会，新石器时代属于母系社会。但是马克思主义是一个宏观的思想框架，它借鉴了当时的人类学材料。从考古材料到社会组织状况，还有很大的差距，需要考古推理来跨越。在这个方面，过程考古学做出比较大的贡献，我们下一讲继续探讨这个理论流派的贡献。

第五讲
过程考古:作为人类学与科学的考古学

寻找中程理论

这一讲,我想从《柳烟与狗尾:狩猎采集者的聚落体系与考古遗址的形成》①一文谈起,这也是宾福德论文的名篇,也是20世纪后半叶最经常被引用的十大论文之一。这篇文章的内涵特别丰富,引用这篇文章的人往往强调的是不同方面的内容,以至于我都觉得自己是不是没有看过这篇文章,因为他们引用的内容与我了解的完全不一样。所以又回头再读,看看是不是自己漏掉了什么内容,后来我把这篇论文翻译过来,每次读过总会有一些新的启示。王婆卖瓜,就过程考古而言,因为人生的机缘,有幸在宾福德门下学习多年,所以了解相对更充分一点,这一讲我说的内容会更多一些。

关于这篇文章,我们可以从文章的缘起谈起,如果大家看过《追寻人类的过去:解释考古材料》一书,就会有所了解。书中介绍了相关的背景,大概是在1967年、1968年,宾福德跟法国著名

---

① L. R. Binford, "Willow Smoke and Dogs' Tails: Hunter-Gatherer Settlement Systems and Archaeological Site Formation," *American Antiquity*, 1980(45): 4–20.

旧石器考古学家博尔德（François Bordes）合作，研究法国的康贝·格林纳尔（Combe Grenal）遗址。①博尔德是旧石器考古领域的权威学者，他的旧石器考古分类学是学科的标杆，是欧洲、西亚乃至非洲旧石器考古研究中都会用到的。当时他把法国多尔多涅地区的莫斯特石器组合分为四种类型，认为代表四个群体，就像我们划分考古学文化似的。四个群体生活在同一个地区，先后或者说同时在这儿生活。

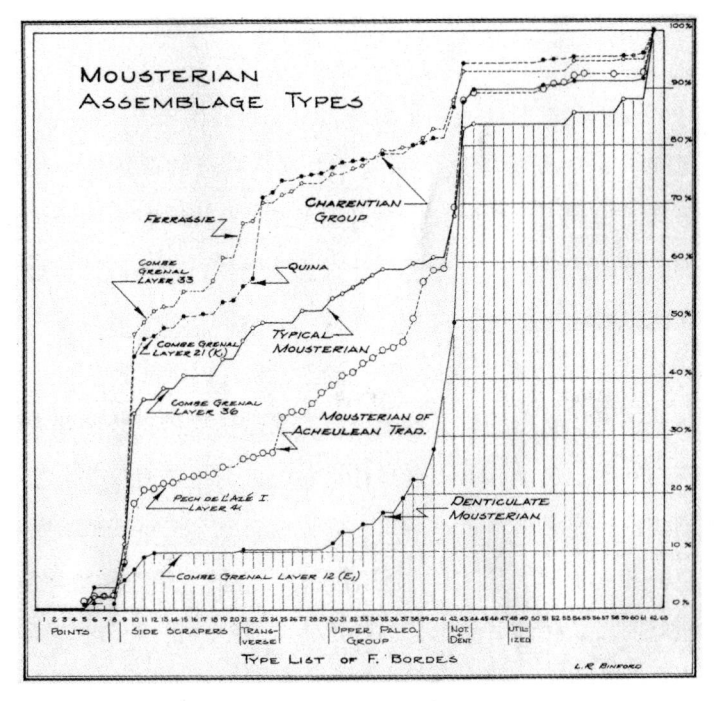

莫斯特工业不同群体（路易斯·宾福德提供）

---

① 宾福德著，陈胜前译：《追寻人类的过去：解释考古材料》，上海三联书店，2009年。

当时宾福德的目的是想用数学统计的方法，类似于现在的大数据挖掘，实现石器材料的解读。宾福德的本科背景是理科的，当他进入考古学研究领域的时候，有感于研究者在材料解读上的模糊与想当然，他希望考古学研究能够得到更加明确可靠的结论。就康贝·格林纳尔遗址的石器材料，他做了大量的测量工作，包括不同石制品的材质、长度、重量、加工特征等，数据非常翔实，按他的说法，他知道这个遗址里任何两个器物之间的关系。采集的数据装了满满一大铁箱子，超重了，他因此没法坐飞机，只能坐船回纽约。

1969年新年的时候船到了纽约，由于坐船比较慢，他在回程路上有足够多的时间思考这个问题。他感觉自己的课题整个都失败了，虽然它得到了无数的数据，可那都是关于考古材料本身的，而有关旧石器时代的古人，他还是什么都不知道。这些石器组合究竟是什么意思？再多的统计也不会告诉你，它们究竟意味着什么？就像你现在去一个犯罪案发现场，你把所有的东西都测量了、照相了，甚至还做了材料的科学鉴定分析，最后这些信息叠加起来的时候，它们并不会自动告诉你这是什么意思，与犯罪有什么关系。以前我们相信，只要材料足够翔实，它们就自动会告诉我们有关古人的信息。相比而言，历史学家只需要将事件的来龙去脉梳理清楚，他自然就明白了是什么意思，但是考古学研究不是这样的，考古材料是物质遗存，它们并不是历史事件，而是事件的物质遗留。从这些遗留到事件本身，还需要一系列的考古推理。

此时宾福德面临一个非常大的困惑，它觉得自己特别失败，花了不少钱，花了很多时间，许诺了那么好的愿景，但是并没有什么实质性的收获。每个研究者在写基金资助申请报告的时候都写到——我能解决什么问题，而且信心满满。许诺后又做不到，宾福德当时是很郁闷的。他想我该怎么办呢？我能不能回到过去看一眼？我们没有时间机器，但是我们有没有类似的情境可以参考呢？莫斯特时期的欧洲处在冰期之中，气候寒冷，古人类以狩猎采集为生。寒冷的环境在美国的阿拉斯加是有的，而且阿拉斯加正好还有一些从事狩猎采集的土著。于是，他想到可以去阿拉斯加做民族考古研究，这后面的三四年他就在爱斯基摩人的一个分支努那缪提人（Nunamiut）中开展工作。

在阿拉斯加地区开展民族考古研究并不是很方便，很多地方没有公路，只能开飞机去。阿拉斯加的小飞机数量几乎跟这里的人口一样多。宾福德向我描述过开这种小飞机的体验，压操纵杆，飞机爬升；拉操纵杆，飞机俯冲下降，这个设计有点"反人类"。数年的工作之后，他出版了《努那缪提民族考古学》（*Nunamiut Ethnoarchaeology*）一书①，这本书太专门了，读的人不多。大家读得比较多的是《追寻人类的过去：解释考古材料》一书。书的基础是他赴英国南安普顿大学所做讲座的记录，在此基础上，他又补充了部分内容。因为底稿是讲座讲稿，表述也就更好理解一点。在书的序言里，科林·伦福儒（Colin Renfrew）介绍说，他清楚地记得，是在1971年12月，宾福德开启首次到英国的学术之旅，他们四名学者整整聊了一个通宵。他第一次知道，原来考古学研究还可以这么做，他突然发现这个做法原来能够知道那么多的故事——能为考古

---

① L. R. Binford, *Nunamiut Ethnoarchaeology*, New York: Academic Press, 1978.

学研究提供解决问题的途径，帮助我们回答那些特别想了解的问题。

大家觉得考古学能够解决什么问题呢？考古学通常希望解决的就是通过解读考古材料能够回答的问题。解读考古材料了解关于古人的信息，这不是一件容易的事情，尤其是对史前时代的考古材料而言，这些材料没有历史背景，难以理解。还有一个问题是，即便你能够重建过去，但是你怎么知道你的重建是正确的呢？善于想象的人可太多了，想当然谁不会呢，提出一个观点太容易了，每个人都可以提出自己的观点。我们怎么判断哪些观点是比较靠谱的呢？

就这个问题，宾福德的观点是，你不能违背一些基本的原理。同学们经常问一个问题，考古学能不能发现真理？这里你首先需要弄明白真理是存在层次的。我说这儿有一杯茶，这不算是真理，这是事实的描述，是个命题，它确实是真的。我们对古人行为的重建，这种判断往往需要推理所得，必须依赖原理。古人的生活是已经发生过的事件，无论我们是否能够认识到，作为发生过的事实，其客观性是毋庸置疑的。史前时代的狩猎采集者，他们生活在大自然中，其生存必然受到自然资源供给条件的影响，这一点也是毋庸置疑的。不论是古代还是现代的狩猎采集者都是如此，他们的生存都必须服从基本的文化生态原理。这样的原理具有比较好的古今一致性，可以帮助我们解读考古材料。宾福德的民族考古研究试图发展一种能够跨越古今的统一理论，也就是他说的中程理论，跨越从考古材料到人类行为之间的鸿沟。

大家在思考的可能是，这样的真理性层次是不是有点低？这样的真理表述方式是不是唯一的？更多的时候大家可能问的是，科学是否是唯一的表述真理的方式？科学应该不是唯一的方式。我有一种切身的体会，是关于艺术家的，好的艺术表述跟科学表述一样真实。科学家收集的信息通常并不全面，很多时候收集的数据很有限，只是小规模的抽样，然后通过理性的数据分析得出结论，有那么一点以偏概全的意思。艺术家通常基于个人的体验以直觉的方式得出认识，尽管直觉也有局限性，但它有很好的整体性，一下子就洞察到了事物的关键特征，很有意思。当代比较有名的艺术家如岳敏君，喜欢画好多在傻笑的人，脸上长满了肉，红光满面；而张晓刚则喜欢画无表情的人物；曾凡志则喜欢用坚硬的线条，画了好多好像特别痛苦的人；周春芽的画用色是大红大绿，似乎特别俗艳。不过，你要仔细品鉴的话，就会发现这四位艺术家其实画的是一个东西，只不过表现形式不一样。艺术家用自己创造性的形式，来表现对当代社会的考察，某种意义上说，是对当代中国精神文化一个侧面的报告。我觉得比很多社会学的分析要更真实、深刻，而且特别直观。你说他们是不是也可以算科学家？科学家没有他们那种整体感，尽管他们绝对是主观的。

当我们说到真理的表达方式的时候，就可能出现一个问题，在人文社会科学研究中，有的看起来很真实，所有的数据都是真实的，推理的方式是有逻辑的，最后得到的结论却不真实，甚至是荒唐的；有的看起来很主观但很真实。回到考古学理论领域，有的研究者觉得后过程考古是主观的，是相对主义的，无法得到任何真理性的认识，这可能是一种误解。我们在讨论过程考古时反复提及后过程考古，一个重要的目的是希望大家能够对比着思考。不要在学习一个流派或范式的考古学理论时，觉得它特别有道理，换一个也是同样如此，比较着看，能够得到更加平衡一点的认识。

过程考古的意义

这一讲我们主要讨论两个问题：一个是关于旧石器时代考古研究的，宾福德的民族考古对于旧石器时代考古研究史前的狩猎采集者有什么帮助？里面还有什么问题？另外一个问题就是讨论过程考古的意义，从20世纪80年代至今，中国考古学界接触过程考古已有30多年的历史，我们借鉴了哪些东西？或者说，我们怎么理解它在中国的现状？如果说我们没有学习过程考古，那我们为什么不学？是因为我们没有理解，还是因为没有掌握整个的理论体系，还是认为它不适用于中国考古学？

——民族考古是考古学家带着考古学研究的目的主动参与到民族学调查活动中，跟实验考古打石器一样，都是从今天出发去研究过去。刚才我就在想，这样的研究是不是合适。不见得爱斯基摩人的所有行为都是有目的的，是否可以把它们都放在文化系统中来加以解释？研究者与研究对象谁是主体？谁是客体？是否需要把主观感受考虑进来？

你刚才说的问题很有意思，我们经常批判人类学是"研究他者的学问"。作为一个旁观者，作为科学家冷静客观地观察，我们就是研究的主体。但是，这个问题有时候确实是不好回答，因为我们的研究对象也是主体，是我们所研究文化的主体。我曾经去做过鄂伦春人的研究，后来有位历史系的老师想跟着合作，我就一下子感觉受到了某种触动。因为我发现，我并不关注鄂伦春人的历史、遭遇，或是什么个人的感受，我只是从考古学的角度关注遗址形成过程。因为我开展这个项目的目的问题，我发现我跟历史系的那位老师没法合作，因为他们关注的是鄂伦春人的历史变迁、文化变迁、社会问题，而我关心的跟现在的鄂伦春人几乎没有任何联系，我只是想知道他们曾经的生活遗址在哪里？他们以前是怎么使用的？刚才同学问的问题我很难回答，其他同学也有质疑，社会关系可能会对遗址形成过程有很大的影响。你只是说可能会有很大影响，但究竟会有什么影响呢？你没说出来。

宾福德能说出究竟是怎么影响的，他能把其中的逻辑说出来。在科学研究里面经常提出一个前提假设：假定其他条件一致的情况下，变量发生了改变，系统会怎么样？其他条件一致就是一种假定，宾福德所说空间利用模式，都是在这个前提条件下发生的。对一个理论的批判，一个有效的方式就是证明它立足的大前提错了。为什么有时候我们要讨论一些近乎哲学的问题，讨论哲学对考古学有帮助吗？形而上学的思考的确不是考古，但是考古离不开形而上学的思辨。理论批判某种意义上说一定要上升到大前提上去才有效，否则你对它的撼动就只是隔靴搔痒，或者是个小小的修正。大的贡献来自大的修正，一定是涉及很多研究者都关注的核心问题。

举个例子，我们可以假定暴力是影响居址选择的根本因素，大家现在特别强调暴力，认为暴力是很普遍的，暴力是人们在选择居址的时候首先需要考虑的。好比有人说为什么布须曼人会生活在卡拉哈里沙漠地区，他们以前可不是生活在沙漠中，是农业群体迫使他们离开的。这个原因我们并没有系统验证过，但在这儿它是自圆其说的。在研究的时候，你会发现，许多理论立足的前提非常单一，但是能够自圆其说。"道尚贯通"，研究中是否能够说得通，这点很重要。

经济学家在研究社会问题的时候说所有的问题都是经济学问题，环保也是经济学问题。有钱的话，就可以全部使用清洁能源，环保就是经济的问题。打仗因为什么？是因为钱。政治学家回答这些问题所有的关注点都是权力，都是为了争夺权力，所有的一切都是围绕权力发生的。类似的，心理学家看任何问题都是与心理相关的。考古学家经常引用马文·哈里斯（Marvin Harris）的文化唯物主义，他所有的立足点就是人口，人口增长带来人口压力，从玛雅人为什么那么强悍，那么嗜血，到印度人为什么不吃牛，以及为什么会有农业起源？人类为什么扩散？所有的一切他就用人口这一个变量来解释。你觉得这偏不偏颇？毫无疑问很偏颇，但是没有关系，他能够自圆其说。

过程考古的理论基础之一是莱斯利·怀特（Leslie White）的文化进化论，他的中心概念就是能量。能量解决一切问题，不同文化之间比较什么？比较能量，谁控制的能量更多谁就更发达，美国控制的能量比中国多，所以美国比中国发达，中国人均控制的能量比印度多所以中国比印度发达，农业群体比狩猎采集群体控制的能量多，所以农业群体更发达。宾福德的狩猎采集者研究也是如此，他就是以能量为中心来构建文化生态模型的。我的《史前的现代化：从狩猎采集到农业起源》中的生态模拟就是这么做的，大家有兴趣的话可以参考一下。

——宾福德说采食者（foragers）与集食者（collectors）这两种模式不是完全独立的，而是存在由简单到复杂的过程，他在文中又说，这两种模型是根据资源分布来选择的，这两种说法似乎有点自相矛盾。

宾福德说两个模式或策略之间是灰色地带，是逐渐过渡的，即同一个群体既可能采用采食者策略也可能采用集食者策略，具体采用哪一种策略主要是根据当时的自然条件来选择。我们在考察不同群体居址组织策略的时候会发现，有一些群体会更多采用采食者策略，而另外一些群体会更多采用集食者策略。前者是让人就食物；后者是让食物就人，就是把食物运回到中心营地来。集食者策略意味着存在劳动分工，不同的任务小组去处理不同的食物；还意味着可能存在批处理（batch-processing）的资源，一次获得了超过当时消费需求的食物，需要成批处理，部分多余的需要储备起来。由此对技术与工具都会产生新的要求，比如说更耐用的工具，或是说需要定型的工具（即形制更稳定的工具），工具的功能单位①更加明确，如此等等。采食者策略主要见于热带环境，就是走到哪里吃到哪里，没有明显的季节性。如果食物分布出现明显的空间与时间分布上的不均衡，狩猎采集者就需要考虑采用另外一种模式。

宾福德在讲这个问题的时候是让大家注意不要把它们对立起来，但实际上我们在解释农业起源的时候，发现两种策略之间的确存在简单与复杂的区别，而且影响非常深远。如果狩猎采集者群体更多采用集食者策略，那么这个群体就会更有可能选择走向农业。为什么呢？因为集食者有中心营地，他们会在这里居住、生活更长的时间，因此他们需要更加耐用的工具、房屋，还需要更加复杂的

---

① 同一件工具可能会有不同的功能，使用之后，不同部位可能会留下不同的使用痕迹，由此可以在同一件器物上划分出不同的功能单位。

劳动分工与组织，还涉及时间长度更大的规划（如储备），如此等等的行为都是农业适应所必需的。我曾经借用了经济学的概念"资源禀赋"（或称要素禀赋结构），来描述两种策略的区别，集食者积累了更多有利于发展史前农业的资源禀赋。刚开始两种策略之间的区分可能是微乎其微的，但是经过上万年的发展，积累的差异足以影响农业起源阶段的文化适应选择。表面上看起来，部分狩猎采集者群体好像是受到环境条件的驱使，不得不走向农业。人类史前史，环境条件不佳的时候多的是，为什么是一万年前后出现农业，而不是更早呢？史前狩猎采集者资源禀赋的积累是至关重要的，这是文化适应变迁的内因。有点遗憾的是，许多研究者忽视了这一点，总是在寻找各种各样的环境原因。作为考古学研究者，我们需要更多关注内因。宾福德就是从内因的角度进行解释的，这一点很值得学习。

——宾福德从理论出发来解读考古材料，非常神奇。他能按照逻辑，发展理论构建，总结出两个狩猎采集者的适应模式。他考虑人是怎么生存的，资源是否够用。资源有时候肯定是不够用的，那么一定会表现在时间上与空间上，由此提出采食者和集食者两种模式。

很好。宾福德这篇文章主要有以下几个方面的意义：

第一，关于遗址的功能结构。这个方面主要涉及旧石器时代考古，遗址就是古人生活的地方，狩猎采集者的遗址存在功能的区分，因为他们过着流动不定的生活。相比而言，农业时代遗址有什么功能可言呢？人们都生活在同一个村子里，遗址之间的差异不大，考古学家对这个问题不是特别关注。早在1939年，汤姆森在研究澳大利亚土著群体的时候就发现,这些狩猎采集群体一年不同的季节会用不同的遗址,不同季节利用的资源也不同,由此形成的遗址很不一样,包括留下的石器工具组合、食物遗存,以及它们的空间布局特征。如果他们总在某个地方屠宰猎物,那个地方就会留下很多动物骨骼;如果总在某个地方加工坚果,那就会留下与坚果加工相关的东西,发掘这个地方就会发现众多的敲砸器;如果他们在某个地方打石器,你就会在那里看到大量的废片,废片上可见天然石皮;如果只是一个狩猎瞭望点,临时使用的,则又会留下不一样的东西。

　　如果现在你同时发现四五种居址类型的遗存的话,那又该怎么判断呢?这是一种比较复杂的情况,上次使用时只是把它当作过夜的临时野外营地;过段时间再来的时候,把它当成了中心营地,住了好几个月;下次再来的时候,居址的功能可能又有了变化。不同功能的使用一旦混合,就真的有可能搞不清楚了,这是最头痛的。如果两次不同功能的使用之间正好有地层把它们隔开,那么就有可能区分开来。如果所有遗存正好都暴露在地表,相隔时间只有一年半载的,那么就可能属于同一层,后来者还有可能使用上一次留下的石器工具,导致部分石器工具过度使用,给人的感觉是,古人在这个地方似乎生活了很长时间,实际是不同年份活动叠加的结果。考古学家发掘到这种若干次不同活动混合的遗址时,是很难将不同年份的活动区分开来的。现在民族考古学研究告诉我们存在这种可能性,如果你不知道有这种可能性,那么遇到材料丰富一点的遗址,你就会认为这是一个中心营地,以为人们在这里生活过很长时间。其实这里只是一个反复被利用的临时营地而已,在旧石器时代遗址中，较为明显的案例是山西吉县的柿子滩遗址，这里遗址的不同层位都发现了许多火塘，火塘的结构都差不多，石器组合研究显示，万年前后的狩猎采集者仍然过着高流动性的生活。人们离开又回了，长期、反复地利用才导致这种遗址结构。

第二，回答民族考古学可以干什么。一些宾福德的批评者曾经指出，宾福德所研究的爱斯基摩人，已经是骑着雪地摩托，拿着狙击步枪在打猎，是高度现代化的专业狩猎群体，这跟史前的狩猎采集者存在天壤之别，是没有可比性的。这里带来一个问题，那就是我们应该怎么利用民族志材料，怎么开展民族考古学研究？我们在中国考古学研究中看到一些与民族志比较的案例，某个史前遗址里挖到了某件东西，在民族志材料里也找到了这样的东西，很相似，于是史前遗址出土的这个东西可能与民族志中记载的东西具有相同的功能。你肯定会产生疑问，这中间隔了六七千年，在这个文化里是这么用的，在另外一个文化里就一定这么用吗？那可不一定。比如，穿孔石器，史前遗址中出土有不少这种中间穿孔的石环，非洲民族志材料记载，它是点种棒的配重石，用来点种农作物，这是非

0 1 2 3厘米　　哈民忙哈遗址的穿孔石环

洲的用途；但是，当你再去看北美的材料时，有的地方把石环当成玩具，有的当成船锚，还有的当成打击锤，安在木棒头部当作武器使用。我还讲过一个例子，在陕北地区，当地人把它用作拉伸空心挂面的配重石。也就是说，在不同文化背景下，这一工具所发挥的作用差别很大，因此并不能直接进行比较。从逻辑上说，民族考古学的比较是类比，它可以分为两种：一种叫形同，另一种叫类同。前者只是表面上的相同，可信度不高；相比较而言，后者的可信度更高一点。无论是哪一种，类比都不是强有力的推理形式，只能用作启发，而不能用来证明的。类比不像演绎逻辑，有大前提与小前提，只要前提不错，推理出来的结论不可能错。类比也不如归纳法，归纳法说我看到了9999只天鹅是白的，所以我说所有天鹅都是白的，毕竟我看到了大量的实例。也正因为如此，类比不能当作证据。

既然类比不一定可靠，那么我们应该怎么利用民族考古的证据呢？宾福德提供了一条很重要且有效的使用途径。那就是在研究民族学的材料之后，从中提炼出来理论模型，把由民族考古所得到的启发转化为具有普遍性的理论认识。这个理论认识是不是可靠可以再进一步检验，根据检验的结果修改、调整与补充。他基于自己在努那缪提人中的民族学调查，提出了采食者与集食者模型。他晚年还写了一本书叫《构建参考的框架》（*Constructing Frames of Reference*），在这本书里他研究了全世界有记载的390多个狩猎采集群体，分析收集到的数据，在书中他做了大量的归纳，从中提炼出来一些普遍性的原理。如果全世界的狩猎采集者都是按照这些原理生活的话，那就说明这些普遍性的原理是可以在以后的考古学研究中参考的。相反，孤立案例的类比的可靠性很低。宾福德利用民族考古学材料提炼出来具有普遍性的模型，这个模型就具有了很高的参考价值，通过理论的构建，其推理逻辑从类比转变成了演绎！

我在写《史前的现代化：从狩猎采集到农业起源》一书的时候，注意到采集者和集食者模型有特别强大的解释能力。这里我首先是受到发展经济学的启发：为什么中国或者说发展中国家没有成为发达国家？尤其是拉美国家，20世纪七八十年代还是形势一片大好，后来一下子陷入了外债陷阱。与此同时，东南亚"四小龙"发展起来。为什么"四小龙"能够发展起来呢？经济学家解释说，一个国家要想发展现代工业，需要先积累相关的要素：劳力、市场、技术、资本等这些特别重要的东西。五六十年代，发达国家的现代化产业还是钢铁技术。中国那个时候也想发展钢铁产业，但是没有技术，没有资本，也没有那么多受过专业训练的劳力资源。有什么办法呢？拉美国家的办法是去借，借的钱是要付利息的，雇佣高技术的人才是要付高工资的，前期投入巨大。最后冶炼出来的钢铁因为技术不成熟，产品质量不高，缺乏竞争力，没有市场，于是就只能亏损了。然而这些国家还得还债，于是背负了特别沉重的外债。东南亚的"四小龙"是发挥比较优势——人多，劳动力便宜，于是就生产玩具、塑料花之类的劳动密集型的产品。先赚钱，积累资本，再投资人力资本，再投资基础设施，不断进行产业升级。改革开放以来中国走的也是这条路，一开始做袜子、衬衣，虽然利润小，但是没关系，慢慢积累，现在我们可以大规模投资高铁、高速公路，投资化工、汽车制造等资本与技术密集型的产业。这是我们以前做不到的，是需要完成要素积累之后才可以去做的。

在狩猎采集时代，大家都是狩猎采集者，以自然界生长的食物资源为生。进入农业时代之后,人们开始管理动植物,自己生产粮食。从狩猎采集到农业起源,这个过程是如何发生的?是不是像通常的解释所说的那样,因为气候变了,食物不够了,于是人们就开始搞农业了。事情不是这么简单的,人类的文化系统比这个要复杂,即使是这样也要看整个的狩猎采集者文化系统的运作机制是怎么运作的?为什么不是所有的狩猎采集者都转向了农业?为什么他们不是同时转向了农业?前面已经谈到采食者与集食者两种策略的长期影响。我们还可以反过来思考,就是思考农业生产对狩猎采集生活方式的影响。农业生产需要定居的生活,因为田地是无法搬走的(游牧的生产方式除外);农业生产有利于形成食物储备,如粟、稻这类谷物都是适合长时间储藏的(可以超过一年),由此也有利于形成生产剩余。毕竟你不可能准确预知来年需要多少粮食,于是宁可多生产,也不能少生产。农业生产与狩猎采集最大的矛盾就是流动性。狩猎采集者的流动性不是一下子突然丧失的,而是随着农业生产的发展而逐步丧失的。但狩猎采集者的流动性降低之后,生育率就会提高。狩猎采集者会刻意保持生育间隔,延长孩子的哺乳期,可能一个孩子6岁了,下一个孩子才刚出生。因为他们不可能拖儿携女地天天搬来搬去,不可能同时抱两个孩子走路的。狩猎采集者的流动性首先会在哪个状态下丧失呢?会在哪些地区丧失呢?考古学上如何发现这样的变化呢?

  我是通过石器分析来研究狩猎采集者的流动性的。从石制品的分析,我们可以发现至少在距今1.3万年前后,华北地区史前的狩猎采集者产生了流动性的分化,黄土高原地区,以柿子滩遗址为代表,人们仍然保持着较高的流动性;而在太行山以东的山麓以及部分盆地区域，狩猎采集者的流动性开始降低，其代表就是河南新密李家沟遗址，在此之后还有诸如北京门头沟的东胡林、怀柔的转年遗址，以及河北徐水南庄头遗址等。在中国南方，长江中下游地区与岭南地区产生了流动性的分化。正是利用狩猎采集者的文化适应的基本原理，我可以去研究中国旧、新石器时代的文化适应变迁，并能够解释为什么以及如何发生的。可以想象，如果没有这样的原理，那么就不可能发展出这样的解释，我也不可能从考古材料中看到相应的变化。或者说，即便是材料就放在我的面前，我对此仍然是一无所知的，我不知道这些材料在文化适应变迁上的意义。

北京门头沟东胡林遗址

第三，回答理论研究可以解决什么问题。其实，上面我已经谈到了这个方面，没有理论，就没有材料的解读。我们面对的物质遗存是经过长期文化与自然改造之后遗留下来的，这些材料经常是残缺不全的。如果你想了解有关古人的生活信息，需要解决透物见人的问题。现在我们主要有两条途径：一条途径就是对材料进行详细的分析，包括平剖面的空间关系、材料本身的分析，这通常需要多学科的合作。以石器为例，需要知道原料属性、原料来源、生产技术、形制特征、使用功能等。材料如果保存比较好，本身是可以提供较多信息的。多学科分析的加入，可以带来更多的信息。说到这里，不知道大家有没有意识到，我们已经用到了考古学理论了。大家可以想象，在没有考古学之前，人们如何对待这些物质遗存的，恐怕就是从土里刨出来，选择其中形制比较规整的，收藏起来。有了考古学之后，就需要根据考古地层学与类型学的理论方法来获取材料。而多学科的分析，不论是年代测定，还是材质的理化分析，都是以科学原理为基础的。尽管从材料出发，也用到了理论，但是我们不得不承认，我们所得的认识仍然都是关于考古材料本身的，而不是有关古人的。当然，获取这些丰富的信息是十分必要的，是我们能够有效透物见人的基础。

另外一条途径，就是建立模板，并与考古材料匹配。模板是从民族志、历史学以及既往的考古学研究中提炼出来的。考古材料通常是残缺的，相比较而言，民族志的信息要完整得多；如果是历史文献的话，其背景信息也是很完整的；如果是实验的话，行为过程也是很完整的。但这些都不是考古材料本身，也不等同于古人，而是能够反映从古人行为到物质遗存过程的东西。就像科学家做实验似的，实验本身与现实之间是有距离的。但是考古学研究不仅仅存在这样的距离，还存在文化与社会背景问题，还存在人的能动性问题,因此,模板只是个类似的模型,宾福德称之为参考的框架。有了参考的框架,你就知道下一步怎么走。就如同破案一样,案情无非那几个模式,你可以将之视为线索,一个一个加以检验。我们不能把参考的框架当成历史本身,但是没有它你就不知道该怎么办。很多时候中国考古学家遇到的最大的困难就是我们没有可以参考的框架,尤其是在旧石器时代与新石器时代早中期考古中。我们完全不熟悉那个时代的生活,不知道推理的方向。如果现在有人告诉我们,有这么一个参考框架可以利用,我们可以根据它来分析和推理,这会极大地提高推理的速度。

如何建立参考框架呢?民族考古算一个方法,实验考古也算一个,还可以包括一些历史文献与历史考古,它们可以作为了解史前生活的途径。中国是世界范围内历史连续性最好的地区,中国人一直生活在这个地方,许多东西都是一脉相承的,因此可以利用历史时期的东西去了解史前的东西。我们甚至还可以利用当代的物质文

哈民忙哈遗址出土的石杵

化,现在有些地方的农村还保留着一些传统的东西,就像前面说的空心挂面的加工方式,用两个有孔石环配重,拉伸面条,你如果没有这样的使用场景,怎么知道还可以这么使用?再比如贵州少数民族打蕨根粑粑,看他们是怎么加工的,很有启发,由此我们可以知道哈民忙哈遗址出土的炮弹形石杵可能的功能,如果我们进一步开展实验考古与考古材料的分析的话,结论就会更清楚。

对于旧石器时代考古的研究者而言,在理论层面上,特别需要理解狩猎采集者。我们甚至可以说,旧石器时代考古的一个理论基础就是狩猎采集者研究。不理解狩猎采集者,就不可能解读旧石器时代的考古材料。宾福德这篇文章的一项重要贡献就是帮助我们理解狩猎采集者,这究竟是一种怎样的生活方式?贯穿古今的狩猎采集者的基本原理是狩猎采集者的文化生态学与文化进化论。朱利安·斯图尔特(Julian Steward)是文化生态学的主要开创者,文化生态学研究文化与生态的关联,文化系统如何构建,如何跟环境相适应。人与环境是相互作用的关系,动物是以自己的身体来适应环境,而人是以文化来适应环境的。文化是人身体之外的东西,由技术、社会、意识形态等层面的变量组成文化系统,在长期与环境相互作用的过程中,形成相对稳定的关系与结构,我们称之为文化生态。狩猎采集是人类早期的一种文化适应方式,从自然环境中直接获取食物,狩猎采集者的文化适应深受环境条件的影响。以生活在寒带地区的狩猎采集者为例,因为体温、热量丧失很快,他们需要大量的热量,必须吃一些高热量的食物,要多吃肉,还要多吃含高脂肪的肉。海洋哺乳动物的脂肪多,极地的爱斯基摩人就经常狩猎这些动物。了解狩猎采集者的文化生态学,就至少能够从宏观上把握狩猎采集者的文化适应。

过去中国旧石器时代考古的研究不大关注狩猎采集者研究这个理论基础，因此很多时候拿农业社会的观念来理解狩猎采集者。狩猎采集者是无法在一个地方长期居留的，因为没有哪个地方有足够的食物资源支持长年的利用，只有流动才能获取食物。而且，只有流动才能采集到食物的信息，狩猎采集者需要提前知道哪里有食物。他们不一定今天就要去那里获取食物，但是知道那儿有，那么下次就可以直接去那里找，这对于提高狩猎采集者生活的稳定性是非常关键的。狩猎采集者的人口特别稀疏，如果完全依赖狩猎为生，按照宾福德的统计，其人口密度应该是每100平方千米不能超过1.57个人。[1]人们必须大范围地寻找食物，才有可能找到，与之相应的，其工具设计与社会结构都会受到影响。

资源分布是一个重要的制约，另外一个重要的制约因素可能是社会关系。狩猎采集者通常只能生活在资源较为丰富的区域，当资源特别稀少的时候，他们就有可能无法获得足够的生存必需的资源，因为他们的流动性是有天花板的，即通过步行，每天能够覆盖到的区域是有限的（需要考虑往返行程以及道路状况）。当人口密度十分稀疏时，如何跟这么大范围的一大群人保持联系呢？语言符号的起源、艺术品的爆炸和人类拓展社会关系的努力有密切的关系。就如同现在的人际关系，人们会用各种各样最新的媒介来拓展社会关系，效率比以前更高。不理解狩猎采集者做旧石器时代考古

---

[1] L. B. Binford, *Constructing Frames of Reference: an Analytical Method for Archaeological Theory Building Using Ethnographic and Environmental Data Sets*, Berkeley: University of California Press, 2001, p. 381.

研究，常会出现一些可笑的事，比如把洞穴当成古人的家，把遗址中所有出土的动物骨骼都视为人类狩猎的结果。又或者得不出什么有关古人的认识，就像我们看一些旧石器时代考古报告，多是考古材料的描述。

最后，是关于科学争论的问题。过程考古有一句经典的口号：更科学、更人类学。这是过程考古的宗旨，其目标是理解整个人类文化，要用科学的方法去证明。宾福德之所以要去阿拉斯加做民族考古学的研究，是因为他无法证明自己哪些认识是对的。过程考古的重要贡献在于质疑，如博尔德提出四个石器组合类型代表四个群体，这是一种观点，但是你怎么知道它们就是四个群体留下的遗存？何以证明是四个群体？博尔德说，你看我画的石器类型的累积曲线图，正好是四个类型。后来有人把器物类型的次序调一调，这个图就完全变样了。器物分类本身就存在很强的主观性，类型越看越有自身的特色，博尔德把石器分出60多类，可以分这么多类吗？打制石器的生产过程本身就具有不确定性，难以建立稳定的分类。不可分的东西就不能分那么细，只能粗略区分，分到大家比较有共识的层次就可以了。

站在科学的角度来看，如何才能证明呢？宾福德本科阶段的专业是野生动物生物学（Wildlife Biology），具有自然科学背景，当他进入考古学之后，他特别不能接受一点，那就是考古学家做研究时想当然的态度。主观上感觉两个文化之间有联系，因为陶器纹饰相似。纹饰相似如何就代表有联系呢？这个比那个早，就一定代表晚的受到了影响？那影响是如何发生的呢？为什么此时能够接受而其他时候不能接受呢？用文化传播来解释文化变迁，其解释力并不强,因为预设的前提没法证明,相邻的两个文化之间并不必然会相互影响的。如果没有明确的前提,所得到的认识往往就是想当然。考古学研究需要置身严格的科学推理当中,前提需要明确。如果不能证明它,至少要把他摆出来——在这样的前提下,我这样认为。如果前提错了,后面的推理就需要调整。过程考古主张考古学研究应该置身于科学的范式里去做。后来有研究者认为这样的主张是有问题的,我们在下一讲讲后过程考古时再讨论这个。在宾福德刚刚进入考古学领域的时代,他注意到之前的考古学研究有点像我们现在,大家开始质疑一点,考古学何以可能?也就是说,我们是如何知道的?那些结论是如何得到的?近些年来中国考古学研究也注意到这个问题了,开始强调科学地论证。做实验,做科学分析,组织论证,而不是简单地提出"我认为",这样的变化是令人鼓舞的。

可能还需要补充讲一点,就是有关context这个关键概念的含义。我们在读英文考古论著的时候经常会看到这个词,但是在汉语里找不到一个可以直接对应的词。它的含义类似于"背景",又类似于"联系",所以有时候把它翻译成"背景关联"或是"情境"。在不同的范式里,这个词的含义是不一样的。在文化历史考古中,是指共存关系,比如你在发掘中发现了一件陶器,它出现在火塘边,里面还残留着一点木炭,大家可能会说这是不是个火种罐?不过在文化历史考古中,共存关系最重要的价值是用于判断相对年代,因为共存表明是同时期的东西,部分器物的年代可能会更早,早的东西可以出现在晚的地层中,但晚的东西是绝对不可能出现在早的地层中的,这是地层学的基本规律。用它来判断相对年代是非常可靠的。

过程考古中也用context一词,它具有功能的含义。比如说狩猎采集者曾经在这里屠宰猎物，会需要一些石器，他们会在这里临时制作部分石器，用于切割与砍砸。大部分时候狩猎采集者屠宰之后还会敲骨吸髓，因为骨髓中有丰富的脂肪，是他们喜欢的。石器制作和使用与动物骨骼碎片之间是有因果联系的，哪些石器做了哪些工作会有相应的痕迹的。在这里，我们是从功能关系上来理解context的。上面所说火种罐的推断也是如此。当然，过程考古对于这样的共存关系是谨慎的，因为共存不等于相关。动物骨骼与石器共出，不等于石器就是狩猎、屠宰或是加工动物的工具，必须有更充分的关联，如动物骨骼上有切割、砍砸痕迹，能够排除其他动物的影响，石器上有相应的使用痕迹等。

而在后过程考古学中，通常把context翻译成"情境"。情境是什么呢？比如说，此时我说了一句话，这句话的字面意思很清楚，但是这句话所产生的影响，跟情境是密切相关的，它可能传达的是正面的意义，也可能是讽刺，其含义取决于这个情境。如果不理解情境，这句话对你来说就没有什么意义，虽然字面意义是清晰的。我们在分析考古材料的时候，是否能够把握情境呢？这在历史考古中，尤其是在分析墓葬这种保存比较完整的考古单位时，是有可能实现的。这是什么意思呢？我们又不能穿越回去，怎么可能了解当时的情境呢？这里的意思是指墓葬遗存所体现的文化意义，这些意义是象征性的，这些意义网络构成了墓葬的情境。

这里特别需要强调的是，不同的范式之间可能有矛盾，互相有批判，但是一般意义上说，后出现的范式对之前的范式应是一种拓展关系，不是把之前的范式替代掉了。之前的范式研究的问题可能比较窄，或者说论证逻辑还不够充分。一个范式形成之后，往往都会存在边际效用递减的情况，在解决范式之内的问题时是有效的，但它试图解决超越范式的问题时，就不好用了，此时就需要一个新的范式来帮忙解决问题。就像文化历史考古，它的强项在研究静态的形态特征，构建时空框架。如果要解释文化变迁的原因，涉及功能层面的内容，它就不那么有效了，比如说它常用传播论来解释文化变迁。范式一旦建立之后，就会形成一定的约束，基于核心概念纲领，收集相应的数据与材料，用这样的材料回答另一个层面的问题，肯定是做不到的。

中国考古学与过程考古

下面一个问题是，过程考古学进入中国有30年了，为什么在中国没有太多的应用？大家是否可以就这个问题做个研究？

——我们有一些了解的，后来因为一些原因没有应用。抓住了一些内容，但没有完全抓住，抓住的集中在方法或技术的层面上。

20世纪八九十年代，中国就出版过两部国外考古学理论方法的译文集，像《柳烟与狗尾：狩猎采集者的聚落体系与考古遗址的形成》这篇文章，译文集中就已经包括了，前面我们讲的《什么是考古材料》一文也是有翻译的，但是大家在理解上还是存在问题，究竟是哪些方面没有理解透彻呢？

——有的人说它是模式论，我们不应该使用过程考古建立起来的模型来解释历史，这是主要的分歧。我们没有理解过程考古的贡献在哪里，没有理解考古材料与理论的关系。

你觉得应该从哪个角度理解过程考古更合适？

——过程考古学说要更科学，更人类学。应该从这种角度来理解,而不应该仅仅把它当作一种方法。方法是为目的服务的,如果把它当作一种方法,而不知道它要干什么,那么就不容易借鉴。我们目前讨论的很多问题,并不是过程考古主张讨论的问题。如宾福德讨论的问题是狩猎采集人群如何组织居址流动性来更好地利用资源,研究的是文化适应问题。而我们讨论的跟这个没有太大关系,我们更多关注的似乎是文化的分期与来源问题。

就是说,我们关心的问题不是过程考古关心的问题,也不是过程考古擅长回答的问题。换言之,一个是我们没有真正理解过程考古擅长解决什么问题,另外一个是我们真正的关注点也不在这个上面。

——过程考古这么多年在中国没有受到广泛接纳,追根溯源,可能是因为范式的区别。中国考古学本来的传统是注重考古材料的积累和归纳,然而,突然来了一个新的理论,其进入、被接纳、推广都需要一个很长的过程,过程到底要多长,这跟理论本身的特点和原来的传统是有关系的。如果原来传统相当坚固,那么需要用的时间就会很长。

我们在讲到"范式"的时候,注意到里面最重要的是核心概念纲领,它是统领范式中所有研究的核心要素。如果核心概念纲领没有被突破的话,后面的范式变迁是没法实现的。考古学主要范式中的核心概念纲领都是所谓的文化,我们在讲文化历史考古的时候,注意到文化历史考古范式中的文化具有五个特征。其中根本落脚点是把文化看作一种标准规范;文化就像水波一样,可以扩散传播;文化是可分的;文化是颗粒状的;由一些具有共性特征组合而成的考古学文化,可以用来指代一个社会群体。它们构成整个文化历史考古的基本理论前提。如果这个核心概念纲领没有被撼动,后面的支撑理论方法都动不了，更说不上实践了。

宾福德做了什么事情呢？他做了釜底抽薪的工作，他说文化不是标准规范这种心理学层面上的东西（需要人们心理上的认同），文化是人身体之外适应环境的手段。这个说法其实并不是始于宾福德，而是人类学功能学派的主要观点。宾福德在研究生时代追随人类学家莱斯利·怀特，深受他的影响，接受了功能人类学的文化观。这里说的文化是个系统，由技术、社会、意识形态等层面的变量组成。牵一发而动全身，变量之间是功能性相互作用的关系，而不再是静态的形态特征。如此这般，核心概念纲领整个改变了，相应的支撑理论方法围绕进化论（以能量为中心）、生态学展开。读过俞伟超先生写的《考古学新理解论纲》，俞先生是支持过程考古的，他在文中列了十论，从层位论、文化论，到全息论、艺术论等。全息论意味着了解一点就知道全部，有一点像系统论，被批评像玄学。有点遗憾的是，十论中的文化论并没有突破文化历史考古的核心概念纲领。

2014年底，王巍老师发表了一篇文章讨论考古学文化以及相关问题[①]，他对考古学文化的概念进行了梳理，探讨哪些因素会影响考古学文化。他采用了文化系统观，认为环境会影响到考古学文化的面貌，技术会影响到考古学文化的面貌，意识形态也会影响到考古学文化的面貌。这里考古学文化就变成了一个外在的物质表现形式，内在的是文化系统。尽管从行文中可以看出文章用到了文化系统观，但是，很有意思的是，文章通篇并没有提到文化系统。

[①] 王巍：《考古学文化及其相关问题探讨》，《考古》2014年第12期。

没有核心概念纲领的突破,是不足以促成范式变迁的。就像爱因斯坦突破牛顿的力学体系,如果爱因斯坦不打破绝对的时空观的话,那他能够突破牛顿的体系吗?如果还是在牛顿的体系中,采用绝对的时空观,后续的许多研究就无法开展了。某种意义上说,范式锁死了研究的发展空间,如果始终固守在一个范式里讨论,研究往往就陷入"鸡生蛋,蛋生鸡"的循环,无法突破。但是,一旦突破了绝对时空观,牛顿体系立足的核心纲领被突破了,跳出范式的约束,建立了新的范式,就开辟了新的天地。我们用范式理论来理解考古学的发展过程,必须要理解核心概念纲领。

1989年,特里格出版《考古学思想史》,其中有一章叫"功能主义考古",第二版的时候,他把它换成了"早期功能-过程考古",把它归到过程考古里面去了。我觉得这是个退步,为什么说它是个退步呢?晚年的柴尔德、格拉汉姆·克拉克、戴维·克拉克、戈登·威利所做的功能主义考古还不是过程考古,主要原因是他们的核心概念纲领还没有完全改变。威利做秘鲁维鲁(Viru)河谷的聚落考古[①],做古代社会重建,的确有些类似过程考古,他的研究是在文化生态学大家朱利安·斯图尔特的指导下完成的。但是,他关注的主要问题跟过程考古还是有区别的,他并没有去探讨文化适应机制,解释为什么这里会出现社会复杂化。

当前的中国考古学研究,就具有很强的功能主义色彩,好多研究不能简单说它是做分期排队的,如浙江考古所做的良渚考古,并

---

① [英]戈登·威利著,谢银玲、曹小燕、黄家豪、李雅淳译:《聚落与历史重建:秘鲁维鲁河谷的史前聚落形态》,上海古籍出版社,2018年。

不像一般的文化历史考古,并不强调分期排队与来源分析。先发现陵墓与祭祀遗址,显示这里应该有大型的聚落;再进行调查,发现了城墙,这是个古城。城墙所用的建筑材料是草包泥,就是在草包里面装上泥巴,不同地方运来的泥巴颜色不一样,由此可以计算每次运输的重量,大约是1.2吨。如果用当时的独木舟小船运不了,可以用竹筏运输。浙江省文物考古与研究所做了实验,发现就是如此的。后来在离城较远的山坡上又发现了一些淤泥,原以为是海平面上升导致的,请地质学家去看,地质学家说海平面上涨不可能淹到这个高度。同时发现了草包泥的痕迹,跟城墙的建筑方式一样,由此知道这是良渚时期的,后来的碳十四测年也证明了这个认识。陆续的发现显示这些如城墙一样的设施是水坝,可以用来控制洪水,最近的调查显示,在良渚文化的分布范围内,还有许多水坝。它们不仅用来控制洪水,更重要的恐怕还是为了灌溉。在古城外围调查的时候,还发现了一些高台聚落,以及那个时期的稻田,还发现有航运系统,包括河道、码头等,这是支撑整个城市系统的交通大动脉。沉积物研究显示,海平面上升,河道淤积,洪水泛滥,可能是良渚先民不得不放弃古城的主要原因。如此等等的研究全部都是与古代社会的运作联系在一起,是跟功能相关的。

张忠培先生所做的良渚墓地研究也是倾向功能主义的,尽管通常大家把张先生看作是文化历史考古的代表。他的这项研究一点也不像文化历史考古,没有分期,没有分型定式,也没有以探讨文化来源为目的,而是侧重研究社会形态。他把良渚称为神王国家,通过墓地分析,可以将其社会分为至少四个层级。这项研究非常功能化,并不是真正的文化历史考古。

仔细分析，可以说中国考古学不是简单的文化历史考古学，有很强的功能主义色彩，其中一个原因可能是因为马克思主义的指导思想本身就是功能化的。那我们为什么不可以将其称为过程考古呢？除了上面说到的核心概念纲领的原因（有的功能主义考古采用了模糊的文化系统论），还有一个更重要的原因，就是研究模式的区别。曾经有一种对过程考古的批评，说它拿着材料去套理论，是模式论。我曾经写过一篇小文章，叫作《新考古学是不是模式论？》[1]。具体的内容我忘了，我记得用了一个比喻，把考古学研究比作做鞋子，给每一个人量脚做鞋，这是传统的做法，但这个效率是极低的。现代工业社会是怎么做鞋的呢？先对部分人的脚进行抽样测量、统计，然后归纳起来几种模式，按风格、使用场景（跑步、打篮球、商务活动等）、男女、大小、肥瘦分类，然后进行大规模工业化生产。这是让脚（材料）去套模式吗？某种意义上说，这的确是模式论，但是模式来自广泛的对脚的研究基础之上，模式论极大地提高了生产效率。过程考古强调理论构建，强调采用演绎法，就是要提炼模式，提高解读考古材料的能力。中国考古学研究在模式提炼上的工作不多，有关良渚文明的研究符合怎样的模式呢？是魏特夫（Karl Wittfogel）的水利理论，还是卡内罗（Robert Carneiro）的战争理论，抑或其他的理论模型？这方面我们还要努力。也正是因为研究逻辑的不同，我们还不能把这些功能主义的考古学研究称为过程考古。

回顾中国考古学史，我们有拿材料去套模式的教训。20世纪

---

[1] 陈胜前：《思考考古》，生活·读书·新知三联书店，2018年。

50年代，部分青年考古学者提出要建立马克思主义的中国考古学，但是他们没有系统深入地研究材料，而是把材料往马克思主义的社会发展史框架里塞，这是母系社会，那个是父系社会，这个是酋邦，那个是国家……这就是所谓"以论代史"。这正是苏秉琦先生批评的中国考古学的两个怪圈之一，把马克思主义的普遍原理本身当成了历史。苏先生他们抵制这种做法。考古学研究连材料的时空框架都还没有搞清楚，怎么能够去构建史前史？因此，对老一辈学者来说，模式论给他们留下了非常不好的印象。但是此模式非彼模式，过程考古建立的模式是经过系统调查并提炼出来的，就像工业化生产鞋子之前所做的那样。

过程考古非常强调科学，我们怎么知道自己做的是对的？过程考古关注立论的重要前提，还包括论证的组织。为了保证自己做的是对的，过程考古强调演绎推理，只要大小前提不错的话，后面推导出来的结论是不可能错的。所有的人都是一双手两只脚，这个人是人，所以他有一双手两只脚。哪怕是残废了，也是这样的。归纳法就不能保证这个，归纳法是不完全的，哪怕归纳再多，还是可能存在例外的。就考古学的演绎推理而言，大前提通常是原理性的认识，然后根据原理并结合特殊的条件去推导，得出可以检验的假说。与之相应，它也强调从材料里获取可靠的信息，这样才有可能进行有效的检验。

以论代史的考古学研究也见于苏联考古学。到了20世纪70年代，学界发现出问题了，考古学不可能建立在一盘散沙的考古材料基础上，于是又回过头去做类型学，这段经历很有意思。特里格的《考古学思想史》第一版有专门讲苏联考古学的部分。30年代的时候,苏联考古学颇有一些先进的理念,包括聚落考古、微痕研究等,领先西方二三十年。为什么会这样呢?因为当时西方考古学还没有明确的理论指导,由于政治氛围的影响,柴尔德只能偷偷地用马克思主义。五六十年代之后西方考古学引入一系列的理论,苏联考古学反而固化了,搞以论代史,材料解读都没有完成,就想构建史前史,自然会走回头路。

大家对当前考古学研究不满意的地方,就是面对一盘散沙的东西,手足无措,不知道如何将其组织起来说明问题。做了很多科学分析,费用高昂,看起来也很先进,但是,最后得到了什么呢?如果我们想把这些零碎的信息统合起来,就必须有一个理论框架,知道如何把这些信息放进去。

关于过程考古我们还要再想一想,我们在分析一个流派或范式的时候,需要结合学科内部与外部关联考虑。前面主要讲的都是学科内部的关联,外部关联包括时代背景、思潮与相关学科的发展。有人说过程考古的兴起跟20世纪60年代的青年逆反潮流有关,是一种社会情绪的反映,有没有这个因素呢?大家可以思考一下。或者说受到了相关科学进展的影响,尤其是碳十四、计算机技术,年代问题已经不再是一个核心问题了,考古学研究可以并且应该进入到下一个领域。对中国考古学来说,社会背景也是一个原因,中国是个民族国家,后发的民族国家,之前是清帝国,在所面临的国际形势不太好的时候,需要强化社会凝聚力,而文化历史考古正好能够满足这方面的社会需要。

第六讲
后过程考古:考古学的人文转向

关于后过程考古

关于后过程考古学①,我先简单梳理一下,给大家提供一些参考背景,然后我们再开始讨论。我们经常说考古学研究是时代发展的产物,这句话对文化历史考古是适用的,文化历史考古的兴起跟西方民族国家与中产阶级的出现密切相关,也跟地质学、生物学等关联学科的发展相互影响,我们甚至可以把它追溯到启蒙主义、浪漫主义等一系列的思想运动中去。过程考古的兴起同样如此,它的兴起与第三次技术浪潮、碳十四测年技术、计算机技术联系在一起,张光直先生认为还与20世纪60年代的学生上街运动有关。

然而,学界在讨论后过程考古的时候,很少有人注意到它与时代发展的联系。我们在前面反复说过,审视一个流派或者范式的时候,需要结合学科外部与内部关联来考察。外部关联包括社会背景、时代思潮、相关学科的发展,它们是考古学成长的土壤,内部

---

① I. Hodder, "Postprocessual archaeology," *Advances in Archaeological Method and Theory*, 1985(8): 1–26.

关联是指流派或范式本身的理论、方法和实践，它们构成考古学发展的内在逻辑。从学科外部关联的角度来看，大家都能感受到当代科学技术发展带来的一系列的影响，有好的方面，也有很糟糕的方面。好的方面是物质丰裕，坏的方面包括环境污染、人际关系的疏离、传统社会结构的解体，以及我们经常说的意义的丧失等。你看到我们迅速地制造出来很多东西，在几年之内又迅速把它扔掉，你看不到意义。科学技术的发展并没有解决人生意义的问题，科学也回答不了。科学技术有它擅长的领域，但也有它不擅长的领域，科学技术并不是万能的。从20世纪60年代开始，人们对科技的发展产生了怀疑，从罗马俱乐部的报告到蕾切尔·卡逊（Rachel Carson）的《寂静的春天》（*Slient Spring*），它们构成了后过程考古产生的社会背景。

从时代思潮的角度来说，后过程考古的思想立足点是后现代主义。其实后现代主义的出现是很早的，早在19世纪末20世纪初就已经有了苗头。尼采说上帝已经死了，为什么说上帝死了？这意味着什么呢？实际上上帝是一种象征，象征确定性，象征明确的意义，象征稳定的秩序。在一个高度机械的世界里，这种秩序是可以预测的，可以计算的。现在告诉你，所有这些都没有了，规范没有了，约束也没有了。这些对于以前的人来说是很沉重的负担，上帝是无所不在的，无论你走到哪里，即便是一个人独处，甚至是晚上做梦的时候，上帝还在盯着你，这是不是有点恐怖？进入现代社会之后，这一切都没有了。米兰·昆德拉说"生命不能承受之轻"，没有重量，没有约束，好像很自由似的。好比婚姻，以前有家庭、宗族、观念等方面的约束，而现在的婚姻就是两人的事，有爱情就在一起，没有爱情就可以分开。婚姻太轻巧了，人们就感到受不了，易导致家庭崩溃。

后现代的世界变得不确定。我们所有的表述都需要用到语言，包括我们的思考。你所谓的客观的东西也是需要经过思考、需要通过语言才能表达出来，而语言本身是历史的、文化的，是人建构出来的东西。如果语言本身是人自己建构出来的东西，那么我们如何确定人自身表述的客观性呢？20世纪上半叶，哲学思想家发生了语言转向，我们以前认为的特别确定无疑的东西变得不确定了。

哲学思想领域的变化如此，其实在科学领域也发生了类似的改变。从相对论开始，物质神话开始破灭，以前人们相信的物质存在的绝对性被否定了，绝对的时空观被否定了。20世纪40年代开始，先后出现系统论、控制论、信息论，我们现在称之为"老三论"，到80年代，又出现了混沌论、协同论、自组织理论，我们称之为"新三论"。第一次接触自组织理论是在宾福德的课上，他布置我们读帕·巴克（Per Bak）的《大自然如何工作》[①]。后来发现这本书国内有译本，华中师范大学出版社出版的。

这本书的背景值得先说一下，美国有个富翁捐了一大笔钱，在新墨西哥州的圣塔菲建了一个研究所——圣塔菲研究所，研究所的目的就是开展跨学科的研究，专门研究一些与复杂系统变化相关的问题。研究所做法很奇特，就是请科学家来喝咖啡，让物理学家给大家讲讲经济学问题，让化学家给大家讲讲哲学问题，让经济学家给大家讲讲其他的问题……换言之，就是别讲你擅长的，讲讲你不

---

① [丹麦]帕·巴克著,李炜、蔡勖译：《大自然如何工作》,华中师范大学出版社,2001年。

那么擅长的，换个视角看问题。这也是一种头脑风暴的形式，让我们意识到这个世界比我们想象的复杂的多，像股市，当然可以用经济学来解释，作为一个复杂系统的现象，用物理学来解释，能够让我们认识到事情变化的底层逻辑。再好比堵车问题，堵车是怎么发生的？一辆车出了点小事故，最后居然导致全城瘫痪，一个微小的改变能够造成难以想象的巨大后果。

书中介绍了一个很形象的实验，就是沙堆实验，设计一个稳定的装置，让沙子匀速往下掉，慢慢形成一个沙堆。沙堆达到一定高度后肯定会崩塌，沙堆崩塌是突然出现，形成一种雪崩效应，很有意思。从理论上说，可以把整个沙堆看作是一个系统，每一粒沙子都是一个变量，它们相互协同、互相支撑，从而形成沙堆。当沙堆即将要崩塌的时候，它就进入到临界状态之中，此时任何一个微小的改变，都会导致这个系统发生巨大的变化。临界状态下的系统是特别不确定的，按照巴克的说法，此时的系统存在多样的可能，是最有"创造力"的时候。就好像把人逼到了一定份儿上，潜力被激发出来。近现代中国，为什么会出现一批奇才？就是被逼到了临界状态，那些几乎不识字的农民成了开国将帅。

我们在讲农业起源的时候，也可以从复杂系统变化的角度来理解，当整个文化系统积累的变化达到了临界状态的时候，最后的临门一脚就无足轻重了。

后过程考古立足的世界观变成了不确定性，这个跟以前很不一样，不确定性意味着什么呢？它意味着高度复杂的关联，正是因为它才导致了不确定性。如果像以前那样理解世界，简单，单线条，高度可预测，就像一个公式，结果是可以被计算出来的。复杂系统涉及的因素太多了，相互关联，无比复杂。立足这种观点的代表性学科就是生态学，生态学特别强调整体性，有一句话叫一荣俱荣、一损俱损。要把握复杂系统，必须要把握关联性。

以上是从学科的外部关联来说的，下面从内部关联来谈。后过程考古本身是从过程考古中走出来的，代表人物伊恩·霍德就是戴维·克拉克的学生，他是模拟研究的高手，主编过这方面的著作。模拟是过程考古所主张的，所以说霍德原来是一个过程考古学家。但是他后来转向了，起因是他在做研究的时候发现过程考古中存在难以解决的问题。

我们先从历史规律谈起。历史有没有规律？或者说我们能不能找到规律？又或者说找到了规律又能怎么样？是不是说找到了规律就够了呢？过程考古学所追求实现的目标，大家发现很难实现，或者说，即便实现了，层次也很肤浅。过程考古能够很好地解释古人吃什么，甚至说可以解释农业起源，再往深处追溯，就发现很难解释，比如古人的观念。如果始终都是从功能的角度解释的话，有些解释就会显得相当可笑。比如说，问我们为什么吃饭？回答说是因为我们饿了，所以我们要吃饭。我们吃饭仅仅是因为我们饿了吗？为什么我们会有那么多的吃饭方式呢？中国人用筷子吃饭，印度人用手抓，西方人用刀叉，烹饪的方法就更多了，这些东西有什么研究意义呢？所有的解释浓缩成一句话，就是为了吃饭，是不是太简单了呢？

如果得出的规律是这样的，好像这个规律不知道也没有什么。人口、环境也是类似的原因，人多了要吃饭，会产生生存压力，或者把环境恶化作为一个解释，资源紧张，还是生存压力。读《战争史》①,其中讲到阿兹特克人的战争,一次杀掉两万人献祭,非常血腥,战争的目的不是为了掠夺奴隶,也不是为了争夺土地,而是为了抓俘虏献祭。从俘虏里面选一个,先养养,最后残忍地折磨死。奇特的是,俘虏居然会配合这一套,因为他们相信:我就是让你残忍地折磨致死,只要我能够表现坚强,我家乡的人们将歌颂我的勇敢,我就能进入天堂。现代人很难理解这样的观念。思想观念对人的行为的约束性,是过程考古没有考虑到的。

过程考古的一个主要思想来源是文化唯物主义,提出者是马文·哈里斯。他对同一现象的解释很有意思,他说是因为这里人口太多,蛋白质严重缺乏,中美洲没有特别大的驯化动物,没有马牛羊,也没有猪,最大的驯化动物也就是火鸡;你要看看他们献祭的那些人去哪里了?不是扔掉了,而是被人吃掉了。②阿兹特克人会在折磨那名俘虏之前告诉他,他的胳膊会分给谁家,他的大腿会分给谁家,提前分好了,最后吃掉。哈里斯的解释是肉食不够,所以需要大规模的献祭,然后把人吃掉。这个解释好像有道理,因为确实肉食不够。但是,这个解释也有些地方说不通。为什么这么说呢?因为跟他们相距不远的玛雅人就不是这样的,玛雅人也打仗,玛雅人打仗就是为了争夺土地,掠夺奴隶,他们并不像阿兹特克人那样杀人、献祭、吃肉。美洲有许多土著社会,并不是每个社会都这样,而且没有大动物的不单单是他们,其他地方也都没有。哈里斯的解释毫无疑问是偏颇的,纯粹从行为功能角度来理解人,还是很

---

① [英]约翰·基根著,时殷弘译:《战争史》,商务印书馆,2010年。
② [美]马文·哈里斯著,黄晴译:《文化的起源》,华夏出版社,1988年。

不充分的。考古学的目的无疑是为了更好地了解人，但是这么了解的人不是我们真正想知道的人，我们知道的人比这个要复杂的多。

后过程考古质疑过程考古的本体论，某种意义上说，这种本体论过时了，它是过去300年流行的、牛顿的那套东西。从笛卡尔以来，我们所知道的世界是物质的，物质是运动的；主、客观二元对立，不论是唯物主义还是唯心主义，总之都是二元对立的，主体跟客体是分离的。所以我们经常听到，物质世界不会因为人的主观意识而改变，必须承认外在世界是很残酷的，要去适应它，或是去改变它。

而从后现代主义的思想来看，主、客体是关联的，不仅仅是密切联系，而是融为一体的。这就意味着考古学的研究对象——物质遗存，并不是一个完全客观的存在，而是融入了主体的存在。这样的关联并不是突然形成的，甚至都不是功能性的，而是历史进程的产物，与特定的文化与社会相关。有些同学可能会好奇，明明过程考古已经非常完善了，为什么还要出现后过程考古呢？过程考古主张科学，这难道不对吗？考古学用科学的理论与方法去揭示真实的历史，重建真实的历史。尽管考古材料有些零碎，实现这个目标有些困难，但是只要不断努力，这个终极目标还是有可能实现的，至少我们越来越接近真理。但是，后过程考古认为这个目标是个乌托邦，这里的真理或真实的过去是不是有点像前面说的上帝——确定性？为什么考古学研究无法实现这个目标呢？这就是由考古学的本体论决定的，即物质遗存并不是客观存在。

后过程考古改变了整个学科本体论，让考古学发生了"人文转向"。以上是后过程考古学产生的一个基本背景。就像过程考古看待文化历史考古一样，就是感到不满：你们所解释的世界太小了，你们解释的人太贫乏了，只有一点时间与空间，古人是怎么生活的，你们完全不知道。为解决这些问题，过程考古兴起了。后过程考古学也有类似的不满：你们所解释的世界是机械的，是被动的，是一种类似动物的世界，而不是人的世界，我们希望了解的是人的世界。

人的世界是怎样的？

下面我们要讨论的第一个问题有一点点哲学味道：什么是人的世界？这个问题影响我们怎么去研究过去的人，所以这个哲学问题并不完全是哲学的，对后过程考古来说，也有非常重要的意义。

——什么是人的世界？我的理解是，人活在这个世界上就是吃饱喝足，然后再干点什么。具体干什么，主要是自己的选择。

你觉得是个人的选择吗？好多人不认为是自己的选择，他们认为做的许多事情是迫不得已，我没有办法，我有第二选择的话我就不这么选了。

——主动选择或是被动选择。我理解，对个人而言，所谓的人的世界不只是一种机械的运动，还应该包含情感，比如说中国人民大学的校名中有"人民"二字，这里面包含有意义与价值。类似的，看到中国传统园林或者说宫殿建筑，就觉得住在里面会很有意思。人无时无刻不在受到周围环境的影响。

这涉及人是如何行动、如何思考、如何感觉的问题。决定权还在人自己。

——但环境基本上决定了发展的方向，外界不断给你添加信息，各种各样的信息，最终就会决定你最后的行为，就像一个小孩生下来就给他吃青菜、吃水果,你觉得他会吃石头吗?我觉得他不会吃石头,咬了一口马上就发现这个东西是不能吃的。

你的思路是对的,但你的比喻不对。你恰好用了一个非常符合功能主义的比喻,人饿了就会吃东西,需要食物,但绝对不会吃石头,人知道那不是食物。人怎么去吃,不仅仅来自本能,还来自文化传统。我们从小到大,需要学很多的东西,包括学怎么吃饭,比如,中国人吃饭的时候,手不能放在桌子下面,身体不能趴在桌子上,不能把脚放在椅子上,不能用筷子翻抄菜盘子……这么做,在中国人看来是很没有家教的行为。西方人吃饭有西方的风俗,行为规范与礼节一样不少。社会学家布迪厄(Pierre Bourdieu)用了一个概念,称为"惯习"(habitus)。为什么不翻译成"习惯"呢,因为习惯这个词是日常用语,已经有了固定的含义。惯习是指与文化传统和结构相关的人的行为习惯,其含义超越了习惯,为了避免学术用语与日常用语的混淆,因此,中国学者在引入这个概念时,就把习惯这两个字换了一下次序。有点"拽",但是很贴切的。如果去查这个词的原义,用在动物身上,就是"习性"。动物习性更多源于本能,它们饿了也要吃东西,但它们不需要考虑那么多的规范与礼节,所以也不能把惯习直接翻译成习性。惯习是后过程考古常用的关键概念,我翻译的《考古学:关键概念》①一书中就有这个词条。

刚才同学讲人无时无刻不受到环境的影响,究竟是受什么影响

---

① [英]科林·伦福儒、保罗·巴恩著,陈胜前译:《考古学·关键概念》,中国人民大学出版社,2012年。

呢？究竟是怎么影响的呢？布迪厄很了不起，他用了一个概念，就把研究提升了一个层次，他把这个影响叫惯习。惯习于日常生活中，日复一日地重复，由此形成。理论家善于创造概念，这正是他们了不起的地方。萨特曾经用了一个概念，叫实践惰性，后来叫惰性实践，也是差不多类似的意思。考古学要发展理论建构，不能只是埋头挖土。上堂课我们讨论了宾福德的两个模式，他提出的狩猎采集者两个模式就属于理论建构。宾福德了不起的一点就在于，他到努那缪提人中去开展民族考古学研究，收集信息，但是他没有就现象论现象，也没有直接拿民族学的调查结果去和考古材料类比，而我们常常是这么做的。宾福德的材料其实是很有限的，但是他在现象的基础上进行了提炼，获得了认识的升华，发展了考古学的理论建构。

  我们平常在研究考古学材料的时候，很容易犯的错误就是，就材料论材料，翻来覆去，讨论的还是材料，充其量是材料的多与少之分，第一手还是第二手的，是材料精度高点还是低点，就这么一点的差别。而没有把材料提升到有抽象概念的层次上去，不能发展理论建构。你看没受过什么教育的人讲话的时候，大量的形象化的语言，针对的都是具体的对象，受过教育的人有个什么区别呢？那就是有概念，能够理解抽象性。如果你连抽象层次都不能达到的话，是很难说有学术内涵的。这一方面是教育的问题，另一方面也是我们中国考古学学科发展的问题。我们学科的发展程度还不够，没有理论上的提升，考古学研究需要有理论高度。回到人如何受到影响的话题，人家用了惯习的概念，用以描述文化意义对人的影响。

  ——那我们是否可以认为这些都是与生俱来的？

大概可以这么理解，但是这个理解不是特别准确。因为惯习从某种意义上说，是外在于个体的存在，并不是个体生来就有的。但是，个体生来就处在一定的文化关联之中，甚至在胚胎阶段就受到了文化影响，比如听胎教音乐，从这个角度来说，说是与生俱来似乎也说得过去。一个个体所处的文化关联，其中包含文化的规范，但不只有规范。如果只是把文化关联理解成规范的话，个体就完全是被动的，实际上，个体还可能创造文化关联。在后过程考古的概念体系中，关联（context）一般应理解为"情境"。

惯习跟规范是什么关系呢？如果两者是相同的，那么后过程考古的核心概念纲领跟文化历史考古就没有什么区别了。惯习是文化的稳定表达。我们还是用交通习惯的例子来说明，靠左或靠右行走本来没有什么合理不合理的问题，当大家都往右边走，靠左行走的可能性被排除了，就形成了习惯。靠右行走是世界上大部分国家的规定，但是英国、日本以及英国以前殖民过的国家和地区采用靠左行走的规则。如果我们了解历史背景的话，就会明白他们为什么要这么做，以及这么做所反映的世界文化格局，甚至能够了解更深层的社会心理以及这么做对这些社会的反向影响。跟考古学研究关系更密切的例子是人在房子里面的惯习，约定俗成的使用会形成可以识别的遗存特征，成为考古学上可以研究的问题。惯习反过来会影响人的行动、感受与思考，由此可能形成文化传统。

文化传统的意义何在呢？中国文化中有非常强的儒家传统，非常尊重孔子。古人有"天不生仲尼，万古如长夜"的说法，把孔夫子看作启明星。孔夫子为什么如此重要。他提供的是一种精神指引，经过历朝历代的反复阐释，不断强化，发展成为一种稳定的文化传统，可以塑造社会伦理，规范中国人的行为，成为中国人确定人生的价值、意义与目标。孔夫子的思想成为中国传统社会长期稳定的观念基础。夫妻、父子、君臣，三纲五常，确保一个家庭的稳定，大一点是家族的稳定，再大一点是国家的稳定。个体各安其位，社会秩序不可能不稳定。在孔夫子思想形成的春秋战国时期，价值观混乱，大家无所遵循，你认为这个好，人家不认为这个好，社会动荡，维系社会的成本非常高。孔夫子思想优势地位形成之后，你会发现，它体现在建筑、器物、丧葬等社会生活的各个方面，渗透到物质材料之中，影响到人们的生活。我们在考古材料中看到的聚落、房址、墓葬、器物，这些我们视之为客观的东西，在它们成为纯粹的物质遗存之前，本身就是文化关联的组成部分，是具有文化意义的存在。

文化意义绝不只是上面说到的孔夫子的思想，经过长期的文化熏陶，随便的一根线条都会有文化意味，就像中国的书法，不懂书法的人看笔走龙蛇，他会觉得这些歪歪扭扭的字只是一些凌乱的线条而已，而懂书法的人来看，他可以体会到"右军如龙，北海如象"，觉得实在太好了。唐太宗直接把《兰亭序》给随葬了，乾隆的《三希堂法帖》轻易不给人看，中国古人非常重视书法，欣赏与练习书法的过程深刻影响了中国人的行为特征。

——我有个问题，社会形态基本稳定、人口足够多的时候，大多数人都这么选择，自然而然会被约束在里面，没有了其他的想法和选择，但是，如果每个人都有自己的想法，是否会呈现出不一样的形态？

你说得有道理。进化人类学有一种认识，如果一个群体的人口规模达到上百人的规模，要维系整个群体，个体之间就需要很多时间进行社会交往，这个成本是不容忽视的。如果群体规模小，面对面的交往就可以维持社会关系。如果人群规模超过了150人，同时维系与150人的联系，并保持采用面对面的交往方式，就会很困难。这时候就需要一些外在的东西，来扩展社会网络，用外物代表人本身，语言符号有助于信息传递，象征物品也是如此，前提是群体成员形成了认同。你今天跟这个人交往用一种象征物，明天跟那个人交往用另外一种象征物，大家都不明白，那么就没有效果。如果大家对同一物品的意义理解存在偏差，也会带来问题，比如给人送一只石英钟，给这个人送，人家觉得挺好；给那个人送，人家觉得你是给我送钟（送终）啊，事情就严重了。意义的理解需要大家有共识。

灵长类动物黑猩猩群体成员之间交流的时候是有其规则的，只不过规则还比较简单，我们可以直接从功能适应的角度进行解释。黑猩猩群体首领控制着群体，尽可能繁衍自己的后代；它们要去占领另外一个黑猩猩群体的地盘，慢慢谋杀这个群体的黑猩猩，为自身群体的生存扩大空间。但是人的世界不是完全能从功能适应的角度来解释的，我们思考所用的语言、所用的比喻，都有显著的时代性。我们现在经常用的比喻对象是什么？在这个网络时代，我们会用神经来形容网络；而在更早之前，人们把大脑形容为机器。史前时代的狩猎采集者恐怕会更多地用动物，这是个万物有灵的时代，人们会选择用自己身边熟悉的事物来表达意思。当我们研究人的世界，研究人怎么行动，而不是研究人是怎么生存的时候，后过程考古就走上了学术舞台。生活跟生存有什么区别？生活需要有感受、有思考、有精神、有属于个体的体验等，与活着的生存相比，它的内容要丰富得多。

考古材料的增加是否会限制阐释的可能性？

特里格《考古学思想史》的前言有一句话：不断积累的考古材料，会对阐释施以越来越大的制约。反过来，这些资料的利用，也会增强考古学研究的客观性，并提高考古学资料的价值。不知道大家有什么看法？

——考古学家愿意把考古材料阐释成什么样，它就是什么样。面对同样一批材料，不同人对它会有不同的阐释，阐释不具备唯一性。

你觉得可以这样吗？我想把猪阐释成牛可以吗？特里格说材料增加会提高考古学的客观性，你是怎么理解的？

——材料增加反而可能会导致阐释的分歧越来越大。考古研究本身就是一个主观的东西。

没有客观性可言？随着考古材料的增加，研究的客观性是增强了还是减弱了？

——客观性是不能量化的，材料出得多，一方面会补充既有的解释，但是新材料也会带来更多的问题。

也就是说，新材料增多，主观性反而可能会增强。秦始皇陵现在只挖了1号、2号坑，如果我们把整个秦始皇陵揭开，对秦始皇陵的认识不是更清晰了吗？随着材料的增加，你发现自己的观念错了，是否可以说你可阐释的范围变小了？以前人们就隋炀帝墓的位置有很多说法，前些年墓在扬州被找到了，不是争论就可以尘埃落定了？

我之所以把特里格的这句话拿出来讨论，是因为这句话的立场是过程考古的。如果拿过程考古的标准衡量后过程考古，一定会得出这样的认识。按照过程考古的目标来看，考古学就是应该追求真理，以科学的方式来实现；尽管历史真实可能永远也无法得到（因为无法回到过去去验证），但这应该是考古学研究的方向；除此之外，不应该有其他的方向。然而，在科学之外，还存在人文的方向。以科学的标准来要求人文，人文研究都是胡说八道，完全不客观，不同的阐释可以同时合理存在，比如人生观。科学实验可以检验，不是就不是，这次错了，可以下次弥补，一点一点地进步，一步一个脚印，就可以逐渐把真理弄清楚。

考古学研究中，阐释是对物质遗存所具有文化意义的理解，文化意义不是物质遗存固有的东西，必须要放在特定的社会、历史与文化背景中才能理解。阐释是关乎意义的，不仅有当时社会的意义，还有在后来时代的意义，以及在当代社会中的意义。物质遗存因为意义丰富才有价值，意义通过阐释才能更加丰富。前面我是故意把对考古材料的解读与阐释混为一谈，以此让大家注意到解释与阐释的区别。对考古材料的解读旨在了解历史事实，我们通常称之为解释。但历史事实仍然是零碎的，尤其是通过考古材料获得的，它们并不能自动构成可以理解的历史。需要有人来进一步解读其意义，这就构成了阐释。如果我们从这个角度来理解阐释，那么材料增加实际上只会让阐释更加丰富。当你用客观性来衡量后过程考古的时候，毫无疑问，后过程考古是不合格的。因为它的目标就不是客观性，就像你用科学的模式来套人文，人文肯定是不合格的。人文告诉我们什么样的行动、思考、感觉才是有意义的，涉及价值判断，而价值判断的标准并不都是普世的。一般意义上，可能的确存在一些普世价值，所谓普遍的人性；但是随着深入，你会发现不同文化中的价值判断标准都有自己的特色。不理解这一点，是无法理解后过程考古的。过程考古在讲科学，而后过程考古在讲人文。

特里格的这句话很有代表性，许多人是赞同他的观点的，所以这里把它拿出来分析与讨论。他的《考古学思想史》写到过程考古与功能主义考古（第二版称为早期功能-过程考古），尤其是后者的时候，非常精彩。但是，写到后过程考古的时候，我感觉他写得不是太好，可能是因为年纪大了，理解这个问题有点跟不上时代发展。大家看斯特龙伯格的《西方现代思想史》也是这样的[①]，写到后现代主义的时候就不行了，而写的17世纪、18世纪的西方思想界，那真是太精彩了。人老了之后不大能够理解新鲜事物，这可能是每一位学者的宿命。

多元阐释何以可能？

后过程考古提出阐释是相对的，由此提倡多元阐释、平权对话。为什么阐释能够同时合理存在呢？我们是不是可以随便地阐释呢？

——每个人知识背景不同，我觉得每个人都可以有自己的观点。合理的、不合理的，正确的、不正确的，都是阐释。

你可能有点误解了阐释。我们对于一个事物可以有不同的观

[①] [美]罗兰·斯特龙伯格著，刘北成、赵国新译：《西方现代思想史》，中央编译出版社，2005年。

点，但是当你现在面对这样一个东西的时候，你认为你对它的阐释会不会受到对象本身的制约？

——会受到制约的。起码要看到这个对象才能生成理解，如果没有看到对象，凭空产生观点是比较困难的。

那可不一定，范仲淹写《岳阳楼记》，他并没有去过那个地方，但他写得很好，他去了之后，很可能还写不了这么好了。究竟什么是阐释？如果只是一种不同的观点或者认识，对阐释的理解有点浅。我们在考古学上用"阐释"这个概念的时候，是有限制的，它的哲学根基与诠释学联系在一起。通俗一点说，它的前提涉及对意义的理解，这就意味着存在不同的阐释主体，更重要的是对意义的理解必定是从现在出发的，因此涉及不同视角与不同价值取向。诠释学始于对《圣经》的解读，仅仅是识文断字，不理解经文的意义，并不能真正读懂《圣经》。中国历史上，历朝历代的文人都会读《论语》，都会有自己的理解，这样的理解是如何发生的呢？除了对文字本身的解读之外，更重要的无疑是结合他们自身所处时代的需要来理解《论语》的意义。封建时代强调"三纲五常"，而今我们认为儒家讲诚信还是很有现实意义的。因此，每个时代都会有自己的孔子，甚至每个人都会有自己的孔子。我们研究《论语》，目的是不是《论语》的原义呢？这一点无从得知，其实也并不重要，我们需要构建《论语》在我们这个时代的意义。这是不是说，我们可以随意阐释《论语》呢？如果可以随意阐释的话，那要文字做什么？这也就是说，阐释需要立足于真实的基础上，但并不止步于真实的细节本身。在特里格的《考古学思想史》中，他重点讨论了后过程考古的相对主义，认为这是后过程考古难以解决的问题。

不同阐释之间有矛盾怎么办？

——看哪个阐释更合理一点。

什么叫合理？

——有两个层次的合理：第一是普遍意义上逻辑合理，一件事情的发生是有基本的因果逻辑的；第二是带有特殊性的逻辑合理，这个逻辑不一定是我们这群人的逻辑，我们的逻辑和太平洋小岛上的人的逻辑可能不一样，和古人的逻辑也可能不一样，在事物所在的情境中能够解释就可以了。

一个是事情本身的逻辑，另一个是情境逻辑，有道理。但还是没有解决相对性之间的矛盾，大家都合理，或者都不合理，或者只有一种合理。同时并存的合理，必定基于情境逻辑，自然不存在一种最合理的状况。

——就像宿舍里吃饭，我要吃麻辣香锅，你要吃牛肉面，一开始大家意见不一样。解决方法其实很简单，我们沟通一下，总会做出选择，现实中不存在两种同时合理的选择。

基于什么原因大家达成了一致？

——沟通。

我对这个过程统一性的诞生很感兴趣，为什么最终大家会达成一致？刚才同学用"沟通"这个词，不是很准确，更好的说法可能是"协商"（negotiation）。Negotiation这个词不是很好翻译，有点互动的意思，其间还有妥协。大家在协商的过程中互相影响，最后做出决定。相对主义并不存在，我们是有办法的，基于当时的情境，通过协商可以解决。有人说，这家便宜；或是说这家离得近；或是说这家已经吃了很多遍了……逐渐排除，最后得出结果。这里面涉及理性的抉择，也涉及随机的因素，比如威望、出资人、心情、氛围等，相对性并不那么可怕，不会导致最后没有任何决定的。

——考古学的研究并不是像我们选择吃什么这么简单。文化传统不同，价值体系不同，在这种情况下，提出了一个普遍的标准去解决这个问题，必然会瓦解不同的价值。

有一种观点说后过程考古是拿现代解释过去，以今论古，这是不是不合理？举个例子，好比我们在解读《红楼梦》的时候，我们用现代人的观点去解读《红楼梦》，你觉得可以吗？

——我觉得可以。

我想起以前读过的《误读红楼》。作者用现代心理来解读《红楼梦》，说丫鬟小红属于职场精英；说香菱一直希望忘记一些东西，别人问她小时候从哪里来的，她总是说太小了忘记了，她不是忘记了，而是因为经历太痛苦了不想记得，刻意选择"遗忘"。她还分析贾雨村，一个曾经的才子，后来一点点堕落成一个"官油子"，甚至还不如贾琏。贾琏虽然是个浪荡子，但他至少还可以批驳他老爸，为几把扇子搞得人家倾家荡产的，这算不上什么能耐。贾琏的老爸为把石呆子的几把扇子弄到手，请贾雨村帮忙，告石呆子拖欠官银，把扇子全部没收了。贾琏被他老爸打了一顿，作者说，仅从这一点来看，贾琏还是一个不错的人，比贾雨村强多了。作者完全是用一种现代方式在解读，还挺受欢迎的，为什么作者的解读可以成立呢？

作者认为虽然时代不同，但还是存在很多一致的东西的，正是因为存在一致的东西，所以大家可以形成共鸣。从作者的话中，我们似乎可以这么来看，相对主义并不是绝对的，不同时代、不同文化之间也是有共性的，正是因为这种共性才有多样的阐释，因为共通才有不同的表达。是不是有点辩证？之所以会引起共鸣是因为有相通，如果完全不相通，就像一个外国人读《红楼梦》，他完全不理解中国文化，他根本体会不到其中的奥秘。《红楼梦》里面描述的符合中国人的人情与伦理，跟历史回忆能结合起来，读者仿佛一下子找到了某些失去的东西。从《红楼梦》面世以来，相关的解读可以说是汗牛充栋，不过大多不算是阐释。作者的大胆之处是他开始阐释了，毋庸置疑，阐释会有相对性，但是相对主义并不是完全排斥共性的，这是值得注意的，这也是相对主义没有最后解体的根本，这是我对相对主义的一种理解。

考古材料可以反复解读吗？

下面有一个问题是关于考古材料的解读，考古材料可以反复地解读吗？有没有一个唯一真实的解读或者叫科学的解读？

——没有完全意义上的科学解读，不能够达到完全的真实。

不能够达到完全的真实，只能部分达到，有的人可以达到的多一点，有的人达到的少一点，是不是这个意思？

——我们只是可以接近真实但无法完全达到真实。

陶器残留物分析告诉我们这个是盛了粥，那个是盛了小米饭，盛了什么东西这个可以阐释吗？这没法阐释，是就是，不是就不是，粥是不会变成小米饭的，这是解释的问题。也就是说，我们对考古材料的解读是有层次的。一件出土物的三维坐标没有什么好阐释的，1.1米的绝对不会变成1.2米，变成1.2米就是造假了；它出自第二层就不会是第一层，你可能在认识上犯错误，那只是错误，而不构成所谓的阐释。

只有我们对材料的认识达到一定的层次之后才可以说阐释的。一个陶罐有多大，干什么用的，它的年代、分布等，这些都是基础信息。当把所有的信息汇聚在一起的时候，说这个陶罐属于哪个族群，与我们现在哪个民族的文化特性一致，这就接近阐释了。有同学说，你把器物上升到考古学文化的层次，讨论考古学文化的族属，这更接近文化历史考古的解释，而不是阐释。当我们说到阐释的时候，必须要跟历史意义，也就是跟当下联系起来。

有同学说考古学上的现象学方法可以算是一种阐释，《考古学：关键概念》中用了一个例子来说明：你对大海的理解是你看到的，还是你闻到的？你看到的大海无边无际，巨浪滔天，你觉得这个是大海。你闻到的可能是咸咸的海风、腐烂的海草的味道，这也是大海。这个大海跟你看到的大海同样的真实，这是不同的视角、不同的体验。后过程考古强调体验的重要性，但是把它看作一种阐释，不太合适。

景观是一个比较合适的例子，中国文化中有个风水传统。风水来自人的体验，后来发展成为传统。它影响选择居址、空间的利用、空间里面的行动等，与中国文化的观念融为一体，比如说四合院，中国文化偏好含蓄，不希望人家一进门就看见整个院子，所以一般都会做一个影壁。当我们研究史前景观的时候（八千多年前的内蒙古乌兰察布裕民遗址就有类似风水的布局），将之与风水文化传统联系起来，这是阐释。阐释是比较高层的研究，那它是否会影响到田野考古工作呢？

——可能会有的。我们会更关注一些细小的东西，尽可能利用所有保存下来的东西，帮助我们还原情境。

尽可能细致，田野考古工作比以前更细致。过程考古也强调细致，后过程考古要求更加细致。不过，实践中，我们不得不考虑现实的约束，比如资金、时间是否充裕，还有一个刚性的约束，那就是考古材料的保存状况。中国新石器时代的遗址，尤其是那些位于中原地区的，历史上就人口稠密，再加上水土流失以及工业化进程所带来的大规模影响，保存的往往不是太完整。怎么看田野考古实践的影响？

——考古学研究的视野更加开阔了。过程考古在系统论的角度下忽略了一些东西，但是在后过程考古的影响下，会思考并关注这些东西。由此，我们在田野工作的时候，就会关注相关的信息。原来我们提取信息已有一套固定的方法，现在因为需要采集新的信息，所以会采取更多的方法，会设计更多的研究方案。

这个回答比较有意思。琳达·帕提克的《什么是考古材料》这篇文章提到后过程考古把考古材料看作是文本，而过程考古认为是化石记录。采取不同的范式，研究者在田野考古阶段收集的信息是有所侧重的。

大家可以想见，在做文化历史考古研究的时候，研究者会侧重收集哪些信息？肯定是完整的器物，如果不够完整的话，也要尽可能把这些器物复原，因为这些器物本身的形制特征特别关键，器型、纹饰、变化显著的特征，以及与它共存的遗存组合，可以用来建构史前史的时空框架。这些特征构成考古学文化，代表史前的社群单位；通过文化因素分析，还可以去讨论不同社群之间的联系。要完成上述的目标，完整器物要比碎陶片好得多。

过程考古研究特别注重功能适应，发掘出土的石制品，其形制固然重要，但更重要的是它的形制所涉及的功能特征，还包括使用痕迹、残留物等。而不是形制所代表的年代特征，或者是区域特征。因此，在收集研究信息的时候，侧重点发生了显著的变化。

相比较而言，从后过程考古来看同一批材料的时候，关注的就不仅仅是功能性特征，更多地考虑这个东西象征着什么。我们研究过旧石器时代的石球，我们的角度是过程考古的，这篇文章讨论的是石球的功能，它能扔多远，它为什么是这个重量、这个大小，以及这些又与人的手掌大小有什么关系，如此等等。我们也看过一些近似后过程考古的民族考古论文，文章讨论的是石球与岛上土著的社会身份表达，作为男性象征的传统是怎么丧失的，后来又用什么传统来替代。

——后过程考古强调的方面是不是需要更高的考古材料精度？

说得特别对。随着后过程考古的诞生，产生了一个新的名词，叫高精度考古。因为你要了解情境。如何重建情境？田野考古工作

旧石器时代的石球（安徽省宁国市博物馆藏）

的精度无疑会影响你对情境的理解,因此田野工作越细,就越有可能把握器物之间的关联,越有可能重建原始情境。下一讲中我们要讨论后过程考古实践,研究者的发掘精度是相当可观的,能把墙上粉刷的石灰一层一层数出来,还做了土壤微形态的研究。因此研究者可以重建不同活动区的活动内容,重建当时人们活动的情境。后过程考古是在过程考古的基础之上发展起来的研究,就像我们说的过程考古是在文化历史考古的基础之上发展起来的研究一样。不是后来形成的研究把前面的研究给抛弃了,千万不要这样认为,它是在前者的基础上的拓展。没有前面的基础研究是不行的,你连古人在房子里做了什么都不知道,却想了解什么情境,那不是空中楼阁吗?一旦你把这些问题弄清楚,你当然不会只满足如此吧?

我曾经写过一篇小文章,叫"《舌尖上的中国》——后过程的美食考古"。当时看《舌尖上的中国》,受了启发,觉得用这个比喻来说考古学理论还是不错的。以文化历史考古的方式来拍《舌尖上的中国》,会怎么拍?自然会拍中国的八大菜系,分门别类,介绍什么叫鲁菜,鲁菜主要的特征是什么,如此等等。这个不难理解,我们过去不就是这么做的吗?按照过程考古的方式,会怎么做呢?拍摄者会结合营养学的科学研究,对不同菜肴进行科学分析,说清楚这道菜是怎么做的,为什么要这么做,其中有什么科学道理。

《舌尖上的中国》拍摄手法是后过程考古式的。其中有一个故事,我当时看的时候很受感动,拍的是广东的一个村宴现场,那位姓欧阳的大厨在村子广场上支起砖灶,准备一道蒸菜,拍摄者从一个个人的视角讲了一个故事,用这个故事告诉大家什么叫中国美食,介绍中国美食和中国人的生活有着什么样的关系。片子没有寻求系统的展示，没有展示科学的分析，展示的是个人的体验，展示的是一种历史，是一种文化，是一个场景（情境）。从中你会发现，这跟我们个人的经验特别贴合，因此当你看到这个故事的时候，会有很强烈的共鸣。我想起自己小时候在农村过端午节，那时候全村出动赛龙舟，中午就在湖边吃饭，大块的红烧肉，我们小孩跟着一起蹭饭，似乎从来没吃过这么好吃的猪肉。为什么？不是说猪肉有什么不一样，而是因为那种热闹的氛围。片子通过个体体验、故事化的方式，展现了"舌尖上的中国"。

后来各大频道都学会了这一招，拍茶叶的时候这么拍、拍中国现代化建设也这么拍，为什么要这么拍呢？因为这个时代的观众更愿意接受这样的方式，是时代精神变了。这对我们的考古学研究会产生什么样的影响呢？这可能意味着，我们要揭露一个遗址里面的"故事"，意味着我们要把这个遗址的田野工作做得足够细，要把研究落到人身上来，要把故事的阐释与我们当下的体验结合起来，这样就可能形成强烈的共鸣。

——我认为更应该关注价值与意义，而不是考古学到底能够讲出什么故事。重点应该是弄清楚说出来的故事有什么用，有什么价值与意义。

以贴近人的方式讲故事，必定会涉及价值与意义，价值与意义渗透在表达之中。后过程考古关注表达问题，也就是前面说的阐释。不用歪曲事实，仅仅是说什么，不说什么，都能体现价值选择的。言说本身就是判断。就像炒肉丝这么一道菜，如果只用这个名，就感觉很普通。如果说鱼香肉丝、京酱肉丝，感觉会正式一点；如果再加上一些描述，比如说用的是山黑猪，再加上一个地名,即便你不知道这个地名,也会令人觉得好像很高端的样子。后过程考古的一些流派中有"厚描述"(thick description)的主张,详细的"客观"描述一点儿都不客观。

后过程考古立足的技术基础是互联网,多元阐释与平权对话以前是很难实现的,表达渠道基本由社会精英把控。而如今的互联网技术能够让大家在同一个平台上进行交流。在看一个新闻的时候,我更愿意看下面的评论,当然里面会有些"喷子"的言论,但大部分还是比较正常的评论。不同的人从不同的视角来阐释新闻事件的意义,有的人还会加点段子,很有趣。表面上看,好像大家都是各抒己见,但是,经过一段时间之后,你会发现,评论之中会形成一种共识,我们现在称之为"顶流"。"顶流"的出现不是人为安排就能实现的,如淄博烧烤、榕江的"村BA"、哈尔滨的爆红等。互联网造就了去中心化的表达,权威不再真正具有权威性。从这个角度来说,后过程考古好像很有先见之明一般,其实是时代精神的表现。对我们考古工作来说,从提高田野发掘的精度,到利用网络技术来实现多元阐释、平权交流,似乎都显示一个新的时代正在到来。我曾经想写一本书,叫做《看见考古》,先建立一个网络平台,让参与者都写一写自己感受,并交流自己的感受,最后汇聚成一本书,我想会很有意思的。心理学家说"我感故我在",在感受中体现每个个体,考古工作也像《舌尖上的中国》那样了。

——而且是随时随地记录,随时随地看。

丰富田野考古生活。

——同时也变成个人的财富。

最后说一下后过程考古对未来考古工作的影响。在文化历史考古范式下面，有考古材料跟没考古材料是太不一样的，有些人说我不能给你看，看了你就知道了，研究类似于零和游戏。过程考古也依赖对材料的占有，后过程考古则不会。它不怕你阐释，阐释越多越好，就像阐释《红楼梦》一样，由此成立一个红学会（中国红楼梦学会），红学会的规模比中国旧石器时代考古研究者的规模都大。阐释越多，规模越大，社会影响越大。考古学的阐释越做越大，大家都有饭吃。不然，只是做材料，有这些人就够了。为什么中国考古学长期人这么少？倾向零和游戏的范式主导可能也是很重要的原因。

第七讲
创造属于自己的阐释

后过程考古实践的基础

霍德在加泰土丘遗址做了一个后过程考古的实验①，考古报告实现了网络共享，大家都可以去下载，可以很方便地得到相关信息。后过程考古究竟应该怎么做，对此我们还有点陌生，霍德的这篇文章做得怎么样呢？他是怎么体现后过程考古的？对我们中国考古学有什么样的参考价值？你觉得他做的考古跟我们的有什么区别？

——他们的田野考古工作做得更细致一些。他们是循序渐进，一层一层揭露的。

3个发掘区，一共发掘了300平方米左右。加泰土丘遗址规模很大，有13公顷，肯定不能同时揭开，只能是一点一点地揭露出来。我们发掘遗址的时候，挖到了房子，也是会把整个居住面全部揭露，然后绘图、照相、记录，最后才能取走居住面上的器物，并不是一下挖到底的。我觉得大家可能有个误解，觉得后过程、过程

---

① I. Hodder, and C. Cessford, "Daily Practice and Social Memory at Çatalhöyük," *American Antiquity*, 2004(69): 17–40.

考古的田野考古工作跟文化历史考古所做的有很大的区别。

——我觉得还是有区别的，技术是一个方面，可能就像老师说的文化历史考古更注重完整器物，不同范式的目标本身是不一样的，由此导致研究策略的改变，对田野工作有不一样的要求。后过程考古更重视对情境的还原。

我们能够还原当时的情境吗？我们又没有时间机器。我们是要通过考古材料去还原情境的，反过来，我们又基于情境理解材料，这是怎么回事？问题很好，我们可以这么做吗？

——这不是可以不可以的问题，而是我们正在这么做。其中可能存在循环论证的风险。

对！涉及循环论证的问题，我们的理解本身也可能有问题。从考古材料到情境还原实际上是过程考古研究的范畴，因为它的目标是要重建过去，尽可能去了解过去发生的事情。当我们把这个情境建起来之后，立足其上理解过去，这是阐释。

——这是过程考古学的看法，霍德原来也是这么认为的，在《阅读过去》第二版中他更改了看法[1]，认为后过程考古所做的情境分析跟过程考古是不同的，不再把原始情境看作重要的依据。

这个有点像我们前面说到的《论语》，孔夫子原来的意思是难以追溯的。但是，我的看法可能有所不同，阐释是多元的，但它的立足点仍然必须是扎实的事实，必须是科学研究，阐释本身也不能脱离逻辑，否则阐释就会显得天马行空。那样的话，阐释是没有生命力的。我们难以追溯孔夫子的原义、说话的原始语境，但不等于

---

[1] [英]伊恩·霍德著，徐坚译：《阅读过去》，岳麓书社，2005年。

说原义、原始语境就不重要。我们通过还原历史，是可以将孔夫子的原始语境明确到一定范围之内的。我不认为后过程考古可以完全脱离过程考古，什么都是重起炉灶的。

大家在理解过程考古和后过程考古关系的时候，很容易出现一种状况，就是认为后过程考古是对过程考古的一种全新的替代，过程考古对文化历史考古也是一种全新的替代。我一直反对这种观点，我认为这并不是替代关系，而是一种拓展。就像你做过程考古的时候，不也要用地层学与类型学吗？类似的，后过程考古研究需要立足在过程考古的基础上。

——用国外材料做的考古案例，跟在国内做过的，它们之间有没有什么差别与联系？

这是个很好的问题。20世纪50年代中国也挖了不少聚落遗址，研究者也试图去探讨当时的社会组织结构，它们与后过程考古有什么区别呢？过程考古与后过程考古在田野考古方法上存在一些差异，究其根本，还是本身理论导向的区别。这个理论导向导致产生一些新的方法，尤其包括在考古表达上的创新。如果你问我们是不是也做了这方面的工作，那可以说，我们历史时期的考古，如丧葬考古、美术考古好像也是有点后过程考古的意思的。

我先介绍个讲座，郑岩老师讲铁袈裟，我觉得很受启发。他所讲的内容就很后过程。讲座中他提到，十多年前他写过一篇文章关于山东青州灵岩寺铁袈裟的文章，所谓铁袈裟就是个大铁疙瘩，原来是个铁佛，后来头也掉了，脚也没了，只剩下躯干这一段，上面有一些像水田一样的格子纹，古人认为是袈裟的纹理，是神迹。郑老师研究后认为这格子纹实际上是铸造过程中留下来的接缝，因为当时铸铁做模子的时候,一下做不了那么大,有接缝。通过分析铸造过程,他认为这就是接缝,根本不是什么铁袈裟,更不是什么神物,就是当时工艺不发达留下的痕迹。这个研究很符合过程考古的思路,把铁袈裟的神性给剔除了。过了一段时间之后,郑岩老师思考,古人真有那么傻吗?他们不知道那是铸缝?分辨铸缝不是一件很难的事情,稍微有一些铸造方面的常识,就很容易发现这个问题。后来他又重新研究,把研究过程倒过来。铁疙瘩是怎么变成一个神物的?明朝、清朝为什么还把它当作是从天上掉下来的袈裟?因为它重塑了位于北方的灵岩寺的禅宗地位。他再讲到19世纪末期,德国的传教士、学者来考察的时候,从科学的角度进行的解释,说你们很愚昧、很荒唐,这是个铁疙瘩你们都没有认出来?用科学的方式祛魅,从科学的角度把神性排除。郑老师后来认识到铁疙瘩的真正意义之所在,这是后来的人,利用它这样一个残损模糊的状态,为了助力南北禅宗之间的争论,塑造的一个神物。郑老师把其中的意义揭露出来了,是一个很有后过程考古意味的研究[①]。

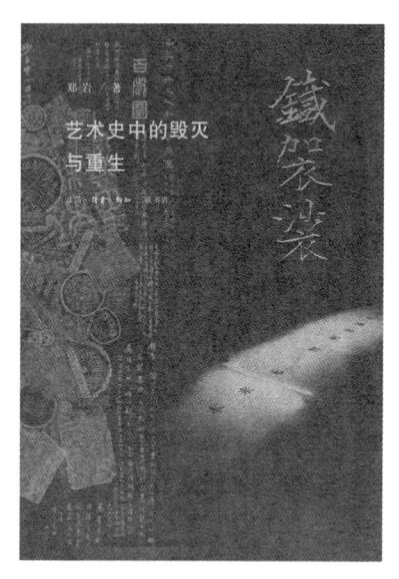

《铁袈裟》书影

---

① 郑岩:《铁袈裟:艺术史中的毁灭与重生》,生活·读书·新知三联书店,2023年。

——他的做法与后过程考古很类似，但是他没有提出相应的理论框架。

对，说得非常好。后过程考古强调日常社会实践，并采用了从日常社会实践中提炼出来的关键概念——惯习。为什么后过程考古要用这个概念呢？因为考古学研究终究要回到考古材料上来，一个再好的概念与考古材料无关是没有意义的。惯习是会在时间与空间上反复出现的东西，会在考古材料上表现出某些特定形态。根据这些形态可以倒推了解古人的惯习。如果没有这样的理论基础的话，就无法开展后续的考古学研究。

布迪厄不仅提出了惯习的概念，还提出了不少其他的概念，对我们理解考古材料有帮助，比如说社会资本，其中有经济资本、文化资本、象征资本等。符号资本指社会通过利用符号来加强社会秩序或加强社会认同，由此诞生了很多不同社会阶层的符号，包括品位的差异。①有本书就叫做《格调》②，很有意思。什么叫富豪？真正的富豪的房子在路上是一眼看不见的；在路上一眼就能看见的那叫"土豪"，他怕别人不知道他有钱，真正的有钱人怕你知道他有钱。按照这样的观念，物质材料本身是有符号含义的，它可以反映当时的社会发展状况。

——这些观念是怎么来的？

可能需要在思想源头上有突破，否则要想在考古学上有所突破是很困难的。

---

① [法]皮埃尔·布迪厄著，蒋梓骅译：《实践感》，译林出版社，2003年。
② [美]保罗·福塞尔著，梁丽真、乐涛、石涛译：《格调》，世界图书出版公司，2014年。

——我们会有这样的突破吗？

我正在研究中国考古学的范式问题，发现中国考古学其实在文化历史考古之外，也在做功能主义考古，也在做马克思主义考古，还有多样的历史考古。但是我们还没有把它们做到范式的高度，就像郑岩老师做的。我问过郑老师，说你的做法很好，很像后过程考古。郑老师说，我没有从理论上思考这个问题。他可能受到了相关的理论影响，但这种影响是无意识的，他无意识之中完成了理论转变。我在研究中国功能主义考古的时候发现，中国考古学家已经受到了过程考古的影响，包括王巍老师在讨论考古学文化问题的时候，他用到了文化系统论，所用的基本概念"文化"实际上也有过程考古的色彩。

理论上的突破至少需要两个方面的帮助：一个是新的理论源泉，一个是新的理论反思。我们在考察西方考古学研究的时候，你会发现他们很多的研究并不是从考古材料出发的，而是从相关领域如人类学、心理学、社会学等学科的理论出发的。他们把这些学科的理论引入考古学中来。这说的是理论源泉。还有一种是理论反思，就像宾福德写的《作为人类学的考古学》[①]，对以前的考古学研究进行反思，探索其他的可能性。这两者相当于左右手，都很需要，但目前我们对这两个东西都还需要加强。

——我赞同在理论源泉上形成突破，从而实现考古学理论上的突破，构建中国特色的考古学。这个想法本身有点后过程考古的味道。但是，这是否意味着我们需要从中国传统文化本身进行

---

① L. R. Binford, "Archaeology as anthropology," *American Antiquity*, 1962(28): 217–225.

突破？如果说寻求中国传统文化本身的突破，这似乎变成了中国哲学的问题。

我赞同你的观点。说到这里，我想到互联网，1998年我在美国留学的时候，当时美国的互联网已经发展得不错了，可以在网上买书。当时我很羡慕，不知道中国什么时候能发展到这个程度。很快，淘宝做到了，做得比美国还好，运费便宜，还能够及时沟通。实时的互动非常好，购物的个体体验显著提高。美国在技术创新、网络创新上可能是领先的，但是在互联网的应用方面他们就差不少。如今已经进入移动互联网的时代，美国由于4G基站比较少，许多人还是习惯用PC机，整整落后了一代。我不是技术专家，但从文化上观察，我感觉到中国社会与中国文化似乎与移动互联网时代之间存在非常好的契合度。我们有理由相信，中国文化是可以完成思想源泉上的突破的。

物理学家普里戈金讲，现代科学是确定性的、客观的、分离的，他认为未来的科学是非确定性的、复杂的、整体性的。[1]这种观念跟中国传统文化是非常接近的，中医具有很典型的整体观，头痛医脚，眼睛疼治肝。还有针灸，通过刺激穴位来治病。现代医学难以理解，它一定要将其还原到物理层面上来。这种还原论式的做法是有问题的，现代科学也在发生改变，新的变化跟中国的思想传统有很好的契合性。我坚信中国文化的未来是可以有创新与突破的。

---

[1] 伊利亚·普里戈金著，湛敏译：《确定性的终结》，上海科技教育出版社，2009年。

后过程考古是否科学？

下面我们讨论后过程考古的相对主义倾向。后过程考古是否科学？

——主观成分多一些。

你还是认为后过程考古比较主观。主观上每个人都可能有不同的观点，怎么能保证不坠向相对主义呢？每个人说得都合理的话，最后谁说的都不合理了。有人说相对主义是个神话，比如你去治病的时候，绝对不会采取相对主义的立场，还是会尽可能找个好点的医生帮助确诊病情。

——还要联系情境以及其他因素一起考虑，情境能够将不同的因素都统一起来。

你认为通过情境可以约束主观，这是个不错的说法。

——为什么要评判它科不科学呢？如果有许多观点同时并存的话，是可以逐步排除的。

因为现在大家认为后过程考古不科学，太主观了。根据什么标准排除呢？

——如果出现了新的材料，就有可能。基于材料进行排除。

基于事实把那些不合理的观点排除掉。

——对。即便是过程考古，也不能完全还原真实，它只是看上去科学。这个说得很有意思。它的意义在于，当我们看到它的时候，我们就会想到这个人，联系到当时的背景，会了解更多的东西。当然，我们是不是应该尽可能不带入个人的想法？

我也在思考这个问题，我们怎么理解后过程考古对过程考古的发展呢？如果按我的理解，后过程考古是一种拓展的话，那么它应该更加真实的，而不是主观的。过程考古提出的目标，是要去探寻规律，要立足客观，采用科学的方法。随后你会发现，这些东西真的存在吗？在人类社会研究中，并不存在绝对的物质与规律。相比较而言，我们在研究自然的时候，相对容易做到客观，可以看到物理、化学、天文、地质、生物现象背后的规律，相对容易用科学的方法加以提炼。但是当我们面对人类社会、人生的时候，你会发现很多规律不好用了。社会科学家也一直都在寻求规律，但是他们的研究有一个共同的特点，就是"马后炮"。往往是当事件结束之后，提出来一个很完美的解释。

于人生而言，你会发现人生可能有太多的东西是无法理解的。你知道你一定会成为什么人吗？你很努力地做一件事情，向一个目标前进，结果你发现总是有无数的因素让你做不成，你感觉自己就像大河中漂浮的一片树叶，发现人终究还是被环境所左右的。你打开网络，知道有人走在路上掉坑里去了，生命特别脆弱，人生随时可能被改变。学习再多的科学也无法回答这些问题，此生有什么意义？吃饭、工作的意义在哪里？

我看过一个有关贝多芬的传记片，片子讲贝多芬的一生，拍得挺好。贝多芬的父亲是宫廷乐团的一个小头目，他从小学钢琴，他的父亲是"棍棒之下出才子"的信徒，总是打他。贝多芬确实很有天分，后来他用这个方法对付他的侄子。贝多芬是个天才，他的侄子不是，他再怎么打还是不能让侄子成才。真实的贝多芬是一个时代的产物。法国大革命，拿破仑东征西讨，破坏了封建帝制，整个的西方似乎都在搞革命，在这样的思想文化的大潮中，贝多芬试着去开创一条新路。有一种很"嚣张"的态度，大家都一样，贵族没有比我高贵到哪里，那种强烈的思想解放意识，表现在音乐中，让他的整个音乐就像号角或旗帜，引领时代。

人跟人都是一样的，并没有人天生注定就是什么，就像电视剧《亮剑》的主角李云龙一样，原来就是编竹筐的，给予他一个时代舞台，经过历练，他成了优秀的指挥员。怎么驾驭时代大潮，怎么成就心中的梦想，实现人生的意义，这很大程度上取决于人自己的选择。这也是萨特的存在主义所支持的观点，人生不是由谁决定的，个体需要自己去选择，需要自己去创造意义。

绕了这么大一个弯子，我想说的关键观点就是，于人来说，意义是重要的，意义是人创造的。从这个角度来说，后过程考古是对人本身的回归。

回归还包括回到人的真实的体验，科学描述的世界跟人体验的世界是不一样的。我们感受到的是一个非常复杂的世界，尽管不那么精确，但是我们能体验到，是属于人的世界。相比较而言，科学的世界就是一个理想的模型，有非常好的规划，一切都可以驾驭，一切都特别完美，但它不符合人类的真实感受。后过程考古强调文明应该回到人的真实感受、回到人的真实体验、回到对人的复杂性真正的认识。

世界很复杂，不是像科学描述的那么简单，科学在研究自然界的时候有比较好的效用，但是我们现在有些科学狂直接把科学方法搬到人文社会领域，产生了很大的问题，效用相当令人怀疑。人本身是有能动性的，即便存在历史铁律，有些人就是不一样，他们就是要改造这个世界。人不是物的奴隶，人运用物在构建它的社会。

加泰土丘遗址（图片来自网络）

霍德所研究的加泰土丘遗址，数千人的群体，没有中央政府，怎么能够不散伙？按照进化人类学的研究，超过150人的时候组织就需要分层了，数千人的时候社会管理是个很麻烦的问题。霍德说通过日常社会实践，通过建立惯习，就能够实现社会的运转，而且可以持续上千年。这么说可能还是有一点点玄，大家不一定能被说服了。通过日常社会实践能够形成社会共识吗？我们当代社会是怎么来凝聚共识的？我们是怎么建立并维系一个团体的？

——通过等级，比如在一个公司或者在一个单位，通过上下级关系，可以形成很大的群体。每个人都有自己的利益，通过利益取向来组织。每个人都想通过自己做的事情，得到自己想要的东西。

有没有利用物质材料来强化社会组织的现象？因为这个跟我们考古学相关，考古学研究物质材料，如果只是说利益的话，考古材料里面还不容易看出来。

——这个我没想到。霍德说加泰土丘遗址中没有等级，而且人口又这么多，我也有些怀疑，仅仅通过社会惯习的延续就能实现社会管理吗？

说到这儿，我想起美国人在阿富汗反恐这个例子。美国人在阿富汗打了近20年仗，为什么总是打不赢呢？经过一番研究后，研究者发现，阿富汗是一个一盘散沙型的社会，中央政府没有多大的公信力与统治能力，其社会的基本结构是部落，也就是说，当地民众在部落层面上有更好的认同感与凝聚力。通常打仗讲究"射人先射马，擒贼先擒王"。但是，阿富汗这个地方不一样。美国人来了，打烂了中央政府，让沙子彻底散开，反恐变成了不可能完成的任务。因为他们不可能跟每一个部落都打仗。一个一个部落解决，猴年马月才能够完成。

——我很好奇阿富汗人为什么不首先认同自己是阿富汗人。

在当代国际社会中，当一个阿富汗人想移民的时候，他就会发现，别人会认为他是个阿富汗人。而在阿富汗国内，可能首先要考虑的是部落身份。国家认同是在国际交流中培养出来的，封闭在国内环境中，自然是不需要这样的认同的。

——不同层次的认同。

对，是不同层次的认同。但是在基本的社会认同层面上，人们对部落的认同感要高于对国家的认同感。美国人在这个问题上发现没有办法解决，只好撤了。

——因为美国人太笨了。

美国人其实不笨，他学的是全球帝国的基本策略，从古至今都用到这个策略,《战争史》中就是讲到了。①英国人很擅长干这个事,他们统治印度的时候,只派少量的军队控制主要城市,还有一些精锐部队执行巡逻任务,委托土邦首领治理当地。这些策略美国人在阿富汗也用了,但是效果不理想。他们的确想用后现代的思维来应对这种状况,比如曾经提倡要站在敌人的角度想问题,还提出网络作战、扁平化指挥等。但是,美国是一个现代性极强的国家,说归说,但是做不到。阿富汗人的部落组织由来已久,现代国家组织相对而言是个晚近现象。

人类社会的一些规则是不可思议的,如前面讲到过的阿兹特克人的战争,抓到俘虏之后先把他养着,养些日子后再一点一点地将他折磨死。四个人把俘虏围在台子上,让他拿着一把带有羽毛的木剑,而这四个人拿着武器,跟他搏斗,慢慢把他杀死。有意思的是,这个俘虏会很认真地配合,他认为他越抵抗越激烈,他家乡的人就越有可能歌颂他,他的灵魂就会得到拯救。

——跟北欧的武士一样。

对呀,有意思的地方就在这里。此时你会发现观念才是人最重要的东西,而不是你能吃能喝。我们今天讨论不少看似题外的内容,包括贝多芬、阿富汗人等。人会为某种精神所激发,一旦被激发的话,人也就形成了超越。但是,同时你会发现,精神观念又是社会依赖的,不同历史阶段、不同社会背景、不同文化传统会形成不同的观念精髓,所以,我们觉得阿兹特克人有些不可思议。观念会影响人的行动,观念又来自时代、社会与文化传统。某种意义上

---

① [英]约翰·基根著,时殷弘译:《战争史》,商务印书馆,2010年。

说，霍德的文章提出了这样一个前提，日常社会实践塑造了人们的社会观念，是观念让人们生活在一起，惯习的背后应该还是观念。惯习不应该是被动的塑造，还应该是主动的选择与构建。这种后过程考古的解读如何在我们的研究实践中加以运用呢？

——把考古的过程都记录下来，比较有意思。在遗址发掘过程中，霍德想参考的观点不仅仅是专业考古学人士的，他认为遗址还应该开放给公众，尤其是生活在当地的居民，他们对当地的环境与文化是很有发言权的。

这个跟考古学的表达相关，上次我说可以写本书叫《看见考古》，在发掘中让不同的人都进行表达，当然这本书可能不那么科学，但很好玩。农民会怎么看，学生第一次参加实习怎么看，不同的研究者怎么看，高度混杂的表达。相比科学的规范表达，每个人的体验是真实的，因此，这样的表达相对于科学表达而言，也是真实的。

我们曾经也讨论过这个问题，我对此一直有种怀疑，一方面因为霍德是个英国人，他如何能够进入当地文化中呢？对于加泰土丘的先民而言，霍德完全是个外来者，相距遥远的"客观"观察者。其二是因为土耳其是个有点奇特的国家。因为其历史反复断裂，就像谢尔曼在希腊考古，很容易就拿走了出土物。对土耳其人来说，他们并不认同希腊文化。相比较而言，中国历史与文化是连续的。考古学家发掘汉代的遗址，完全可以与后期的历史串联起来，文化意义是可以理解的，甚至可以延伸到新石器时代早中期。你看上山文化出土的陶壶与宋代的春瓶，形制是一脉相承的；陶器上类似八卦（卦象为豫卦）的图案，也是与中国历史一脉相承的。当然，目前发现还有点少，但其间的连续性还是令人震惊的。就加泰土丘遗

义乌桥头遗址出土的陶器上绘有八卦纹

址而言，尽管这个遗址是个很好的遗址，保存良好，出土物丰富，但是用这个遗址来做后过程研究，我个人认为真的不是很合适。对中国考古学家而言，如果用一个历史时期的遗址，好比说殷墟、隋唐长安城，可能更合适。

——如果他研究性别的话，最后想反映什么问题？

这里面有个误解需要澄清一下。性跟性别是两个东西，性是生物学意义上的。男性、女性，有生物学上的意义。不过，说到性别，这是个社会概念。一个社会是怎么来建立性别认同的？性别关系是怎么构建的？都是性别研究的问题。如果说史前存在母系社会的话，当时是怎么来维系的？如果是在一个男女高度平等的社会里，性别就不是一个问题。就当代中国社会与中国考古学而言，性别不是一个核心问题。在这个方面，我们跟西方并没有同等程度的共识。当然，这不是说中国不存在性别不平等的问题，而是说，这个问题相对其他问题而言，并不是社会的主要矛盾。我们甚至觉得，过度强调性别问题，有混淆视听的目的，让大家忽视更重要的矛盾。

——性别是基本社会关系，怎么会不重要呢？

当我们说到性别问题的时候，很多人实际上是在说不同性别应该有平等的工作权利、平等的机会，或者说要尊重女性特点。很多时候说到女性的时候，是按男性的标准来说平等的。看一些以前宣传画中的女性，身强力壮，不畏风雨，实际上还是以男性为标准来衡量女性的。当前中国还有一些主要的矛盾没有解决，性别问题虽然历史悠久，但仍然属于相对比较次要的矛盾。所以在中国考古学中讲到性别问题的时候，好多人觉得这个问题太细枝末节了。另外，特别值得注意的是，这个视角如何能够与考古材料结合起来，就像前面我们谈到日常社会实践有惯习，可以落到考古材料上，落不到考古材料上就不是考古学研究。

我看过一个研究古罗马性别关系的案例，研究用到一些文献资料，也用到物质遗存材料。研究发现，在公共空间里面几乎没有女性。女性在哪里呢？都在私人空间里，女性可以做小买卖，可以做家里面的活动，统统可以的，但是在议事大厅、演武场，就完全没有一点女性的痕迹，女性是完全被排除在外的。这样的研究目前存在一个很大的困难，就是缺乏合适中介的概念。像文化历史考古有一个特别好的中介的概念——考古学文化，具有特别好的操作性。过程考古学很成功，它有文化适应、文化系统，同样很好操作。如果没有可操作的概念的时候，就很麻烦，霍德这篇文章用到了惯习、社会记忆、日常社会实践等。没有中介概念，你请一个哲学家来他也没法帮助你。

——我们可以研究墓葬，如果确定生物性别是女性，再看随葬品与相关的葬仪，由此就可以构建出一个社会性别是女性的规范，通过这个规范就会发现哪些是女性，哪些不是女性。

这里面存在一个前提，即这个社会存在强化性别认同的现象。辽西地区历史时期曾有鲜卑在此生活，鲜卑有一些类似于母系社会的特征，接近草原的边缘地带似乎都有类似特征。这些有没有史前的渊源呢？如果有的话，是怎么表现的？为什么会在这个地方出现？为什么中原地区没有？这个可以做一做比较，当然难度不小。

近些年，在内蒙古中南部与河北的坝上地区，发现了一系列旧、新石器时代过渡期到新石器时代早中期的遗存，代表性遗址有尚义的四台遗址、化德的裕民与四麻沟遗址、康保的兴隆遗址。围绕这些遗址展开的考古调查，发现了众多的相关地点。这个地区位于生态交错带地区，文化适应的风险相对于中原地区来说，是比较高的。我们在这个区域的考古遗存中发现了一个其他地区少见的现象，即在同一群体中，部分人群定居，另外一些人则保持较高的流动性。石器工具组合能够反映当时存在的流动性的分化，细石叶技术生产标准化的石刃，由此可以制作复合工具。这种技术的产品具有标准化程度高、轻便、便于维护、适应面广的特征，有利于高度流动的群体。而打制的锛状器、磨制石器等是有利于定居的。

裕民文化的锛状器（赵潮提供）

适合流动的无疑是中青年男性，如果进一步推导的话，流动性分化意味着中青年男性经常不在聚落中生活。那如何维系当时的社会组织，尤其是如何照顾孩子？我们在西南地区的民族志中看到的解决方法，就是采用母系或是一妻多夫制，这样孩子就始终有人照顾。我们在前面探讨过这个案例，这里我们可以从后过程考古的角度再来看。对于这个地带的史前群体而言，强化母系的好处是显而易见的，有利于整个群体的生存。如果采用父系来组织，那么就会有一些孩子从小没有父亲的照顾，因为在外狩猎的风险是比较高的，有可能遭遇不测。即便是在现代社会，没有父亲支持的单亲家庭，养育孩子也是相当困难的。史前时代，本来人口就少，儿童存活率就是一个问题，采用父系来组织社会是不利的。因此，我们有理由相信，这个地带女性会有更高的地位。当时的社会有可能通过装饰品、聚落空间布局、葬仪等多样的形式来强化母系的认同。

顺便再讲一下，我们在讲考古学研究的时候经常说的一句话：巧妇难为无米之炊，受制于材料状况，再好的想法，可能也无法实现。我的态度相对来说是比较积极的，当你面对这些材料的时候，你要知道，尽管你可能得不到所期望的信息，但是其中可能会有一些比你想象的还要好的东西。你需要关注这些材料，看看可以从中发现什么新的现象或问题。

——反身考古学的方法是很值得借鉴的，边发掘，边记录，边分析。

这个方法平时我们也有用的，比如说我在做发掘的时候，同步开展石器实验。一旦发现什么问题就及时调整我的发掘方案，包括标本分类，我在石器的使用实验中发现粉砂岩是无法制作砍砸器的，完全无法使用，于是剔除了标本中看起来像砍砸器的石块。发掘成员也会在一起讨论问题，难道我这个也是后过程考古？也是反身的方法吗？

——这其实是过程考古的一个实践，追求更科学的目标。后过程考古在过程考古的基础上更加关注情境，更加关注反思批判，不过它所主张的情境考古也有问题。情境考古是基于当下的情境分析来进行阐释的，并不能回到过去的情境中去，过去和现在的时间差怎么解决？而且如果用现在来阐释过去，那是不是要对现在的情况有一个更全面的了解？后过程提倡的是多元话语权和多元阐释。不同人有不同的观点，这会不会造成考古材料阐释的随意性？

有意思。读到过有个学生写的有关图像分析阐释的问题，有那么一点后过程的意思，其中就提到这个问题，你怎么回到过去情境里面去？像这种八角星纹的研究，从情境考古的角度你怎么看？

——我会关注出土位置，还有叠压打破关系、层位关系。可能还有这个发掘遗址的文化、历史、环境，还有之前遗址发掘的情况，以及这个区域内的其他遗址的情况。

那是出土的关联，包括层位与平面关系，决定遗存基本的时空关系，通常是文化历史考古强调的。过程考古强调的关联是与人类行为相关，是功能意义上的关联，跟文化适应、文化生态、文化系统联系在一起。而后过程考古强调的关联更多是指文化、历史上的关联。我们能够直接观察到的通常都是遗存的出土关联，功能意义上的关联不容易直接看到，但这样的关联具有比较好的因果联系，可以通过科学分析予以揭示。不论是推理的前提，还是推理所遵循的理论原理，都是公开的，是可以追溯检查的。所以说，过程考古的关联是"在场的"关联。后过程考古的关联更不容易看到，某种意义上说，这些关联往往是"不在场的"。我常以相亲为例来说明，两个人见面交流，能够了解部分对方的信息，然而当时不在场的因素，如社会关系、家乡、家庭等，其实也是了解一个人非常关键的信息。三层关联是层层递进的关系，并不是说有了后过程考古的关联，前面两个就不重要了，它们是难以互相替代的。

比如研究八角星纹，虽然我自己没有专门的研究，不能给出具体的建议，但是从理论的角度来说，我认为是要把八角星纹符号从史前时代到历史时期，以及民族学材料中的都串联起来。如果不串联起来，就实现不了深入理解八角星纹的目的。你需要将其放在整个社会的大背景中来理解，还需要放在历史进程中来理解。正所谓风物长宜放眼量，在当时的时代不一定看得清楚，但是你把早晚不同时期的可能串联起来的时候，可能看得更清楚。八角星纹一直到商周时期还有，出现在不同类型的器物上，更晚阶段，在少数民族文化中还可以看到。把所有这些东西串起来之后，就会发现我们对它的理解不可能是天马行空的。尽管阐释是多元的，但每一种阐释都应该是有所依据的。

凌家滩遗址出土的玉版（《凌家滩玉器》，文物出版社，2000年，第14页）

——我觉得考古学研究最重要的就是统一材料，不管是文化历史考古还是后过程考古，材料都是最重要的。我在想，后过程考古可能还有另外一个问题，从日常社会实践到惯习，再到考古材料的特定形态，这个可以理解；如果反过来，从考古材料出发，是不是可以看到突破日常社会实践与惯习。

后过程考古不是这么想的，你说从考古材料出发，实际上可能不是从考古材料出发的。阐释的时候可以从很多个角度去阐释，刚才我们提出要从性别的角度来理解，我们还可以从景观的角度来考虑，这是一个带有文化结构的东西，有不少相关的理论与思考。上一讲我提到理论源泉的问题，不同的思想可能带来不同的阐释角度。我们需要处理好理论源泉的问题。霍德的文章没有讲到他的理论源泉来自哪里。

——他的理论源泉就是对当时情境的分析。

比你想得更大一点，霍德在思考这个问题的时候，实际上受到了整个西方思想的影响，或者说整个后过程考古的剑桥学派都受到了西方后现代思潮的影响。

后现代思潮跟整个西方社会发展是相关的，讲这些东西可能有点抽象，这里我打算从一个具体的例子切入。我每天洗碗的时候，常看《强词有理》的短视频节目，讲建筑的。建筑有一个显著的好处，因为它是具象的，同时又是个理念的问题。讲现代主义，其观念很抽象，但现代主义建筑是很清晰的，一眼就能看见。现代主义建筑极其重视功能，号称不浪费一寸空间用于装饰。建筑往往就是一个玻璃盒子，水泥钢筋结合，不需要考虑风格，主要考虑功能。比如，为什么水房要跟卫生间放在一起？因为顺便。教室的这些桌子为什么这么安排？因为这样能够最大化地利用空间。有很多人吐槽，因为这样的安排并不人性化，空间逼仄，坐着不舒服。

我们的校园很奇特，前现代、现代、后现代的建筑交织在一起。有一些前现代的东西，好比说在东北地区设计特别高大的台阶，但是东北地区冬季寒冷，下雪结冰，上下台阶很危险。还有在教学楼前的地面上铺设瓷砖，有积雪的时候很容易摔跤。为什么要这么设计呢？因为气派，什么叫气派？实际上是一种权力的彰显，这是前现代建筑经常表达的东西。

现代主义的建筑风格强调功能分区，强调效率。校园中这一片叫运动区，几十个篮球场，全都在一块，那一片叫科研区，还有一片叫宿舍区。你要从宿舍区到科研区，走路就得半小时，整个校园布局实行严格的功能分区。新中国成立后做北京规划的时候，按照梁思成他们的设计，要在公主坟一带建设中央行政区，东面是商业区，中间是古城。这个方案对于保护古城来说是很不错的。但是，如果这个方案得以实施的话，现在依旧会很堵，为什么呢？因为他仍然采用了现代主义的严格功能分区。那个时代都是参照巴黎，参照现代主义大师们的方案，这种分区比较机械，以所谓的效率为中心，方便管理。

从后现代的角度考虑的时候，需要考虑到人本身的需要，以人为中心进行设计。人是什么样的？人是复杂的，而且是矛盾的，还是历史的、文化的、社会的。人不只是理性的，人很大程度上是通过感性才存在的。因此，后现代强调多元、混杂、包容。按照人的需要，居民区不能只住人，几十万人住在一起，不能只是一座睡城，需要大量的服务设施，需要大量的公共空间。人的需要是很多样的，几十万人上下班，交通堵塞就难以忍受，集中布局的设计是典型的现代主义。如果是后现代的话，这个居民区很可能是高度杂糅的，没有严格的如棋盘似的设计，里面会有很多商业设施、公园、中小学，甚至还会有不少工作单位。这里会尊重历史，有一些老建筑不一定会拆掉，形成新旧混杂的局面；还会尊重地方特色，不会统一种植速生的杨树，会种植具有这个地方特色的树种，如东北地区的白桦，还会种植具有历史文化底蕴的植物，如松、竹、梅。你会发现整个后现代建筑的核心是以人的体验为中心的，现代主义的建筑让人觉得很不自在，人和建筑没有关联，反而有一种被排斥的感觉。

大学是文化机构，需要尊重文化，适合学府的树种有银杏、槐树，中国历史上，杏坛、槐宫都是与学府联系在一起的，还需要松、竹、梅，这是古来君子砥砺情操的植物。尊重历史，尊重地方，尊重文化，这是后现代的主张。

如果做考古学研究，我们需要理解与借鉴其中的精神，要回到人，回到社会、历史与文化中去。

——功能主义就不考虑人吗？

功能主义首先考虑的不是人，而是效率，人似乎是一个巨型机器的组成部分。

——这是个悖论。增加效率的目的不就是为了人吗？

现代主义刚开始进入考古学的时候还是非常不错的，反对迷信，崇尚理性，追求真理，强调平等博爱，努力消解前现代的权力结构，包括那些暗含在符号中的东西，但是后来的发展似乎走了极端，大家都没有想到它的发展到了我们几乎不能控制的程度。有同学在作业中提到，后过程考古难道就没有副作用？会不会也被利用？

我看过"今日头条"上的一个例子，一个英国黑人生了5个孩子，没工作，申请救济，一年收入折合人民币100多万元。现在又找政府要房子，政府给了他一套房子，他不肯去，嫌房子小，一家七口，四间卧室不够，他们考虑还要再生一个，需要预留空间。现在他们住的房子一个月要1200英镑，挺贵的，都是政府买单。还有一个例子就是德国人接受了大量的移民，移民去了之后不肯干活，说我们是客人，要领救济。这是我看到的表达，可能是我们的媒体直接转述西方主流媒体的表述。如果西方少数族裔有表达方式，我们看到的可能就是不一样的故事。事情发生了，这是没法否认的，但是如何来表述，是涉及价值判断的。一个新闻，通过阉割事实的某些联系，即便不说谎，也可以给读者的判断带来巨大的影响。对于搞新闻的人来说，是所谓阐释的技巧问题。从这个例子中，我们可以去理解究竟什么是阐释以及阐释的影响。

后过程考古的阐释自然是存在问题的，有一些阐释属于不同视角，有一些纯粹属于别有用心。平权表达存在被利用的可能，就像西方对中国的新闻报道，作为一名中国人，我们很容易感觉到，他们的报道带有很强的偏见。我不能说他们总是别有用心，而是他们对事件的阐释带有明显的立场，也就是以西方为中心的价值体系。从另外一个角度说，阐释必然会与价值判断联系在一起，阐释需要有主体。在当代社会中，西方掌握着话语权。这与西方近代以来的优势地位相关，现代考古学起源于西方，阐释的话语权一直由西方掌握着。这是事实，但不等于这是合理的，更不等于我们将来还应该这么做。有些遗憾的是，学界，尤其是"自由派"的学者对此没有清醒的认识，他们的思想观念是现代主义的。对他们来说，考古学只有一个，事实只有一个，他们没有意识到阐释是主体的阐释，阐释是与价值判断联系在一起的。他们心目中的考古学就是科学的考古学，寻找绝对的真实，采用绝对实证的方法。这样的想法是个乌托邦，是不可能实现的。与此同时，又显得幼稚，被人卖了还在替人数钱。

　　考古学的发展正在走向阐释。为什么呢？考古材料是有限的，也是非常珍贵的，发掘者因为近水楼台先得月，会自然地形成了对材料的垄断。也就是说，如果没有阐释的话，考古学研究很快就会走入死胡同，观点或假说的检验又无法完成——我们无法回到过去。但是，阐释是无限的，可以从不同角度、不同立场、不同主题出发开展，由此可以带来新的理解。我不禁想起吴思写的《潜规则》这本书[①]，这是前些年的流行著作。吴思介绍他写此书的过程，说他的古文不好，读历史文献有点困难，直到有一天他读到一句话，"身怀利器，杀心自起"。他的头脑中灵光一闪，想到潜规则这个概念。按他的说法，他突然发现历史文献可以读懂了。没有理解，仅仅能读文字，当然是不可能读懂的。而要理解的话，必定需要从某个角度切入，上帝视角是不存在的（现代主义者相信这个是存在的）。对于阐释者来说，找到一个具有创造性的阐释角度是非常难得的，事实可能还是那些事实，但是所得到的认识可能是完全不同的。古往今来，人文社会科学讨论的问题就那么几个，但是不同年代的杰出人士总会找到新的阐释角度。马尔萨斯说世界的问题是人口，马克思说是阶级斗争，韦伯说是新教伦理……这些阐释都

---

① 吴思:《潜规则》,复旦大学出版社,2009年。

是合理的。

没有理解,就没有阐释,反过来说也是合理的。对于非考古学专业的人士而言,考古学研究像是天书,他们无法理解。但是,如果能够加以阐释的话,那么就容易理解得多。大家有兴趣的话,可以去看看马丁·琼斯(Martin Jones)的《饭局的起源》一书①。琼斯是著名的英国植物考古学家,他的这本书把各种不同的考古发现与研究整合起来,让我们理解"饭局"(原文是宴飨)在人类社会演化中的重要作用。许多人将这样的工作理解为"科普",这实际上不是科普,而是阐释。类似的知名学者还有贾雷德·戴蒙德(Jared Diamond),他的著作《枪炮、病菌与钢铁》获得过普利策奖②,这些貌似科普的"科学著作"是带有鲜明的价值判断的,它们阐释历史的意义与价值。

回到霍德,他近些年从"纠缠"的角度来解读人类史③,就是一种阐释。我们人大的毕业生陈国鹏把这本书翻译过来了。人类历史在霍德的笔下,就是人与物的纠缠。人类历史是不是这样的呢?很显然,你会说人类历史非常丰富,远不止这些。如果你有这样的认识,恭喜你,你已经进入后过程考古的领域了。创造属于自己的阐释,历史更加精彩!

---

① [英]马丁·琼斯著,陈雪香译:《饭局的起源:我们为什么喜欢分享食物》,生活·读书·新知三联书店,2019年。

② [美]贾雷德·戴蒙德著,谢延光译:《枪炮、病菌与钢铁:人类的命运》,上海人民出版社,2006年。

③ [英]伊恩·霍德著,陈国鹏译:《纠缠小史:人与物的演化》,文汇出版社,2022年。

第八讲
能动性考古

马修·约翰逊（Matthew Johnson）的这篇文章①不大像一篇考古学的论文，倒是有点像历史学或建筑史的论文。论文以15世纪的英国建筑为研究对象，重点以一个牧师的房子为例来讨论能动性问题。15世纪是一个特殊的时期，英国正从中世纪走向文艺复兴，其社会结构、时代思潮都发生了显著的变化。牧师这个职业相对保守，他处在这样的一个时代，为了强化自己的身份与立场，他对房子外部与内部都做了一些有趣的调整。重点考虑的已经不是居住功能，而是意义的维护与塑造。牧师把房子建在风口上，在房子的立面进行夸张的处理，在室内空间又做了妥协。

这篇文章比较早，是1989年发表的。问题不在于它讲得是否系统、全面，而是它的新意。约翰逊是能动性考古的主要倡导者，他是最早开展这方面研究的学者之一，属于开风气的人物，不能苛求完善的。他的分析对于我们研究类似的物质遗存具有启发意义。

---

① M. H. Johnson, "Conceptions of Agency in Archaeological Interpretation," *Journal of Anthropological Archaeology*, 1989(8): 189–211.

关于能动性考古的研究，约翰逊2000年出版了一个论文集[1]，浏览之后，不难发现，至少在2000年前后，考古学界对能动性的研究也还停留在探讨其定义的程度上。就能动性考古而言，大家不要以为我懂得更多，我跟大家一样，也在学习之中。

当然，不否认我们可以在这里讨论几个问题：一是我们为什么要去研究能动性？二是能动性会表现在什么地方？尤其与考古材料（或者说物质材料）有什么关系？最后是从能动性到考古材料还需要什么？从考古材料上又如何回到能动性？这几个问题颇有几分哲学层面上的意义。一说到哲学，许多人会头痛，这些文章与书很难读。考古学需要与哲学结合起来吗？没有办法，还真是要结合的。可能比了解那些思想更重要的，是我们需要培养自己的哲学思维，对于概念、前提有质疑精神。后续我们讨论的考古学理论新方向，无不是立足于哲学思想之上，都是开拓思维的产物。

考古学长期给人的印象是比较土的，不是在发掘，就是在寻找下一个能够发掘的地方，尽管现在的考古学工作早已不只有调查发掘了。考古学要进入到一个真正的学科范畴，我们还缺什么呢？就是理论，需要有足够的理论宽度与理论深度。哲学帮助我们开拓宽度、发掘深度。

考古学为什么要研究能动性？

我们中国同学都学过马克思主义，大概知道能动性是什么，通

---

[1] M. H. Johnson, "Conceptions of Agency in Archaeological Interpretation," *Journal of Anthropological Archaeology*, 1989(8): 189–211.

常我们称之为"主观能动性",是与客观世界相对应的一个概念。我们要讨论的第一个问题就是考古学为什么要研究能动性?研究能动性有什么意义?

——因为它属于后过程考古的范畴,是后过程考古中重点研究的方向,之前过程考古没有关注到这个问题,而是更多地关注文化适应和环境条件,没有考虑到人的主观能动性。按照马克思主义的说法,历史本来就是人创造的。

这个没有问题。你首先说到过程考古更多关注文化适应,它所采用的其他理论方法诸如文化系统、文化生态、文化过程等等,其中的确没有考虑到能动性的问题。在宾福德本人讲授的"考古学理论"课上,我曾经问过他有关能动性的问题。他的回答是,人肯定是有能动性的,但我们可以将之视为一个常量。不论是文化系统、文化生态,抑或文化过程(机制)中,人其实是被决定的,就好像我们经常说的一句话,"形势比人强"。人要做的是适应环境,不论是自然环境,还是人文社会环境。这样的观念跟20世纪最后20年以来的时代精神是不相符的。我们是怎么看待人自身的呢?

——人不是一个单纯的客观存在。我们之前的研究过于强调客观,没有注意从人的角度来考虑。老师之前提过,人的基本属性就是能动性。能动性就是人区别于动物的地方。

你觉得考古学在研究人本身的时候应该研究什么?我们一般说人有物质的一面,同时还有精神的一面,能动性算不算精神的一面?

——应该有一些精神层面上的内容,但是我觉得能动性应该不完全算是精神层面上的东西。既然要体现能动性,肯定会体现在做出的改变和物质创造上面。

有意思的回答。不知道你是否意识到，当我们采用能动性概念的时候，似乎不能采用二元对立的立场。能动性必然要与实践联系在一起，将它单列出来，只是在概念上成立的，而在现实层面上是不可能的。后过程考古是反对二元对立的，更强调一元论。能动性、实践这样的概念是强调二元交融或二元一体的。这是后过程考古成立的基本前提，即物质材料本身是带有能动性的，若非如此，我们是不能研究能动性的。否则，就会有人质疑，古人已经死了，他们的精神世界也已经消失了。物质遗存只是古人精神世界的产物，物质遗存与古人精神世界之间是无法联系起来的。按照过程考古的研究逻辑，除非这中间存在一致的原理。而精神世界本身是主观的，它与物质世界的联系很难说有什么统一性，有的地方崇拜牛，但在中国的文化传统中，牛就是一种牲畜而已。也正是因为这个原因，过程考古学家发现自己很难来研究精神世界，除非他们找到了原理性的东西。我们以前接受的教育中通常说人除了有自然性，还有社会性，社会性算人的本质属性吗？

——马克思说过一句话，大意是，最蹩脚的建筑师也比最灵巧的蜜蜂高明。蜜蜂是机械性地操作，不会有自己的意识，不会主动去构建，即便是强大如"阿尔法狗"（AlphaGo），它其实也是根据人的指示行动的。

"阿尔法狗"毕竟是人设计的人工智能机器人，它是人的能动性的产品。从生物学上我们知道，蜜蜂做蜂巢是生物演化的结果，与蜜蜂的适应相关。蜜蜂有很强的社会性，社会性的动物还有不少，所以，这就导致我们很难把社会性视为人的根本属性。当然，社会性对于人来说是至关重要的，人是无法离开社会而生活的。就能动性的讨论而言，我另外用了一个词，叫"灵性"，用它来区分人与动物。我们在说到狩猎采集者时，注意到这样的群体中通常流行"万物有灵"的观念。对他们来说，不仅动物有灵性，植物也有，甚至水、云、石头都有灵性。不过，这样的灵性是人赋予的。值得注意的是，当人把能动性赋予物之后，物也就反过来影响人了。

我们再举个简单的例子，就好比说吃饭，吃饭是为了生存，所有动物在这个层面上都是一样的。但是，在我们观察人类社会的时候，你会发现我们吃饭的方式极多，而且方式在人类社会生活中极为重要。世界范围内的美食多种多样，每个人的选择都有所不同。对于人来说，真正关键的地方还不是吃什么，而是跟谁吃，在哪里吃，吃饭的时候可以发出多大的响声，吃饭的时候手该放在哪里，如此等等。所有这些都有一系列相应的含义，这是人类社会特别有意思的地方。一般地说，这些或许都可以称为人的社会性方面，但是我们需要注意到，吃饭的方式往往意味着要实现某些目的，这一点在中国这个十分注重请客的地方很好理解，吃饭是建构社会关系的重要机会。为了实现这样的目的，我们发明了种种技巧，在物质层面上也有很多的安排。就好比说空间的安排，包间有利于讨论一些私密性的话题，当然，这也会有利于发展小团体，东亚社会与西方社会在这方面存在较为明显的区别。

吃饭的社会过程十分复杂，人的能动性体现在哪里呢？在吃饱的层次上是不好说明的。人类驯化动物，发明了很多工具，由此是否可以体现人的能动性呢？好像仍然是不合适的，因为动物也有一些工具行为，甚至可以说蚂蚁驯化了蚜虫，尽管通常将之视为是共生关系。总之，在这样的层面上来说人的能动性，还是不那么合适的。这样的层面究竟是一个怎样的层面呢？大家已经注意到了，这是一个功能意义上高度关联的层面。就适应而言，自然界也是非常具有创造力的，比如花亭鸟可以建造非常绚丽的鸟巢，电鳗可以产生高达800伏的电流。但是，不管自然界多么神奇，始终都是自然选择的产物。

当我们说到人的能动性的时候，一个很重要的方面是指人可以生产意义，比如人类的墓葬行为，每个环节、每个物品都是灌注了文化意义的，绝不是处理死者尸体那么简单。大家都知道，墓葬仪式是给活人看的，而不是给死者看的。不同社会在葬仪上或是隆重，强调等级区分；或是俭朴，限制等级的展示。不论是哪一种方式，都是为了生者所在社会构建某种社会关系。

能动性涉及人的主观意图，涉及包含有主观意图的实践，而实践又是与具体的物质联系在一起的。能动性除了上面的创造意义之外，还真的按照人的意图构建社会。再进一步说，如心灵鸡汤所讲的，还可以塑造人自己。不过，这些都要立足于意义的创造基础上，这样的能动性才是人类所特有的，这也就是为什么能动性考古常常与意义的解读相关。人的世界是一个意义的世界，意义渗透到物之中，或者是意义与物已经完全交融。

我曾经写过一篇文章讨论应该如何理解"旧石器时代晚期革命"①，这篇文章受到的关注程度不高，一个可能的原因是大家还

---

① 陈胜前：《中国旧石器时代晚期革命：研究范式的问题》，《北方民族考古》第2辑，2015年。

没有从理论层面上思考旧石器时代晚期革命。文章的主旨就是，旧石器时代晚期革命的实质不是人类适应的变革，而是人与物关系的变革，即人开始赋予物以意义。也正因为如此，目前研究旧石器时代晚期革命的范式需要改变，文化历史考古与过程考古都不能把握这样的本质变化。

说到这里，可能有点矛盾，考古学擅长研究传统，那些在历史进程中具有稳定性的东西，但是能动性，某种意义上，天然地具有反传统的意思。能动性是人在改造与改变，包括环境与社会状况。

能动性考古需要解决什么问题呢？前面说的许多都是哲学基础，考古学家面对考古材料，以及能动性这个哲学概念，这中间可能还需要一些中介概念。因为我们可能无法一次从考古材料到能动性，或者从能动性到考古材料。就像桥梁需要一些桥墩子一样，我们需要通过循序渐进的方式，逐步把考古材料与能动性联系起来。后过程考古主张采用关联的方法，关联有许多维度，或可以把每个维度视为一个桥墩，维度越多，最终跨越的难度就会小一点。

——能动性体现在实践上，也就是说，人要通过他的社会行为来进行改变。能动性不止体现在目的上，可能体现在他的习惯上的，像前面说到的惯习。比如说，一个位于聚落之中的房址首先是整个大的布局的组成部分，但房址内部的功能可能跟其他房址不同，会有自身的特征。人既能利用现有的条件，符合自然规律，也可以创造新的条件。在看似不符合规律的地方，更能体现能动性。

这个说法很好。一个是利用自然规律，一个是反抗自然规律。就像同学们穿衣服，有些同学是反自然规律的，现在还挺冷的，T恤已经穿上了。

——在自然规律的基础上对社会进行改造，最终会体现为社会结果、文化现象等，再推的话还有惯习。这本身是一个很社会化的行为。我们改造自然规律的最终结果将表现在社会行为上。

是不是可以说人在改造的过程中，创造了结构？换句话说，有点"作茧自缚"的意思。当然，人也有可能会打破结构。关于能动性，很多时候我们可以把它理解成一种能力。人可以利用自然规律，也可以反抗自然规律。在生活中我们会遇到逆境，逆境对于我们来说，可能是坏事，也可能是好事。如果我们不把它当作坏事，把它化为动力，那么坏事就有可能是好事。所以才有这样的说法，逆境是强者的垫脚石，是弱者的陷阱。我们从小到大，学了不少的这种格言。所谓宝剑锋从磨砺出，梅花香自苦寒来；自古英雄多磨难，从来纨绔少伟男。

汉语博大精深，有一个词叫"危机"。危险的时候意味着什么？是机遇。危机这个词特别辩证，特别符合人生哲理，特别符合中国文化精神。不要单向度地看待困难，它的背后是机遇。这不是自我安慰，不是阿Q精神，而是千百年来人们在生活历练中体验到的。我们在做研究的时候常会遇到这样的情况，当你遇到一个困难无法突破的时候，这个时候往往意味一个机遇在里面，一旦你突破了这个困难，把握住了机遇，研究也就豁然开朗了，我自己颇有这样的经历。我甚至认为研究最吸引人的地方，就是遇到这样的危机，那种突如其来的发现，会让人产生高峰体验。那个时候，世界变得格外宁静，内心是充实的，疲劳感消失，很美妙。当然，没有突破的话，困难就确实变成困难了。

这是我们说的能动性，能动性能够把坏事变成好事，把困难变成机遇。人的这项能力很了不起。《历史研究》的作者汤因比有个认识,那些伟大的文明,往往都诞生在有适度挑战的地方。[1]我们个人的成长也是如此,如果你总是一帆风顺的话,什么都有人给你安排好了,也不需要奋斗,那样的人生是很难有什么成就的。需要强调指出的是,人所实现的改变,不是一般意义的改变,而是属于"逆天改命"式的改变,属于那种能够打破规律的改变,跟动物的改变是有本质区别的。尤其是人把这样的改变与社会、与文化结合起来的时候,它所发挥的威力是相当惊人的。这里所说的文化是指人利用身体之外的手段的能力。

从这个意义上说,我们这里所说的能动性至少可以分为三个层次:个体的、社会的,以及文化的。大家可能会有点疑问,你的这三个层次的分类也不符合逻辑啊!个体与社会相对应,这个可以理解,怎么又冒出来一个文化的层次?这个分类有两条逻辑,个体与社会是一条,生物与文化是一条。只不过因为生物的不体现能动性,所以省略了。为什么这里要说文化呢?考古学是必须提文化的,人是文化的动物,人是利用外物来应对世界的挑战的。通过"文化"这个中介概念,考古学研究把能动性与考古材料联系起来。

另外一个关键的概念是人的"行动"(action),大家在读后过程、能动性考古的论文与著作中会反复看到这个词。为什么我们不用活动(activity)、行为(behavior)这两个概念呢?过程考古中常常用到这两个概念,它们代表客观的描述,过程考古学家认为我们无法得知古人的意图,但是我们可以观察到行为或是行为的结果,

---

[1] [英]阿诺德·汤因比著,刘北成、郭小凌译:《历史研究》,上海人民出版社,2000年。

这些是客观的，是比较可靠的。后过程考古认为这样的认识其实是虚幻的，观察本身就已经为理论所渗透的，或称理论荷载的（theory-laden）。更进一步说，人的活动是带有主观意识的，是有目的、有意义的行动。后过程考古学家刻意地用了行动这个概念，从而跟过程考古的主张区别开来。

还有一个关键的概念，就是"实践"，比较哲学化，是后过程与能动性考古都常用的概念。实践这个概念的重要性，前面我们已经讨论过了，它把人的能动性与物质世界都囊括在内了。后过程与能动性考古所说的实践，跟我们所熟知的实践不完全是一回事，它更强调主客观的融合，是无法剥离的统一体，是一元论而非二元论的。

不过，实践还是很抽象的，离考古材料还是有点远，这里用到"惯习"的概念。惯习是会反复出现的，就好像是有人天天从草地上穿过，走的时间长了，就会形成一条路，即留下清晰可见的物质形态。惯习的重要性正在于它有可能会形成具有特点的物质形态，这样就能跟考古材料结合起来了。反过来说，如果没有这些理论指导的话，我们就无法理解考古材料的形态特征是如何形成的。

从实践里来的惯习到物质形态特征，在前面两讲与后续的讨论中还会反复提到。按照霍德的说法，这么做的目的在于要建立一种共同的社会记忆。这是赋予物质以能动性过程，生活在具有这样的意义关联中的人们，不知不觉地也拥有了共同的社会记忆。有的同学可能不大同意物质也会具有能动性的说法，物质是死的，人才是活的，物质怎么可能具有能动性呢？如果我们把物质针对人的作用，也视为东西的话，那么也就可以认为物质具有能动性。大家从小上学，都有类似的经历，一张奖状，甚至只是几个数字（比如一次大考的分数），就可能让人像打了鸡血一样，精神抖擞。《荀子》中说，"君子生非异也，善假于物也"。人用物质材料来塑造与影响他人与自己，这是人的特征。非常有趣的是，即便是人已经远离了，比如传世古物，仍然可能对人发生作用。用物质材料去塑造社会记忆，在当代与历史时期都是很常见的，比如照片、具有纪念性的建筑、社会群体共同参与的仪式等。我们现在每年都会参加许多的仪式、典礼，听很多套话，一开始总是不能理解，后来逐渐意识到，这是社会运作的方式，人们要用它们来强化社会群体的凝聚力。

上面说了这么多的内容，好像跟考古学研究都没有什么直接的联系，有同学问，能不能与具体的考古学研究结合起来，比如说日常社会实践跟农业起源有没有直接的联系。我做过农业起源的研究，我的方法完全是过程考古的，探讨的环境变化、人口增长、适应机制等因素之间的关系，基本没有考虑日常社会实践的问题。后过程考古的思路是不一样的。旧石器时代的狩猎采集社会，通常就是我们熟知的原始共产主义社会，是人人有份的平均主义社会。这样的遗风在几十年前还有保留，在比较传统的农村，你走过人家菜地时说上一句：你家的菜长得真好。人家很可能要摘一把菜给你，这就是流传下来的风俗习惯。在平均主义的氛围中，大家是没有特别高的生产积极性的。而农业生产正是能够产生生产剩余的生产方式，所以，农业起源的过程应该也是人们摆脱社会约束，产生生产剩余的过程。从这个角度来看，农业起源就不是像过程考古所解释的那样，不是一个被动的适应过程，而是人主动地创造过程。

在狩猎采集社会中，为了保持平均主义的社会结构，往往流传着一种风俗，猎人打到猎物之后，不能吃自己打到的猎物，要是吃了的话，下次就打不着猎物了。在高等灵长类动物社会中，并不存在什么平均主义，而是有等级的。平均主义其实不是什么自然状态，而是人的能动性的体现。对于整个群体而言，压制等级分化是有利的，否则在那样一个生产力水平还很低下的情况下，社会群体规模无法扩大（受制于自然资源供给的影响，一个狩猎采集者的游群通常就是25个人左右），成员的离散将会威胁到整个群体的生存。为了维系平均主义，狩猎采集社会创造了诸如"猎人不能吃自己打到的猎物"这样的信条。平均主义是许多狩猎采集社会根深蒂固的传统，农业起源需要打破这样的传统。我们现在还不知道当时的社会是如何解决这个问题的。如果我们沿着这条思路重新思考农业起源问题，那么就会发现，农业起源研究进入了一片新的天地。如果继续按照过程考古的思路来解释，可以发掘的潜力真的很有限了。理解这个问题，大家不妨与中国的改革开放做个比较。改革开放的一个重头戏就是要打破大锅饭，当时也是遭遇很大的阻力的。发展比较快的地区大多是国企较少的区域，那里改革的阻力相对比较小。

从后过程考古角度来看农业起源，其原因就不再是为了吃饭，而是为了请客吃饭。现在越来越多的研究者发现请客吃饭很可能是一个重要的动因。为什么要努力生产呢？在民族志中看到不少例子，为了宴飨宾客，举办者自己可能都没吃饱，一定也要把客人招待好，这样自己才会心满意足。宴飨往往意味着有很多的浪费，但这代表实力，可以转化为话语权，人们争夺的就是这个东西。从能动性与惯习的角度来研究农业起源，自然需要考虑它们如何在考古材料体现出来。打破结构，也就是要打破那些反复呈现的物质形态。就像我们从约翰逊的文章中看到的，15世纪时英国还是流行中世纪式的房子，后来发生了革新，中间还有过渡，可以看见渐变的过程。在一个时代转型期间，建筑特征上的每一点变化都是有意义的，如果能够把握变化的关联，那么就可能能够理解每一点变化的意义。

约翰逊的文章侧重讲室内的空间布局，就此我也有切身的体会。1949年前，湖北老家的房子都是大院子，中间是天井，有上下堂屋（客厅），几代同堂，形成一个大家庭。这些大院子还连成一片，形成一个宗族。改革开放之后，盖起了一批新房子，房子的结构发生了很大的改变，新房子都是一户一户的独立建筑。到20世纪90年代的时候，村里盖了一批二层楼，很有意思的一点，农民盖了新房之后，其实并不怎么喜欢住。新房子不适合烧柴火做饭，他们往往会利用旧房子或是另盖个附属的建筑，用作厨房，甚至平时也住在这里。韩少功有本书叫《山南水北》，描述的是湘北农村的情况，跟我们那边非常相似，大家有兴趣可以找来看看，很好玩的。为什么农民花那么多钱盖房子又不怎么住呢？不盖房子，

韩少功的《山南水北》

在村子里就没有地位，说话就没有分量（也就是话语权）。也正因为如此，即便不住，人们还是要盖房子的，而且是越盖越大、越盖越高。

2009年我到湖北郧县发掘余嘴2号旧石器时代遗址，见证了一个与约翰逊所见非常相似的例子。余嘴村丹江口水库边上一个小村子，大概有三四十户人家，普遍都比较贫困，但有一家发家致富了。非常有意思的事，这一户人家把房子盖到离这村子几百米外一个山头上，非常显眼的位置。在水库上行船的话，很远就能看见这栋房子。为什么他们没有选择把新房子盖在村子里面呢？为什么要盖在那个山头上呢？看了这篇文章之后，我想大家是能够理解的，就是要与别人区分开来，证明自己有钱了，证明自己成功了。住在山头上其实是有问题的，冬天风大，并不舒服。村子里的房子大多建在山坳里的，比较避风，相对来说更温暖。住在一起，邻里之间也好打交道。但是，当彰显成为目的，必然会强调区分，建筑的格局也就发生了显著的改变。按照考古学的术语来说，那就是聚落形态发生巨大的变化。我们目前对聚落考古研究还没有深入到意义的层面上来，如果能够吸收后过程与能动性考古的长项，那么聚落考古研究就可以进入一个新的层次。

约翰逊选择分析建筑，这是一个很好的切入点。建筑可以与结构相关，也会与符号象征联系起来。从这个角度来看文化变迁，不仅可以看到形制的变化，还可以看到更深层次的精神观念的变化。中国古人经常把房子做成围合的样子，北京的四合院是这样的，南方也是这样的，只不过南方的庭院更深。通过围合构建的建筑，大家都在院子里生活，形成一个对外相对封闭的社会单位。后来人们把这个结构打破了,这也就是我们看到的近现代中国社会的变革。正所谓"三千年未有之大变局",思想观念的革新带来一波又一波的社会革命,传统的中国社会结构逐渐瓦解。反过来说,现在如果想恢复原来的传统,你会发现,已经成了几乎不可能完成的任务了,结构不再存在,观念也已发生翻天覆地的变化,某些外在形制的恢复,是于事无补的。

给大家推荐一本书,《百年衣裳》[①],讲过去一百多年中国服装的变革。服装是一种风格特征变化非常明显且迅速的物质材料。如果大家想了解风格是如何变化的,以及风格变化背后的意义,那么从服装入手是很合适的。当然,考古材料中服装是很罕见的。这里举这个例子,只是为了让大家更好地了解风格的塑造及其意义。五四运动之后,洋装(西式服装)逐渐成为城市的时尚,而在乡村地区则变化不大,跟中国当时半封建与半殖民地的社会结构是一致的。1949年之后,有一段时间流行马列装,后来又流行军装。作为一名70后,我小时候的一个梦想就是有一顶绿色的军帽,那时候几乎是人人一顶。你可以很明显地感觉到,它在塑造一个无阶级的社会,大家都一个样。改革开放后,服装市场逐渐发展起来,如今每年都可以看到商家不断推出新的款式,试图引领时尚。颜色、材质、剪裁、装饰、组合……服装已经变成无比复杂的流行文化。但是,在当代的背景下,如果你有一些服装文化方面的知识,就会发现,每一个看似微不足道的变化,都有设计者的主观意图。市场上呈现出来的流行趋势则又代表另一个维度的变化。

[①] 袁仄、胡月:《百年衣裳》,生活·读书·新知三联书店,2010年。

意识形态对物质材料的影响

问一个比较具体的问题，空间布局跟意识形态有没有关系？空间布局怎么跟意识形态结合起来？我们可以就这个问题展开一些思考。

——我觉得还是选择吧。你的思想决定你要一个什么样的房子，这会影响到空间的布局，但是你的思想又会受到个人经历还有社会背景的影响。

史前的、历史时期的已经不容易感受到了。当代的建筑还是可以感受到的，就比如我们用的这个教学楼，它跟意识形态有没有关系？是意识形态造就了这栋教学楼？还是说这栋教学楼也在塑造一种意识形态？

——就教学楼而言，更多是它的功能关系，比如说教室是方的，为什么不做成圆的？圆的肯定更省材料啊。

这个可不一定，圆的建设成本更高，中间交界的地方怎么办？很浪费空间的，如果教室都做成圆的话，圆跟圆的接触点只有一点，那不就有好多空间都浪费了。另外，圆形的厅堂的确是存在的，教室则很少见。为什么呢？教室的传统结构还是布道式的，老师讲，学生听，由此需要一个讲台。圆形的空间没有这么清晰的方向，有利于人与人的邂逅，有利于打破差别的交流。出现圆形，可能也是需要意识形态的变革的。

——李梅田老师讲墓葬的开放和封闭会反映意识形态。就教室而言的话，可能反映中西方在教育制度设计上的差异。大家对教育的认识是不一样的，在西方选择是围坐，是环形的布局，而我们是这样面对老师,是上下的布局。

我在美国南卫理公会大学留学的时候,大部分教室没有讲台,没有课桌,只有带托板的椅子可以用来放笔记本,椅子的布局自然是很灵活的,可以围成一圈,也可以是上下式的布局。不过,大多数时候都是很乱的。这样的布局中自然也是有意识形态观念的影响的,每把椅子都是独立的,体现的是独立性,与西方个人主义是一致的,你要对你自己负责。老师也是坐在一张椅子上,看起来的确像是没有明显的等级,研究生课以讨论为主,不要求你必须要记住哪一段的知识,这里面确实有观念的作用。不过,本科生上课还是有阶梯教室的,跟中国的大学差别并不明显。

——再比如故宫和教堂的区别,教堂是幽深的,故宫是宽广的。

教堂是宗教建筑,故宫是政治建筑,性质不同,但是从能动性的角度来看,又是比较一致的,那就是无处不体现象征意义。哥特式的教堂往往都有个尖塔,建筑风格非常峭拔,是一种很激烈的表达。为什么要这么做呢?就是要让人产生一种压抑感,不自觉地仰望,由此产生终极的追求,进入宗教体验之中。如果这些线条都是平躺着的,是方方正正的,很显然,不会产生这样的体验。故宫建筑群的高度有限,其象征性是在平面上实现的,从正阳门进入,以前的天安门广场不像现在这么开阔,中间是长廊,给人的感觉仍然是压抑的。穿过端门、午门,最后进入到太和殿前,一下子空间变开阔了,但前面是位于高台上的雄伟建筑,很自然产生了一种君权神授的体验。

大家有兴趣可以看看《权力与建筑》《幸福的建筑》这两本

书①,其中有两个例子很经典,一个是希特勒的办公室,本来是一栋临街的建筑,但是设计师把入口设计在另一端,让人通过弯弯曲曲的狭窄过道走上几百米才能到达,希特勒的办公室则硕大无比,有360平方米。可以想象,经过一通折腾的人们进入这间办公室时,会产生什么样的感觉。另一个例子是关于同样性质建筑的对比的,希特勒的设计师,好像叫施佩尔(Albert Speer),修了一大堆纳粹风格的建筑,他设计建设了37年的世界博览会德国馆,那是一座特别高的建筑,整个外形就是那么几根柱子,上面有纳粹的徽章,给人强烈的震撼感。二战之后的50年代,德国人又办了一次世博会,同样是采用的石头、钢铁、玻璃,设计建设的德国馆是一栋透明的建筑,象征公开、平等,不像以前那么张扬了。

任何的物质材料、空间都是有意味的。简单地说,就是我面前的这张桌子,如果你对它做一个很详细的分析的话,从它的材料选择到色彩的运用,从它的生产到它的布置,其中都灌注着一个理念——工业化。最大程度节约空间,最大程度上节约原料,最大化地获取利润。你看这靠椅,它是镂空了,有的说是为了透气,需要透气吗?根本目的还是用来节省原料,密密麻麻的一排排桌椅,让这么一个小教室可以坐上五六十人,一切以功能最大化为目的。有人以为现代主义就是功能主义,是意识形态的。其实并非如此,现代主义就是意识形态,一切都像机器,需要良好地控制着,以

---

① [英]迪耶·萨迪奇著,王晓刚、张秀芳译:《权力与建筑》,重庆出版社,2007年;[英]阿兰·德波顿著,冯涛译:《幸福的建筑》,上海译文出版社,2007年。

效率为中心进行生产。个体就是这个庞大的社会组织系统中的一个零件,学校就像是一个知识工厂。明显有很明确的意识形态在里面。

如何从物质材料中寻找意识形态?

下一个问题就是怎么从物质材料中了解它所代表的意识形态。现在物质材料在这儿了,我们也知道物质材料中肯定有意识形态,但是怎么找出来呢?这可能是考古学家真正关注的问题。现在我们有材料,也有哲学基础,也有了一些中介概念,就探索的方法我们或许可以做一点讨论。

——如果是历史时期考古的话,我们知道会有社会阶级,可以通过阶级分析来寻找。如果是当代的话,可以用已经有的知识去判断。通过所要达到的目的来反映,好像还是要从功能出发进行解释。人们设计某种东西,还是为了要达到某种目的的。

如果说是解释的话,就回到过程考古了。不过,这里所说的目的不是适应层面上的功能,而是目的性本身,反映人的主观意图的。考古学家的目的是要理解古人的目的性。

——刚才提到建筑,我的第一反应是在里面住一年。

这个办法实际上是不可行的,不可能有这么长的时间让你住住看。不过,重新体验的确是一条有效的途径,比我们在这里臆测还是要好一些的。就好像大家这个年龄处男女朋友,只有去处,才有可能真正了解对方。

——建筑的形式还是很机械的,一看就知道它注重效果。有点像找对象时关注对方的外表,不过,为了更多地了解对方,可能还需要旁敲侧击地问一下对方的收入、住房、车子等信息,更进一步则可以谈谈爱好、经历等话题。看外表是生物性的,是人的本能;谈收入这个层面的内容,还是有点现代主义的,都是有点功能性的。谈癖好是比较后现代的。所以说,你至少需要有一定的理论基础才知道这么做是为了什么。

说得很好。你已经体会到了这些理论的三昧了。就处朋友而言,你还是需要有识人的能力,如果你没有这个认识能力的话,给你这些信息,你可能还是看不出来的。你的识人能力,反映你的主观意图。物以类聚,人以群分。识人的层次决定了你可能会找一个什么样的人。

人是生活在社会之中的,每个个体都会有许多的社会关联,"群分"是我们判断的方式。一个人可以是公司的职员,还可以是某个赛艇俱乐部的成员,这个比较高端;也可以是一位"钓友"、"驴友"、音乐"发烧友";还可以是"妈宝男"、"追剧粉"。通过各种各样的社会关联,能够比较准确地定位一个人。就像你穿越到了曹雪芹的时代,在海淀附近遇到了他,虽然你不认识他,但是通过他的朋友圈,相当不俗的一些人,你仍然可以判断这个衣衫破旧的人在文学上的见识相当"哇塞"。

通过关联分析来了解对象,这个方法在考古学上叫关联,把在场与不在场的因素都关联起来。正是通过各种社会关联你可以去较为全面地了解一个人,从他的一言一行、社会圈子,用你自己的思想和鉴定力去判断。你对关联性把握得越好,了解就会越充分。了解是没有止境的,你不能说,我准确地把握了这个人,这个说法很现代主义,好像人是有终极模板的。当然,这些关联里面有一部分是特别关键的，不是所有的关联都是同等的，你要是能够掌握这种关键的关联的话，在一个纷繁复杂的现象里面，一下子看出来问题的所在，那是很不错的。用在处朋友上，意味着你可以找到一个很有前途的潜力股。

社会与人都是高度复杂的，而现代自然科学的分析方法，往往是单线条的分析，即假定其他条件一致，然后通过分析变量来推测可能造成的影响。面对具有高度关联性的社会与个人，这样的假定显然太简单化了。我们实际上是无法假定其他条件一致的，也不可能单独辟出来一个变量。在这样的情况下，整体的方法，尽管是模糊的，比单变量的具体分析，其实会更准确一些。前面在讨论后过程考古的时候，我们说过，情境是至关重要的，一个东西有什么样的意义，很大程度上取决于它的情境。你想了解这种意义，就需要知道这个情境。约翰逊可以就英国15世纪的房子说那么多，就是因为他了解当时的情境。

意义的世界

人的世界里，一切都是有意义的。每一根线条都有意味，这个很有意思。我想问一位同学，你喜欢什么字体？

——我喜欢行楷。

不同的字体有不同意义，或者说有不同性格的。一个简单笔画，都是有历史的、有文化意义的，表现在个人层面上，就是个人的偏好。就我个人而言，以前自己写作的时候喜欢用幼圆小四号字体，为什么呢？好像没有什么特别的原因，仔细一想，可能是因为用这个字体，内容显得比较紧凑，不至于让自己觉得好像已经完成了很多。现在更多用华文中宋五号字体,用1.25倍行距,段落之间增加0.5行的间距。中宋字体比较鲜明,看得比较清楚,同时又不像宋体那样平常。段落之间增加间距,主要是为了在阅读时增加一点节奏感。后现代时期的阅读本来就是片段的,段落之间留白体现这样的感觉。我现在说的时候,好像是我经过理性选择做出的决定,其实不然,我只是根据自己的感觉做出的决定。我之所以做出这样的决定,与我个人所处的这个时代以及我所在的文化历史背景密切相关。用什么字体本来是无所谓的,只要不影响阅读,应该都是可以接受的,但是从文化意义上来看,一点点微小的变化,又都是有意义的,甚至有深刻的时代意义。

让我们回到考古学研究的物质材料上来,因为物质材料是有意义的,理论上说,我们是完全可以研究其所表达的意义的。比如你看唐代的仕女,中唐的时候胖得还比较合适,到晚唐的时候就胖得过了。人对线条的差别感触是很敏感的。你看汉代的陶器,做的基本是灰陶,上面几乎没有什么装饰,但是汉代陶器烧成的温度很高,形制粗犷、厚重、古朴,一看就知道是大汉气象。看到很多汉代的物质就可以想象那个时代的风尚,那是个产生苏武牧羊、封狼居胥、投笔从戎、马革裹尸等等故事的时代。那个时代有那么一种氛围,有那么一种气象在里面,豪迈张扬,刚健质朴。大家可以去看看李泽厚的《美的历程》①,对此有颇多的描绘与解读。你再看六朝的东西,总有一股仙气在里面。李泽厚并不是考古学家,但是他对物质材料的解读还是很值得学习的。他在

---

① 李泽厚:《美的历程》,广西师范大学出版社,2000年。

中国文化的总体关联中来了解中国历史不同时期的物质文化,从中看到当时的意识形态。

如果我们把视线延伸到史前时代,来看半坡文化时期的那些陶器,也可以试着去解读那些微妙的线条与形态变化。我第一次看见半坡的彩陶还是比较震撼的,器型硕大,比汉代的陶器还要厚重、粗朴,不过它有丰富的装饰,形式活泼,天真烂漫。从这里你能看到当时的文化氛围还是比较朴实的。半坡位于关中平原,农业条件比较好,当时人们的生活比较稳定。中国文化中的"居中守正"起源于中原地带,看了半坡文化的陶器,你会深以为然的。你再看湖南洪江高庙与桂阳千家坪的陶器,陶器装饰抽象、严谨,充满了神秘的色彩,这些群体显然是高度重视神鬼的世界的。春秋战国时期,还有楚人好鬼神的说法。楚地从新石器时代以来一直都有这样的传统,成为中国浪漫主义文化的前身,也是道家文化的发源地。与之对应,在中国北方诞生了"敬鬼神而远之"的儒家文化。

可惜我不精通这方面的研究,无法就此做更深入的解读。作为一名书法爱好者,我是能够体会线条微妙变化的差异的。我们甚至能够追溯笔画的渊源,一个临摹过魏碑的书法写手,他写字的线条是有迹可循的。

总结一下,能动性考古是后过程考古的分支,更加强调能动性的重要意义。能动性是人的基本属性,我们研究人不可能不研究能动性。能动性至少可以分为三个层次:个体的、社会的、文化的。其中,文化的,不仅指人利用外物来应对挑战,更主要指人赋予物以文化意义。物的意义是无所不在的,可以是极其微妙的,前提是我们要能够理解这种微妙的变化。能动性考古强调一个特定的主题，使之成为考古学理论的一个专门领域。这个领域的研究能够较好地体现在建筑上，在建筑考古、城市考古、墓葬考古、景观考古等多方面的研究上有比较好的潜力。

第九讲
景观考古：寻找空间的文化意义

什么是景观？

景观是大家都能感觉到的东西。我们每个人天天生活在其中，可以体验到景观对人的影响。大家来自不同的学校，人大和以前母校的景观差别，会形成更加鲜明的对比。我们通常会将它与其他因素混合在一起，统称为氛围。若干年后，大家就会深切体会到，这样的氛围给我们的影响。名校的特色都是超级"卷"，体现在校园景观之中，除了行色匆匆的脚步，还有许许多多的空间记忆。

实际上，我们今天只是在理论上探讨景观考古的问题，理论探讨更多说的是可能性，就是要说明它在道理上是可行的，但不会说具体怎么做。说具体怎么做的是方法。理论需要先行，为实践探讨可行的途径，理论家本身可能并不擅长实践。就像于敏设计氢弹的架构，没有完成理论架构的话，是不可能有氢弹的，但于敏那些理论家们并不擅长工程部分。

考古学研究具体的物质材料，包括遗物与遗迹，但这并不意味着考古学研究不需要理论。自然科学也是研究具体的物质世界的，没有理论，几乎是寸步难行的。从古人的物质遗存到考古材料，其实就是考古学理论定义的结果，它是以科学发掘（准确的位置）为基础，以考古地层学与类型学为依托，由此得到的研究材料。也就是说，考古材料意味着可以定义的时间与空间，但是它的属性是不是可以进一步拓展呢？景观考古在属性上的拓展，主要是针对遗迹而言的，这是我们需要注意的地方。

我们要讨论的第一个问题就是，究竟什么是景观？跟我们说的环境有什么区别？我们说的环境包罗万象，既包括自然环境，还包括人文环境。过程考古说的环境还不够全面，因为它基本仅限于自然环境，而不包括人文环境。景观与人文环境关系密切，但不是一回事。我们还需要弄清楚把景观当成一个视角或研究领域有什么特殊的意义？蒂利（C. Tilly）这篇文章着重讨论科学景观跟人文景观在观念上的区别，以及当代社会的景观跟前资本主义传统社会景观的差异。①大家对这个问题是怎么理解的，我想听听大家的看法。

——我对景观的理解，它应该是人类对自身生存环境的文化认知，而不仅仅指自然环境条件。作为一种文化认知，更多来自人类对外部世界的观察，然后通过能动性形成概念化的认知。相比而言，环境是被抽离出来的、当作单个研究单位的东西，而景观是具有关联性的，有文化上的关联性。

说得非常好。我们说到景观的时候，关联性是它的特性，如果没有关联性就没有景观。我用主观和客观来说，是带有诱导性的，是想看看大家有没有注意到景观的这个关键点。蒂利的这篇文章是

---

① C. Tilly, "Space, place, landscape and perception: phenomenological perspectives," in *A Phenomenology of Landscape: Places, Paths and Monuments*, Oxford: Berg, 1994, pp. 7–34.

反对二元论的，一旦用二元论来描述景观，那就掉到逻辑陷阱里去了，景观就成为不能成立的概念。在我们的思维结构里，二元论是特别普遍的，是我们接受的基本思维结构，我们总是在主观和客观中来回争论。比如说景观是一种交融，强调的是辩证地看问题，既反对客观也反对主观。后过程考古的理论方法受马克思主义的影响挺大的，尤其是西方新马克思主义。景观需要客观外在环境，当然也需要人类的参与，它把两者都融进去了，存在于关联性中。

蒂利的文章花了很长的篇幅来追溯景观概念的缘起，认为景观这个概念本身就是资本主义社会发展的产物。当我们说到"景观"的时候，马上就把自己置身于景观外面——你是在看一个东西，而当你在看一个东西的时候，你跟那个东西实际上是有距离的。他讲到现代社会一个特别有趣的悖论：一方面任何东西几乎都是人造的，但是另一方面，你又发现无数的东西又特别非人化，好像跟人没啥关系似的。我们盖了这么多大楼，好多时候你又发现这些大楼不像是给人造的，人住在里面很不舒服，很不方便。那这些大楼是给谁造的呢？感觉好像是给一个怪物造的。

西方文明从伽利略时期以来逐渐进入资本主义阶段，与前资本主义社会形成明显的区隔。前资本主义时代的景观是什么样的呢？跟古代中国也差不多。我们中国古人讲天人感应，走到哪里都感觉有神、有鬼、有祖先或者有什么其他东西跟着人。也许这样不感觉孤独吧，古代读书人总是遇到什么桃花精、梅花精；流星划过，必定要发生什么事了；有个地震，必定是做了什么坏事，皇帝要赶快去向上天请罪……几乎每件事都有特定的意义。而在科学革命以后，开始除神圣化，认为那叫迷信，应该剔除，这些事情是可以用科学道理解释的。

现代资本主义社会是个什么样的社会？按照福柯的说法，是个规训的社会，监狱像医院，医院像学校，学校像工厂，工厂像监狱①。我们现在理解景观的时候，把景观放到人的对立面，把景观跟人是分隔开来。于古人类而言，则是一体的，尤其是在狩猎采集时代。狩猎采集社会通常流行万物有灵的观念，看什么都是人，看天上行走的云，看地上跑的松鼠，看一只蚂蚁，甚至是看一块石头还是人，所有的一切都是人。生活在这样的景观中，相信周围的一切都是人，你仿佛能听懂风的话，听懂鸟的鸣叫。人自然会受到景观的影响。而今景观对人的影响主要是通过美学效果。具体的美包括什么？像秩序感、和谐感，如此等等。比如巴黎香榭丽舍大道，给人一种很强烈的秩序感，让人感觉比较舒服；相反去印度，乱糟糟的，加上天气燥热，更令人心烦意乱。

景观影响人符合进化心理学的原理，我们为什么会觉得一些园林很漂亮？虽然东西方园林风格不一样，但是其基本构成还是具有一致性的，都是要有山有水，山不能太高；有水，水不能太大；有树，树不能太密。普遍认为这样的构成原则是跟人类长期的狩猎采集生活有关，因为人类在非洲热带稀树草原上生活了几百万年。有山，人可以在上面瞭望；有水，有树，有草地，就意味着有食物资源、水、燃料，还有必要的安全。猛兽来了，人可以往树上逃。类似园林的环境是一种进化心理的残留，几乎所有的园林都有类似的

---

① [法]米歇尔·福柯著，刘北成、杨远婴译：《规训与惩罚：监狱的诞生》，生活·读书·新知三联书店，2003年。

特征，有小山、小水、树木、草地，很整齐，为人所控制。从这个意义上说，景观是个历史悠久的东西，不是现代才有的。

考古学研究景观的意义

上面我们谈到了景观对人的影响，除了认知，景观本身也会直接影响到人。不过，我们考古学研究景观有什么意义呢？

——景观是人与环境相互影响关系的表达，对景观的研究可以帮助我们复原古代的景观，并追溯它的历史，以达到对古代人类社会和人类认知活动的了解。景观是考古学的新视角，它将人文的因素结合进来了。过程考古是处于科学的范畴之中，后过程考古学属于人文的范畴，从科学的范畴转向人文的范畴，是一种递进的关系。

考古学为什么研究景观？一方面来自科学，另一方面来自人文。如果当成平行关系来看的话，就很可能用科学的标准去套人文，人文变成了一个相对的东西，变得没有什么太大的价值。我们经常举的例子，你看病的时候不会相信相对主义。或认为科学与人文是完全两种不相关的东西，各说各话，人文就成了漫无边际的遐想，就像我们看到的民科的解读。人文必须是在科学基础上面出现的。现代考古学最早形成的一个分支是艺术史或者说古典考古，是很人文的，但是它也注意到，要想弄清楚物质遗存的意义，就必须了解遗存出土的准确位置以及与其他遗存之间的早晚关系。也就是说，人文的解读也需要有科学的材料基础。

我们经常说人类社会特别复杂，复杂是否意味着没有规律呢？人的社会有没有规律呢？如果说有规律的话，大家可能又不敢相信，谁也不敢拿出来一条具有普遍性的规律；如果说没有规律，可能也是有问题的，因为你可以感觉出来，社会还是有一定的规律的，只是说社会规律有比较强的背景依赖，也就是前提条件比较多。而且人类社会进程是开放的，适用于过去的规律是否一定能够适用于将来，并不确定。与后过程考古相关的这些理论流派都特别关注时间，时间让大家不敢像过程考古那样去关注规律，在这些理论流派看来，规律就不是一个值得讨论的对象，反而更应该去讨论人的感知、体验、思考意义的赋予。这是人的世界，并不是所有的人都会被规律所驱使，人完全有可能打破规律，甚至是有意去突破规律。大家也都注意到了，后过程考古是向人的回归。

我对于这种回归的理解是，以前是一个迷信的时代，科学兴起，告诉我们什么叫真实，但是科学提出来的这些真实，并不是完全的真实，只是部分的真实、抽象的真实，还有一部分是人感受的、认知的、参与的。如果认为科学说的真实就是唯一的、绝对的，那么在某种程度上，这也是一种神话。科学的世界充满了清晰的规律，实际上你会发现人的世界并不完全遵循规律。现代主义或说现代性是一个具有神话色彩的东西。相信现代主义的人非常自信，认为人把握了科学的武器，就可以解决一切问题。把过去的整个的历史看作是迷信的历史，以前的历史统统是垃圾，所以应该扔掉，他们要创造一个全新的世界。从这里你可以看到，现代主义者超级自信，他们觉得世界全部由人掌握，由人控制，这个世界真的能由人控制吗？人并不能真正控制这个世界，历史不由人控制。他们俨然把自己当成上帝了，实际上这是典型的唯心主义。在这样的观念中，考古学唯一的价值就是去证明历史规律，物质遗存本身就是证明规律的证据，此外，就没有了更多的意义。当我们回到人文的时候，实际上是回到了真实,我们并不是比以前更不真实了,而是更真实了。

我注意到,大家在面对后过程考古及其相关流派的时候,都在反复质疑这个问题,我们是不是走向相对主义了,是不是更不真实了?考古学离开了扎实的基础,我们还剩什么?不是这样的,正相反,我们比以前更真实了。现代主义的真实有一种神话色彩,认为研究考古材料就能掌握历史规律,复原古代社会,一切尽在掌握之中,然而,人呢?人本身在哪里?人的思想、人的能动性、人的感觉呢?你说你研究人,然而真正代表人的特性的东西你全没有研究,你怎么能够说你研究了人呢?按照完美的科学逻辑,这个世界是确定的,一切都是可以被准确预测的。但是我们知道世界并不完美,非常复杂,充满了不确定性。即使科技再发达,感觉人也无法摆脱生老病死与意外,无法摆脱命运那些不可捉摸的地方。更关键的是,即便有规律,人参与进去,还可能会打破规律。我们这么说,并不意味着之前有关世界确定性的研究都是需要被否定的,诚然如现代主义针对前现代的认知一样,需要祛魅,抛弃其中乌托邦的成分。

前面我们又回顾了哲学基础问题,这是景观考古所立足的基本前提。理解景观首先需要我们理解人文的价值。这里可以举一个简单的例子,就好比我们看眼前的一棵树。你知道这是一棵树,你开始关注它,这是了解它的起点。如果你掌握植物学知识,还可以从科学的角度认识它。我喜欢用植物识别的App,它能给我一个较为准确的名字,除了拉丁学名之外,还能够给出日常用的名字。但这是否会让我真正关注这棵树呢?除非说,这棵树有非常特殊的科学价值,是全世界罕见的孑遗植物。我记得多年前去山东莒县参观过一棵树,可能是国内最大的一株银杏树。我们之所以去参观,不仅仅因为它很大（它的确很大，胸径可能有三四米之巨），而且据说当年春秋的"葵丘会盟"就是在这棵树下，当时它已有800余岁。这里也是《文心雕龙》作者刘勰读书的地方。因为有许多与这棵树相关的故事，许多年后，我仍然清楚地记得这棵树。从一棵树的例子中我们可以体会到什么呢？景观的价值正在于意义的丰富，意义越丰富，被人们了解得越多，那么意义的价值也就越大。前面我们说的景观的关联性，也就是这个意思，关联性就是意义的来源。

我们去一个地方参观游览，当然，我们需要知道这个地方有什么东西，这些东西是什么，需要了解其真实的年代，历史上曾经经历了什么，但是仅仅知道这些还是不够的。我们需要拓展人文上的关联性，这些东西才是能够真正拨动我们心弦的地方。"欲穷千里目，更上一层楼"，因为这首诗，鹳雀楼在历史上被反复重建。中国古代的四大名楼，并不仅仅是因为地理位置特殊而获得青睐，而是因为那些脍炙人口的诗文。王勃的一篇《滕王阁序》，让你到南昌，不可能不登临滕王阁，尽管这栋楼早已不是古代的那栋楼。在文化意义上说，滕王阁的景观仍然存在。

景观在考古材料上的表现

下面想跟大家讨论的是，景观可能会在考古材料上有怎样的表现。大家知道考古材料的空间有不同的层次，有身体的空间、知觉的空间、存在主义的空间、建筑的空间，还有认知的空间等等，这个空间跟我们考古学研究的关系比较密切。从理论角度来看景观，我们进行的是一种从上而下的研究，现在有这种理论依据：人会制造景观，景观反过来影响人，两者之间是辩证的关系；景观中本身就浓缩了社会关系，浓缩了文化与历史进程中人与环境的关系。

——考古材料研究的景观更类似建筑空间，通过研究当时的建筑来探索当时的社会关系，通过研究建筑的形式或是聚落结构来研究当时的社会记忆和社会变化。景观会更多表现在空间的布局以及形制的变化上。

这个问题比较关键，为什么呢？如果你不知道会表现在什么方面的话，就不可能去收集相关的考古材料信息，就很难去研究它。假设你现在发掘一个新石器的遗址，并且受到景观考古思路的影响，那么你会特别注意收集什么样的相关信息呢？

——道路信息。

遗址里面道路信息可能会有一点，遗址外面可能还有部分。

——遗址外可能有什么信息？

也有可能有部分信息的，比如红山文化牛河梁遗址的祭坛，对着的就是一座大山，那就是遗址外的景观；再比如林西白音长汗遗址，

白音长汗遗址的蛤蟆石

隔河的北面是一块蛤蟆石，一块天然风化的、外形酷似蛤蟆的石头。

——如果是去发掘一个遗址，什么才构成景观？

我们可以以人大为例，假如时空凝滞，所有人全部都消失，现在考古学家来了，要研究人大这个景观，面对这样的景观，他们能够解释社会关系吗？能够解读出信仰体系吗？你觉得有没有这种可能性？

——考古学家会发现一些校园雕塑，发现当时尊崇的人物有哪些。

人大的雕像有哪些？几任校长、老子、孔子、马克思。雕像一定程度上可以反映出意识形态的认同取向。除了雕像，还有我们经常说的空间，各种各样的空间。对空间进行细致分析，是考古学研究的重要内容，包括宿舍、办公室、教学楼空间等，还包括人文楼前面的开放空间，大大小小的空间可以代表社会关系，包括性别关系、社会等级等。如果放在时间进程中来看，现在的性别关系是有变化的，在我上大学本科的时代，性别关系比较混杂，对门住的就是女生，一个系住一层，后来是分楼层住，再后来分楼住，最后分区域住。可以看出来有一段时期把所有传统社会关系都打碎了，包括权力、阶级、金钱、性别关系等等，后来区分度又开始提高，在性别空间的划分上也能够看出来一点点。我们还可以看出来什么？

——我有一个问题。景观考古应该有自己的基本研究对象和基本问题，也就是说，我们会问景观是什么样子的。我们在识别景观的时候也是在进行分割，那么我们分割的依据是什么？有没有自己相应的术语和分类体系？比如说，我们划分不同类型的遗址，这也是一种分类。或者说聚落考古中，也有一些相应的区分去界定空间范围。

你说得很对，关于景观的研究其实我们都做过，比较典型的是十三陵，从墓葬布局考察风水景观，在中国文化中，墓葬跟风水是密切相关的，尤其是历史时期的墓葬。十三陵的位置是精心选择的，按照风水的理念，风水直接关系到后世的运势。在中国考古学中，对景观的关注其实是一直都存在的，只是没有将其上升到理论高度上来，没有深入哲学基础。就像是古罗马的卢克莱修、东汉的袁康，都讲三代论或四代论，卢克莱修的《物性论》（*De Rerum Natura*）中对史前时代的预测是相当准确的，但是他没有考古材料，所以我们还是不能说他是考古学家。作为考古学家，需要有相应的理论支持，还需要相应的方法从物质遗存中去揭示过去。景观考古我们确实做过，但是我们没有系统地关注，尤其是没有理论基础。

刚才我们还谈到一个目前不是很好回答的问题，就是关联性。理论只是说可能性，但是我们怎么揭示关联性？对于古代遗存而言，我们是用一个旁观者的角度在看，这是一个很麻烦的问题。蒂利提及的想法很好，他在文中用了一些民族学的案例，还有一些地方史的材料，还有像北欧的神话，也都用上了，再结合考古材料来做，应该来说，能够用的都用上了。相对而言历史时期的研究比较好做，背景比较清晰，如研究十三陵的风水景观，有很多的文献可以参考，景观的保存也比较好，研究的可行性就比较高。

这里面需要我们反复强调的一点是，我们的研究是站在前面的科学材料、前面的文化历史考古的基础工作之上，这些基础工作都需要做好，该发掘的还得发掘，年代控制、文化历史的背景都需要搞清楚。科学分析做得越透彻，越可能知道背后的关联性。前面在讲过程考古的时候，不知道大家发现没有，宾福德好些时候做的都不是我们理解的考古工作，而更像是一种民族学或者叫人类学研究。为什么他要这么做呢？因为这里面所涉及的考古材料的背景关联，是个很难解决的问题，绝不是仅仅通过几条规律就能把握的。就说规律，旧石器时代的文化演化的规律我们知道一点，但是人的演化存在生物与文化的双重演化，生物层面相对容易知道，文化层面较为困难，沟通两者更加困难。宾福德花了很长时间去研究狩猎采集者，去考察那些尚存的狩猎采集者，澳大利亚的、阿拉斯加的、非洲的。他希望从那里面去提炼出来一般的模型，再从模型回头看考古材料，进一步深化规律。他对狩猎采集者有很好的理解，他对关联性的理解并没有都上升到模型的高度，就好像浮在海面上的冰山，他给你看到的是水面上的部分，水面以下没法给你看，其实这个部分要大得多。关联性是过程考古相对忽视的部分。

关联性是个有点模糊的概念，正因为它不好直接观察，导致它的范围不好限定。但是，如果我们把当下的研究与之前的研究结合起来，就会发现这个问题不是那么难以解决的。就以空间来说，前面说到各个层次的空间，有相当的部分并不是后过程考古专门研究的，文化历史考古、过程考古也有不少的研究。后过程考古的角度有所不同，并不意味着材料的基础信息是不可以用的。从这个意义说，景观考古并不是重起炉灶，把什么都要重新命名一遍，重新进行分类。景观是个新的研究思路，更像是说，我们可以从另外一个角度再看。地方还是那个地方，但是当你面对它的时候，有了很多的意趣，让你流连。景观就是人铭刻在大地上的记忆，它并没有否定大地的存在，而是揭示科学研究背后完全被忽视的内容。

前面说到的存在主义的空间，其实就是意义的空间。大家有兴趣的话，可以分析一下当代社会的意义空间。一般来说，权力意义上的空间讨论比较多，其他方面受到的关注比较少。传统社会中，与空间相关的东西如年龄、性别，相对比较清楚。课上的女同学比较多，大家对性别关系比较感兴趣，它跟其他的社会关系一起，都会渗透到空间里去。空间的考古学研究是一个特别重要的方面，大家可以结合自己的研究方向考虑一下，这里面有没有可以做的课题。

——我想做城址研究。不过，我们目前的工作主要是考证年代和族属，景观已经有很大的变化，感觉很难做。

金跟中原文化关系还是比较密切的，元可能稍弱一点，他们在景观改造或者说构建方面有没有什么区别？纯粹都是功能考虑吗？汉代一直在经营河套地区，他们是怎么体现观念的？他们受不受观念的影响？

——当然会受观念的影响，尤其是信仰的影响。我记得有一个城址，它的比例就体现有思想观念，可以说属于景观的范畴。我想说一下石刻材料的应用，目前我们的研究主要集中在文字材料上，其实古代人会有供人观瞻的考虑，比如贞节牌坊，有显著的彰显目的，其中是有观念意义的。碑刻的造型、纹饰等也都体现有思想观念，就连文字书写的方式和字体都是有考虑的。如果只考虑到文字内容的话，就会忽略很多信息，现在也在提倡石刻的景观研究。

说得非常好。蒂利的文章中讲到"行走"，他把行走当成一种语言，行走就是在说话，确实人在行走的时候就可能产生交流了。就像你刚才说的贞节牌坊，还有状元及第之类的牌坊，当时人在此行走，是不可能不受到影响的。这种东西实际上就是教化，牌坊在彰显价值观、社会地位，或是社会关系。它们所彰显的意义，对于中国人来说，都是耳熟能详的，是大家很快就能理解的。你可以假设是个西方人来看这些，他可能根本就不明白这些东西是什么意思，对于古代中国文化来说，我们是不是也越来越像外人了？我们现在去看史前的东西的时候，也有特别强的陌生感，如何消除这种陌生感是我们要考虑的问题。

克里夫·甘博（Clive Gamble）的《欧洲旧石器时代社会》①一书讲到旧石器时代狩猎采集者是如何塑造景观的，我和张萌合作翻译了此书。对于旧石器时代的狩猎采集者而言，他们所面对的，按我们现在的说法，是彻底的荒野，渺无人烟，猛兽横行。他们就是通过行走来塑造景观的，经常走过的地方慢慢变成了路，"路"就是人在陌生大地上一道记忆。除了路，还会有许多的"场所"，是人们活动的地方。场所不仅仅是活动发生的地方，而且铭刻着活动的内容与社会关联。道路、场所还有其他一些相关的东西就构成了景观，它们还会构成一个更宏观的空间，那就是"地方"。这个地方是具有乡土意义的，而不只是客观上的描述。中国有句老话叫"一方水土养一方人"，这个"水土"可不仅仅指那里的水与土，而是对一个地方自然与文化背景的总称，更好的说法，可能是人在自然环境基础上接受的文化塑造。对于没有文字的人类社会而言，他们生活的景观可以说就是他们的一切，他们与景观是融为一体的。研究这样的景观，理论上是可以直击他们的观

---

① [英]克里夫·甘博著，陈胜前、张萌译：《欧洲旧石器时代社会》，上海古籍出版社，2021年。

念内核的。

对于考古学家来说，消除陌生感的基本方法还是尽可能建立文化关联，即让我们尽可能熟悉中国古代文化，熟悉古人的生活。继续以牌坊为例来说，我们目前觉得部分东西还是很好理解的，比如字体的选择。用什么样的书体，请谁来写，用什么样的材质，怎么撰写，都是有非常多的讲究的。立碑对古人来说是件大事，不论是在经济上还是在文化上，他们尊重碑刻的价值。古代中国有不少的碑刻，尤其是在墓葬中。对于一名书法爱好者，北朝时期的碑刻是非常值得欣赏的。如果不懂书法的话，看这些碑刻也就只能看看文字内容，就忽视了许多文化意义上的关联。从这个角度来说，从人文角度来开展考古学研究，对我们的要求更高了。

——景观考古在发掘方面好像没有什么更多的可以去做的，而在解释的时候却跟原来的研究差别很大。景观强调的是人与自然的交融，所以在发掘和研究中，会强调研究者要更多注意自己的共情能力，要能打破陌生感。

是的。景观考古是个新的思路，在发掘层面可能更多考虑平面的具有同时性的分布。大家知道，在发掘中把握共时性通常要比判断早晚关系更加困难，而且更要求突破遗址的限制，把更多遗址外的因素考虑进来。前面提到过白音长汗遗址，这里再更详细地讲一下。这个遗址就是一个特别适合进行景观考古研究的地方。白音长汗遗址位于内蒙古林西县双井店乡西拉木伦河边，遗址的东面是西拉木伦河，北面是一条汇入的支流。遗址就位于河流交汇的地方，这样的地方往往都是古人选择居址偏好的位置。白音长汗遗址的视野非常开阔，站在遗址背后高处，可以俯瞰三个山谷（遗址东南的西拉木伦河谷、遗址东北的西拉木伦河河谷与支流河谷）。单纯从这个景观来看，最早选择在这个地方居住的先民应该是很看重视野的。这通常是狩猎采集者的习惯，而不是农民的习惯。农民选择居址时对开阔的视野没有要求，他们甚至喜欢藏起来，藏在山坳里。

　　白音长汗遗址前面如果算上最早的小河西文化的话，有五六个考古学文化，其中兴隆洼文化阶段，遗址的规模最大，有两个以小壕沟分界的聚落。其后是赵宝沟文化、红山文化、小河沿文化，这些文化的遗存不是太多，赵宝沟与红山文化有少量的房址，小河沿文化阶段只发现有灰坑。这些不同阶段的遗存之间有少量的叠压打破关系，为什么只是少量的呢？因为越晚的遗址位置越低，有些许的偏移，并不是直接叠压在一起的。白音长汗这个地方是蒙古高原

白音长汗遗址的景观，站在山顶墓地上北望，墓地下方山坡为聚落区

上的山地地区，海拔超过1000米，山坡上则是分布着黄土。有关辽西诸考古学文化阶段的适应方式，我曾经做过研究，发表在《考古学报》上①，兴隆洼文化阶段是混合经济，农业与狩猎采集混杂。白音长汗遗址所在的地带属于生态交错带，是非常适合狩猎采集的区域，农业风险相对比较高，所以史前时期，人们往往是在条件合适的时候更多从事农业，条件不好的时候更多从事狩猎采集。小河沿文化阶段，辽西地区至今都没有过像样的聚落遗址，所以学界推测，这个阶段人们住的可能就是类似蒙古包那样的便于搬迁的建筑。

  这是白音长汗遗址的基本情况，我对这个地方非常熟悉，这是我本科实习的地方，是我第一次进行田野考古发掘的地方。我们在这里发掘了两个多月。那个时候的我，精力有点过剩，每天早上都会出去跑步，漫山遍野地跑，把周围的山头都跑遍了，可以说对遗址周围的情况是比较熟悉的。跑步的时候就发现每个山头上都有"敖包"，就是当地人用石块堆叠起来的石堆，有一米多高。敖包有宗教信仰的意义，从景观的角度来看，它无疑还是人们标识土地的一种方式，代表我们在此生活，这个地方已经有人居住了。发掘的时候，也会跟当地村民聊天，聊当地的一些故事。遗址东面百米左右有一座小山包，当地人叫馒头山，这是一个有故事的地方。西拉木伦河对岸有一座山岗，当地人叫"铁索岭"，说是某人在此修道。时间过去了二十多年，许多细节我已经不记得了，当时只是很奇怪，这些在我眼前平淡无奇的山岭怎么会有这么多故事，只觉得当

---

① 陈胜前:《燕山—长城南北地区史前文化的适应变迁》,《考古学报》2011年第1期。

地人太迷信了，而没有意识到人们是在塑造景观。

隔着支流小河沟的则是蛤蟆石，前面说到过这块石头，就是一块风化之后留下的天然石头，特别像只蛤蟆，蛤蟆石背上有好多窝窝，什么时代凿的不清楚，到现在为止那个地方还有人祭祀。从遗址到蛤蟆石大约有三四百米，站在遗址所在的山坡上，能够看到蛤蟆石，远远的，不是特别清晰。从小河西文化到小河沿文化，四五千年的时间里，人们一直把居址选择在白音长汗遗址这个位置上。要知道，遗址所在的地方是山的北坡，门道的方向也是朝向东北。尽管遗址在有人居住的那个时段，气候可能比现在温暖一点，尤其是在全新世大暖期的时候。即便如此，冬天还是很冷的，选址山的北坡、门道朝向东北是不合理的，除非有其他特殊的原因。蛤蟆石的存在是一个合理的解释。有趣的是，小河沿文化之后再也没有人选择这个位置了。附近有夏家店下层文化的遗址，这个选址的考虑因素就全变了，人们似乎更多考虑防卫，选址往往在山顶上面，在有悬崖绝壁的地方，以便于防守。所有的现代村落要么在山的东坡，要么在南坡，要么就在河谷平地上，主要考虑保暖与交通方便。

蛤蟆石那个地方，我在实习的时候就见过当地人在那里烧香，差不多二十年后，我再去那里的时候，还有人烧香，很有意思。更有趣的是，离蛤蟆石不到一百米的地方，还有个小土地庙，现在人的祭祀跟前人不一样，不过还是受了一点影响，居址的选择则完全不同。

前面我们说的都是宏观景观，还可以从微观上看，以遗址内的房子为中心。兴隆洼文化时期有两个并立的聚落，房子最多，也比较大，一般有三四十平方米大小，对同时期的新石器时代文化而言，这样的规模是很大的。每个聚落里面有三四排房子，每排中有一间大的，每个聚落中又有一个特别大的，大的有150平方米左右。房子中间往往是石板灶，边上是用细泥抹的地面，按同时期的标准来看，也是相当精致的。对于初次从事考古发掘的我们来说是非常友好的，发掘时碰到了石板灶或是细泥地面，就知道已经挖到居住面了，不容易挖过。被细泥抹过的区域与外围空间之间用稍稍高起的土楞子隔开，在一些保存完好的房址中可以看到，房内没有抹过细泥的区域是用来放东西的。像我发掘过一个房址，好像叫F32，还有个壁龛，不知道是放什么东西的。这个房子的门道与火塘之间还有袋状灰坑，还记得我当时发掘的时候遇到麻烦，口比较小，进不去，只能头钻进去掏，越掏底下越大。房址内的微观空间，是否有特殊的意义呢？

部分房址保存得非常好，所有的陶器、石器都很完整，为我们进行系统的空间分析提供了有利条件。我还记得在F32中找到一件三角形的石刀，当时不知道是干什么用的，将近二十年后，我在内蒙古宁城考古工作站的库房里又看到了这把石刀。我当时正在做石器研究，再次观察之后发现，这件器物其实是个砍砸器，我甚至能够知道是怎么握持的。用的时候右手握持，因为在相当于手掌虎口这个位置上，石刀上有个缺口，手掌握持的地方有明显的、粗糙的痕迹，而手没握到的地方，都保留天然的痕迹。刃口部分因为长期使用已经有些凹陷，它也可以指示使用的姿势。这件器物差不多有900多克，手掌大拇指捏的地方，很粗糙，你都可以摸得到。根据握持位置以及重量，可以推断出来，这件工具是成年男性使用的，女性的手掌通常没有这么大，这件工具带有明显的性别色彩。

兴隆洼文化时期的陶器，往往都是通体装饰，三段式结构，一段为弦纹，一段为附加堆纹，一段为之字纹，附加堆纹上往往还会再施加纹饰。按照伊恩·霍德的说法，陶器的装饰往往跟女性的关系更密切一点，女性喜欢对器物进行全面的装饰。如果是专业化的陶器生产，男性参与的，大多数没什么装饰，像汉代的陶器。兴隆洼时期的是不是女性在制陶呢？概率是非常高的。兴隆洼文化时期的房子室内空间相当精致，这也符合女性支持家庭空间布置的特征。前面我们说过生态交错带地区更有可能是母系社会的原因，群体内部流动性的分化，母系社会的结构更有利于群体的繁衍。白音长汗遗址较大的房子规模，反映较大的家庭规模，很显然不是那种核心家庭的模式。聚落内部较为严整的空间布局也反映了对社会群体凝聚力的强调。

总结起来说，我们还是可以感觉出来，白音长汗遗址的空间布局受景观的影响非常大。那个蛤蟆石对整个聚落的布局有决定性，从功能的角度来考虑，居址完全不需要选择在这里。另外一个例子就是红山文化的牛河梁遗址，考古研究者一直没有在附近找到大型的聚落，照说那么大的祭祀遗址，得有相应的人口支撑，应该有很多的生活遗址，但是一直没有找到。是因为工作不够？还是因为这里只是红山先民塑造的圣地？早期的政权需要通过创造神圣性来促进认同。[1]早期的复杂社会还没有很好的社会管理体

---

[1] 李新伟：《仪式圣地的兴衰：辽西史前社会的独特文明化进程》，上海古籍出版社，2017年。

系,没有专业化的武装力量,要维持一个严密的政治组织是很困难的。通过宗教礼仪来强化对神王的认同无疑是有效的策略。不只中国是这样的,像玛雅等很多早期复杂社会都是这样的。在民族学的材料中,我们也能看到,比如说缅甸高地的政治体系,刚开始时大家都是一个祖先,随着社会分化的加剧,情况发生了改变,祖先变成了当权者的了,这种对神性的垄断可以提升社会权力的合法性。在传统社会里面,随便一个人能祭黄帝吗?不能,只能是帝王。

在空间上每一种约束、每一种控制、每一种划分都是有意义的,我们要特别注意空间的组织或者划分,白音长汗那个遗址,两个聚落用壕沟分开,壕沟很浅,三四十厘米深,有一米宽,坡不是很陡,也不是经常下暴雨,并不需要排水沟,那个沟也看不出排水的功能。那这个沟有防卫的功能?更不是,好像更多的是对空间的分割,代表这两个聚落分别属于不同群体,是一种刻意的空间区分,没有实际的功能。有没有同学有相关的例子?

——看到过一个书中的例子,韩建业老师把西北当成一个大的空间,大约距今三四千年前,西北方的文化向东南传播,正好与气候的两次干旱事件相对应。① 韩老师的观点是,气候变化对于生态植被有影响,导致人的迁徙,由此也会影响到文化的传播,反映到文化谱系上来。这是环境对人的影响,也是人对环境的适应。距今五千年前还有一次极端的气候变化,当时马家窑文化出现了畜牧业,马家窑文化在气候恶劣的时候还向西北扩展,但是西北地区的

---

① 韩建业:《中国西北地区先秦时期的自然环境与文化发展》,文物出版社,2008年。

仰韶文化并没有明显的生产方式上的变化，它衰退了，只是这两个文化之间是否有联系还不太确定。

有没有注意那里有关于文化空间这方面的信息？你说的环境、人还是完全分割的。环境可能影响人，但不是必然的。文化是比较弹性的，可以选择狩猎采集，也可以选择畜牧，还可以选择迁徙，并不必定会选择某种方式。现在我们说得更人文一点，是对景观、对空间的文化认知问题。我们经常用的一个词叫实践，实践是什么？实践实际上就是能动性，在西北地区，我们的范式一直是注重研究文化传播，研究来自中亚、西亚的影响，看到共同的文化因素主要就是从这个角度来考虑的。我们看西北当地的文化发展历史，它的装饰符号运用，跟中亚、跟西亚是不是一样的？应该说在这些符号的运用上面有很大的差异。之前有人研究伊朗的彩陶，说它们的彩陶主要是静态的花纹，像马家窑、半坡彩陶装饰是动态的，动感很强，这说明了什么问题呢？这涉及了精神层面的内容，是不是可以考虑一下这个角度，你看到的聚落多吗？有没有聚落遗址？还是主要材料都是墓地？

——甘青地区和新疆地区还是墓葬比较多。空间布局有呈放射状的，如小河墓地。

我们要做深入研究的时候对材料的要求是比较高的，否则做比较后过程的考古学研究是比较困难的。我们是否可以在中国考古学研究上找到类似的问题，大家可以结合自己的研究方向，探讨一下墓葬、祭祀建筑、房址等各种空间的意义。从民族学上能不能看出来？苗族的建筑有没有类似的意义空间？

——身为局外人很难体会到其中带来的含义，如一座山，在我们看来，会有意义，但在外人看来就是一座山。

　　意义对空间的利用是有影响的。我小时候在农村生活过，在我老家的那个村子，祖坟所在的那个林子是谁都不敢动的，所以，你去那儿看，还保存着原生森林的样貌。其他的山头，尽管也是树林，但是都变成了经济林，种植马尾松、杉树、桐子树等。老家农村的地名是非常有意思的，那里是滨湖的丘陵地带，地形有些起伏，稻田有许多名称。虽然都是稻田，作为当地人，只要听稻田的名称，就大概知道田所在的方位，有的名称强调大小形状，有的强调淤泥的深浅，有的强调水温的高低，如此等等。而这些名称跟外地人讲，甚至跟邻村的人讲，他们都是不明白的。以前我们讲韩少功的例子，他在海南省当文联主席，去市场买鱼，问卖鱼的人这是什么鱼，回答说是海鱼。肯定是海鱼呀，这还用问。再问他是什么鱼，说是大鱼。问他究竟是什么鱼，他说就是告诉你，你也不懂。当地渔民有200多种关于鱼的名称。这些都是属于地方性的知识，具有明确的意义，是深入了解一个地方需要考虑的。

　　我们研究的考古遗存，里面无疑是有空间的，其意义是被古人反复塑造出来的，并在古人的生活当中发挥着重要作用。我们知道这些物质遗存中肯定有意义，剩下的是用什么方法把这个内涵揭示出来。目前我们的考古学方法及材料的积累可能还不足以回答这个问题，但是你要知道这些东西是存在的，这是未来考古学研究的一个方向。而不能说因为我们现在研究不了，就不存在这些东西。我们现在说的这是可能性，这是理论的强项。另外，我们可以看看别人是怎么做的，我们可以去借鉴。当然，画虎不成反类犬的事也是有的，不能因为可能会失败就不去做了。不仅要学习，还要"师其精神去其糟粕"，必须学会超越。研究是一门艺术，别人做了，可以这么做，你再接着这么做，可能就不行，因为研究它忌讳这个，你一定要做一个让别人看着耳目一新的东西。

——我之前感觉景观是一个大的概念，现在感觉，这个概念可大可小。如果我研究物质文化的话，比如地毯，可以从图案开始，了解后我再看使用的地方，挂墙上意味着一种财富的象征，放地上可能就是为了实用。然后我再往下走，看看有地毯的房子处于什么位置上。

新疆是把地毯挂在墙上吗？

——对，地毯挂墙上，越多说明家里越富。如果我们是把这些作为景观，就可以研究它背后的空间组织方式。

是的，要不然社会关系怎么运作，社会的运作是需要有意义的空间的。我们现在掌握了这些物质材料，反过来要去探讨它的社会关系。现在我们在原理上知道它是在那里的，还不清楚可以用什么样的方法去揭示。受此启发，我也在思考这个问题。我们现在知道历史时期是怎么样的，也可以大概地往前推一下，到新石器时代，这对于历史连续的中国文化来说，也是可以成立的。我在考察内蒙古化德的裕民文化的遗址时发现，中国传统的风水观念其实是可以在这个距今8000多年的考古学文化中找到迹象的。裕民遗址本身的位置就是位于山窝中间的，前面就是一个如同"案山"的小山包，站在这个小山包上，可以俯瞰下面的河谷。遗址左右各有山脊，背后是更高的山头。有趣的是，我按照这样地形，在地形图上去寻找，结果很神奇，凡是这样格局的居址，往往都是遗物比较丰富的遗址，更可能是能够越冬的居址。而那些位于开敞地形上的遗址，基本是夏季的遗址。风水的形成与稳定定居的发展是高度相关的，人们要选择一个能够长期居住的地方，必定要考虑安全，要有利于越冬。后来发展成为要"藏气"，形成了中国的理想景观——壶天胜境，如葫芦一样被环抱的格局。墓葬是生者世界的再现，所以在丧葬之中也是特别要考虑同样的风水景观。

裕民遗址的景观（赵潮提供）

景观是意义空间的整体呈现。正如前面有同学提出来的，我们还需要把握景观的边界，其实说的还是人的边界，一个社会群体的边界。社会群体的范围可以分为许多层次，小的如核心家庭，大的可以指民族、国家或文明。人处在社会之中，处在时间之中，处在文化意义之中。当我们确定了社会层次之后，也就大体确定了景观可能的范围，然后就需要追溯其来龙去脉，尽可能了解来源与不同阶段的发展，还需要了解在当下的状况，以及在未来的影响。沿着时间轴线的追溯还需要结合文化意义上的关联，也就是前面我们反复强调的。理论上说，这应该就是景观考古的基本方法。

第十讲
考古学的新物质观

我翻译了泰勒（Timothy Taylor）的这篇文章[①]，翻译时发现，要理解物质性还真的是挺困难的。这篇文章的写作方式很后现代，语言组织也很后现代。后面我们会读到其他的文章，像马克思主义考古，语言组织非常规范，主谓宾很清晰。但是看这篇文章，有时候主谓宾你都找不着，理解起来无从着手，令人非常懊丧。句子结构都是零碎的、碎片化的，因此我怀疑，英语的语言结构也受到了后现代思潮的影响。这种可能性无疑是存在的，后现代主义是当代的主要思潮，影响无处不在，影响到写作方式也是情理之中的，只是对于我们来说，不免感到陌生。

说到这儿，补充一个题外的话，阅读这种特别困难的文章，我有一个体会，就是要动笔，一边读一边记，这样更利于发现问题，更有利于理解。面对不理解的关键概念需要去查阅相关的解释，如今网络资源丰富，查阅起来很方便。在我们这个时代，获取知识资源并不困难，真正困难的是理解，是能够真心地理解。这就意味着

[①] T. Taylor, "Materiality," in R. A. Bentely, H. D. G. Maschner, and C. Chippindale, eds., *Handbook of Archaeological Theories*, Lanham: AltaMira, 2008, pp. 297–320.

理解需要切身参与，需要身心的融合，需要从功能到意义的全面把握。我们这个时代，读书方式似乎也后现代化了，有趣吧！"纸上得来终觉浅，绝知此事要躬行。"这样的认识，古人其实早已有了，但是变成时代潮流、时代精神，则是现在才有的。我们00后的一代普遍都重视自己的感觉，不满足于知道，而要自己真的体验到了知道。

考古学研究实物材料，但是我们可能从实物材料里面获取什么，这是考古学家一直特别关心的问题。我们想了解古代的一切，从它的衣食住行到它的思想观念，中间还包括它的社会结构、社会组织。我们何以能够知道古人的观念？如果我们研究的实物材料里面没有这些东西的话，那就根本不可能实现这个任务。前面我们反复提到，从哲学基础到考古材料，中间是需要一系列的中介概念，像桥墩一样，帮助我们一步一步跨越这中间的鸿沟，物质性理论是其中的一个。迄今为止的考古学研究中还没有一个范式叫物质性，从广义上来说，它仍然属于后过程考古的范畴，它注重意义与观念的探讨。

物质性概念的应用是从20世纪90年代才开始的，这是个相对新的领域。如果大家不太明白，也很正常，即使在西方考古学中，要想找一个典型的实物研究案例，也不是很容易。大家都还处在探索阶段，这属于学术的前沿问题。我们这一讲侧重讨论的问题有三个：第一个是跟物质性的定义相关的，即究竟什么是物质性。每个人都会有自己的理解，尤其是跟我们生活体验关联起来的理解。物质性的存在是跟作为主体的人密不可分的，是人与物互动的产物，不是孤立存在的东西。第二是人与物的关系的问题，这是物质性理论的基础，人物之间的关系究竟是什么？为什么可以有物质性这个概念？第三是物质性理论的考古学意义，这个理论能够帮助我们解决什么问题呢？能够帮助我们开拓出什么新的研究领域或考察问题的维度？这可能是我们更加关心的问题。

知之为知之，不知为不知。这一讲对我来说也是一个比较大的挑战，我在备课的时候，几乎都想放弃了。因为物质性理论还没有体系，也没有典型的可以追随的案例研究。还有一些问题悬而未决，例如文本有没有物质性？再如，人人都爱人民币，但在我们这个移动互联网高度发达的时代，你已经看不到人民币了，在你的手机上，你看到的只是一串数字，这些东西有没有物质性？大家可以谈谈自己的看法。

什么是物质性？

——谈到物质性，我的第一反应是从物质的自然属性去考虑，以石器为例，它的大小、重量、形制等都与其自然属性相关。除了这些，还应该包括人赋予它的意义，应该是其物质性的一部分。考古学所研究的物质材料，不是纯粹客观的东西，应该包含有意义在内。一件商周时期的青铜器，它的属性是容器，青铜是它的材质，而器物设计、纹饰以及由此产生的美感，和那种庄重、威严的感觉，还有人赋予它的礼仪上的意义，这些都是主观的，对于我们了解古代社会与古人都是必要的。

大家都经常说人赋予物质以意义，意义跟物质之间是一个什么样的关系？

——刚开始时两者之间可能并不相关，物质性跟人的选择有很大的关系。它也不是完全主观的,跟物质本身的特性也有关系,比如玉,它本来就具有温润的特性,看上去就是那种感觉,所以我们把它比喻成君子,把这样的含义赋予它。玉的这种特性跟人的主观有很大的关系,也跟玉的物理属性有很大关系。

物质本身有这样的属性,物质性并不是一个随意的东西。那你怎么看待文本?我们一般说物是文本的延伸,或者反过来说,文本是物的一个延伸。

——如果你把文本放在附属物质材料里看的话,比如说铭文,比如说青铜器上、竹子上刻的文本,物质性就比较强;如果你把文本从附属的物质材料上抽离的话,仅仅看纯粹的文本的意义,我觉得这个文本的物质性就没有那么强了。

可能咱们在说文本的时候,在理解上有一点差别。我说的文本有从哲学上考虑的,还带有一些体验的东西,就像一个文学作品,它是文本,为什么它可以打动人?因为有共鸣,你认同它,它才能打动你。文本塑造了一个"存在的"东西,尽管是虚拟的。正是这个虚拟跟你的现实形成强烈的共鸣,然后打动你。从这个角度说,文本并不完全是一个抽象的东西,它是有内容的,所塑造的世界似乎也有物质性。这是一个比较有意思的问题。当然,这种情况对于考古学研究来说,是罕见的。读泰勒的这篇文章,我原本以为它突破了二元论,或者走向了后过程考古的唯心主义观念,但结果读完之后,发现不是的,泰勒并没有认为物质性是纯粹主观的认识,而是也承认物存在比较客观的方面。物质性理论把物当成一个基础性的东西,甚至把文本也当成了物的一部分,这对于我们考古学是特别有帮助的。历史考古研究者经常把考古材料当成文献的补充,而今反过来看，文献可能只是物品的补充。泰勒主张思维通过物来拓展，通过物来体现。文本、文字或者语言都是物质的，就是说人的思维、体验都是需要通过物才能实现，这个观点很符合唯物主义。

——物质性是人赋予的特性，同时它确实客观存在。法国的杜尚，他捐了一个男性的小便池，还被当成了艺术品，很多人专门去参观。

还有人把它给洗了，被洗了之后居然严重丧失了价值！确实有点难以理解。为什么我们说物质影响人，"美"经常是影响人的很重要的因素。有关美是主观还是客观的，这超越了我们考古学讨论的范畴，但在20世纪50年代中国哲学界曾经争论得不可开交。我们不是哲学研究者，就也不在这个领域探讨。但是我们是能够体会到美的，以音乐为例，一首很优美的曲子，确实可以把你感动到热泪盈眶，有一种灵魂升华的感觉，爱好音乐的人几乎每个人都有类似的体验。部分可以从功能的角度来解释，更适合的例子是身体的美，大家为什么会觉得身体美？这可以从生物学上来解释。当你从生物学的角度进行解释的时候，马上又会发现历史的影响特别大，有的时代认为胖很美，有的时代认为瘦很美，有的时候的审美很奇怪，甚至很变态，像喜欢小脚，这里面无疑有特别强的文化影响。我们还可以以金钱为例，金钱是个很好的物质对象，一张纸是怎么跟物质性联系起来的？

——钱就像一种符号一样，虽然我们整天说爱钱，但爱的不是那张纸。

是它的象征性或者它所指代的东西，物质很大程度上有指代的含义在里面。金钱会唤起我们对物质的热爱。我很好奇一个问题，金钱产生了之后对人本身有什么影响？在我们当代这个商业社会，金钱对人的影响是无以复加的。我们经常讲人创造物，但物反过来可以奴役人。这句话听起来实在有点夸张，不过用在金钱上，又不得不说还是可以成立的。

——看人吧。不少人还是会被左右的。

从另外一个角度来说，人不一定会被物所左右。金钱是交换的通货，它之所以重要，是因为通过金钱可以交换到很多东西，按照民间的说法，有钱能使鬼推磨。金钱这种普遍的交换能力造就了它独一无二的物质特征。黄金因为它特有的稀缺性、耐久性以及其他一些我所不知道的特征，成为理想的高价值通货。白银在宋明时期用得比较多，更早是青铜。追溯金钱的起源，可以追溯到贝壳、纺织品。利用通货交换至少可以追溯到新石器时代晚期，类似于陶筹、砝码之类物品的发现表明通货当时已经出现。交换的历史是极其古老的，甚至比人类本身的历史还要古老。只有成为通货，才有作为金钱的意义。对于物质本身来说，不是什么物质都适合成为通货，易腐烂的水果、蔬菜就不行，它必须具有一定的稀缺性或是实用性。也就是说，金钱是人类社会长期交换历史过程中，基于某些物质特定的适合用于交换的属性而形成的、具有普遍认同的通货。它结合了社会、历史、文化与物质的固有属性，再与个体相互作用，这造就了金钱的物质性。

当然，讲这个问题的时候会感觉到金钱是商业社会的产物，或者说金钱创造了这个商业社会，金钱创造了这个社会运作的途径。如果只选择一种东西来代表当代社会的话，选择金钱无疑是比较合适的。我们通常说市场是当代工商业社会的基石，而金钱正好就是市场运作的根本。沿着这条思路思考，我们是否可以认为每个时代都有自己具有代表性的物质呢？中国有上万年的农业时代，其中或许可以划分为若干个阶段，其中是否具有统一性的物质表征呢？继续追溯的话，到旧新石器时代过渡期，再到旧石器时代晚期……不同时代只能选择一样东西，那会是什么呢？这是一个很有趣的问题。有没有一样东西可以贯穿所有的时代呢？有人说，这是不可能有的，读法国学者编写的《身体的历史》①，我想这个共同点还是有的，那就是身体。不同时代的文化差别很大，但我们永远无法离开我们的身体。大家可能都对一幅漫画有印象，人类从弯腰行走的猿类，进化成直立行走的狩猎采集者，身材变得修长、灵巧；随着农业的发展，人类的身体逐渐变得矮壮；随着工商业社会的到来，尤其是电脑、手机时代的到来，我们又开始弯腰驼背，似乎完成了一个历史的循环。仅仅通过身体的姿态，我们就可以用一种极为简洁的方式来勾勒出人类的历史轮廓。

——身体也有物质性吗？

这个问题有点复杂，我说说我的理解。身体是个特别好的载体，是人之行动的出发点也是归宿，因为你做的任何事情，从你的思考到实践，一切经历最后都会回到身体上来。我们在研究古人生活的时候，身体本身可以说就是终极答案。我自己做过农业起源研究，究竟什么样的证据最能体现农业起源呢？石器工具？遗址结构？动植物遗存？应该说这些都是合适的证据，但终极的证据还是

---

① ［法］乔治·维加埃罗主编，张竝等译：《身体的历史》，华东师范大学出版社，2013年。

人骨材料，人类究竟有没有吃驯化的动植物，通过人骨同位素分析可以鉴定出来；其活动范围的大小，也可以用同位素分析来确定；其劳动强度与类型，通过骨骼的生物力学、病理分析，也可以了解。从石器工具到动物遗存都是外部的证据，而人体骨骼材料是根本的。

现在做体质人类学研究的学者通常关注体质特征，喜欢探讨族群、性别等问题。如果从物质性的角度来理解身体的话，就可以拓展人体骨骼的学术价值。总是关注族群特征，很可能忽视其他宝贵的信息。从体质上划分人类种群更多是19世纪的做法，有些过时了。从物质性角度思考人，我觉得特别有意思。人与人交往的时候，我们常用"气质"这个概念，气质究竟是什么？我们不会去加以定义，但是在交往过程中，却很容易注意到，尤其是对青年男女而言。在大家这个年龄的时候，是很在意这个问题的。这个人的气质太差，这个人的气质很吸引人。每个人可以很分明地体会得到，它甚至有很强的共通性，甚至也不是靠你穿衣服、戴装饰品可以改变的。现在大家把眼镜给摘了，打扮成村民模样，人家一眼还是能够看出来你受过教育，你的所有的动作，从你的笑容到言谈举止，一二十年的教育潜移默化，彻底改造了大家。腹有诗书气自华，改变是不知不觉中发生的。当然，读书要消化，消化了才能化为气质，读书没消化对你的气质帮助不大，有时候我们甚至能感觉出来，有的人读书只是读在表面上，没有入心入骨，因为气质还没有改变。气质是与身体融为一体的，它不是纯粹生物性的，也不是纯粹文化性的，它是融合性的，从这个意义上说，我们或可以把气质视为身体物质性的一种表现。

我们研究古人的时候，气质这种东西自然是无法得到的，但是人体骨骸或者说与之相关的随葬品也能够暴露出一些古人身体的物质性，比如性别、社会身份，以及一些反映主观行动的特征。如果结合历史文献，我们甚至还可以了解更多，比如海昏侯墓，结合墓葬遗存与历史文献，我们对于海昏侯刘贺的认识便全面了许多，我们甚至可以体会到他的不甘与无奈。为了更好地理解，我们还是从当代社会说起，我们可以讨论一下当代社会是怎么来构建性别的。比如说穿衣服，这算一种，还有没有其他的途径？

——劳动分工。有一些劳动是排除女性的。

但是福柯不这么认为，福柯认为身体意义的性也是文化构建的。①刚开始大家并没有意识到这个问题，后来做DNA分析，发现性别其实是灰色度的，并不是只有两极。

——但是女性的构造是能够孕育后代的。

从物质性的角度来看，并不是要否定这样的生物学差异，而是要结合文化来讨论，毕竟在没有人类之前，物种的性别区分早已存在。对于人类历史而言，文化意义上的构建才是根本性的，才是有现实意义的。有人说，在日本旅行的时候，很容易在街上识别出中国女孩来，不仅仅是穿衣上有区别，走路上也有区别。中国近现代的女性解放运动做得不错，女性走路的动作比较舒展，不像日本女孩子那样拘束，日本女性婚后往往不能工作，如果男性结婚后发现妻子在外面工作的话，会感觉特别没面子。妻子为了成全丈夫的面子，包括山口百惠这种很有成就的演员，也回到家中。如果再跟美

---

① [法]米歇尔·福柯著，佘碧平译：《性经验史》，上海人民出版社，2005年。

国女孩相比的话，中国文化的约束还是有的，美国女孩走路风风火火，动作幅度大，特别张扬，这在中国文化里是不太容易被接受的。在中国大学校园里，女同学走路经常是一群，或是手牵着，或是挽着胳膊，不过，近些年来，单独行走的女同学增加了。文化、历史、社会关系等多种因素作用在人身上，仅从一个走路的动作中，我们就可以看出差异来。

我们在讲物质性的时候，特别关注人是怎么通过一系列的主观行为来塑造社会关系。这个问题跟考古学的关系比较密切，现在性别考古也在研究这个问题。咱们有个博士生也想做这个，包括怎么用器物、空间来构建性别关系。在新石器时代考古、夏商周考古中，是可以去做的研究。如果我们知道性别关系是通过人的一系列的主观行为去塑造的，以此类推，我们还可以去研究族群，研究古人是怎么塑造族群认同的。我们当代社会用什么方式来塑造族群认同呢？

——不同的民族有不同的语言，不同族群有不同的生活习惯，器用上也有区别。

用考古学器物来划分族群，比如说某某是匈奴的东西、某某是鲜卑的东西。现在物质性这个概念帮我们打开了一扇新的窗口，理论上说，人是用物来构建族群的。也就是说，物确实是可以反映族群的。当代社会中我们有这样的体验吗？

——我同学说他每年回家过年，只有在参加家乡一些特殊活动的时候才会意识到自己是少数民族。也就是说，他们这个族群是被习俗塑造出来的。

身份认同是通过外物来塑造的，有没有人不同意？

——我认为这些例子没有说服力,不能用现代的民族来解释古代的族群。

你的批评是有道理的。我们当前采用的民族划分是1949年后按照苏联的方法做的,基于当时特定的政治背景以及现实条件。当时许多人还不识字,收集信息很困难,所以民族划分不可能做到很准确。族属考古是考古学上的"哥德巴赫猜想"。文化历史考古中假定考古学文化可以代表族群,通过考古学文化可以来识别族群。在前面的讨论中,我们说文化历史考古的这个前提是有问题的。现在我们又说人有族群,人用文化的手段来构建族群,是不是有点自相矛盾呢?要知道这里所说的"文化"跟"考古学文化"所说的"文化"不是一回事,这里的文化不是静态的客观特征,而是能动的表达方式,其中带有主观含义,这跟族属涉及主观认同是一致的。

说到这里,我想到海外华人的族属认同问题,有人说中国人最难被同化的地方是胃。中国的饮食文化丰富多彩,食不厌精,脍不厌细。即便是去法国,也会发现法式大餐并不丰富,很容易吃腻。有个故事说,一帮中国富豪要去南极旅游,雇的游轮上有法餐大厨,刚开始大家很兴奋,几周下来,大家向往的居然是涪陵榨菜,怀念它那丰富的味道。中国饮食强调荤素搭配,冷热相辅,主副食分开,桌餐分享,无比包容,自成体系。可惜我不是太懂中国的饮食文化,但我知道它是有一套理论的,类似于中医,讲阴阳五行,"君臣佐使"。吃这样的饮食,也融入这样的文化之中。一桌人用筷子吃饭,分享食物,自然就会强化群体的认同,这是不可避免的。再加上背后的文化积淀,我们吃的已经不仅仅是食物,而是相应的文化。我们的身体，从生理到行为习惯，都会为之同化，形成一种"中国性"。这种性质可能是模糊的，但是又不得不承认它的确是存在的。所以，我更愿意接受物质性角度的族群划分，它把主客观融为一体了，把历史、文化与社会过程融为一体了，理论上是可以说得通的。而文化历史考古的族属认定，在理论上就有问题，只是因为在实践上没有更好的办法，所以目前一直都在用。还有一种可能就是，族属考古暗含着一个更合理的前提，正是我们在此讨论的。

——我还是不大清楚究竟什么是物质性。为什么要提这么一个有点怪异的概念呢？

物质性理论登上考古学舞台是后过程考古学兴起之后的事，它以超越笛卡尔以来的二元对立为目标，希望超越过程考古学与后过程考古学的对立。我曾经对物质性下过一个定义，所谓物质性是指在一定社会历史文化情境中，人与物长期相互作用所形成的稳定的、物质的社会文化属性。正因为物质性是在人与物长期相互作用中形成的，是具有稳定性的物质存在，也就使得考古学研究可以通过研究物质性来探讨与之相关联的社会历史文化。

为什么要提物质性理论呢？首先，因为物质性理论打破了物质功能性与象征性的二元对立，从本体论层面拓展了考古学研究的基础。由此，可以重新理解物质遗存，不仅将其视为行为的结果或背景，更应将之看作人与物关系在历史中经历积累、淘汰、重组等过程之后相对稳定的关系形态。立足于此，理论上通过物质遗存研究可以探索更丰富的社会内容。

其次，物质性理论为重新理解中国文化遗产提供了新视野。百年中国考古学取得了不小成绩，但是对物质遗存文化意义的挖掘甚至弱于传统金石学。我们把考古材料当成客观的、外在的物质材料，排除研究者乃至于古人与物相互作用、相互渗透、相互纠缠的可能性。把发现于中国、由中国人祖先所创造的物质，当成不需要理解就可以研究的所谓科学材料，把这些物质材料当作只是为了证明知识而非与人相互交融的客观存在，一个典型的例子就是中国缺乏自己的古典考古。相比而言，西方考古学通常把古典考古与人类学背景的考古学区分开来，古典考古承担着熏陶与培育作为文化意义上的"西方人"的责任。物质性意义上的文化遗产（物）会对后人产生影响，起到延续文化传统、传承文化意义的作用。认识到这一点，将有助于深化对中国文化遗产的认识，完善中国考古学的研究理念。

最后，由于物质性是历史过程的产物，对其变化过程的研究有助于我们深入理解社会历史发展进程。对于上古史研究而言，由于缺乏共时性文献材料，我们无法直接对其进行区分。物质性理论的引入，使我们直接立足考古学研究、审视上古史分期成为可能，从而从另一个角度丰富对上古史的认识，使认识上古史的途径更加多样。我将在这一讲的最后介绍一下自己在这个问题上的研究。

人与物的关系问题

泰勒的文章里面讲到存在主义的方法，讲到物质性对人的约束问题，存在主义有一句经典的话，就是"拥有就是被拥有"，大家对此怎样看？

——我们创造了符号，构建起社会组织，形成了社会结构，我们生活在其中，又被它们所束缚。像定居造成的影响，围绕房屋建造产生许多东西。东西越来越多，到最后无法改变了。

　　定居的起源是考古学上的一个重要问题。它经历一个漫长的过程，对于狩猎采集生活而言，定居就相当于"守株待兔"，是难以为继的。但是，农业群体最终还是定居下来了，这是没有办法的事情。土地是不能搬迁的，土地上庄稼也是不能搬迁的。谷物一旦播种，需要时常有人照顾，否则很容易被其他动物祸害掉。以狩猎为主的鄂伦春人也有种植作物的，但是由于他们经常迁居，所以收成很差。农业活动是批处理资源，一片地种一种作物，生产活动比较单一，所以需要功能定型的耐用工具，如磨制的石斧、石铲、石磨盘、石磨棒等。这些工具都比较重，也不适合长距离搬运，制作它们的成本也很高，磨制一件石斧，需要好多天，远不是打制石器能够比拟的。还有房屋，想要居住时间长一点，自然要修建牢固一点的房屋，这方面的投入更是惊人。用石斧砍树，效率只有钢铁斧头的三四分之一，甚至更低。一栋茅草房，我们现在看来觉得简陋不堪，对于古人来说，投入的劳动要以月计。一旦这些成本投入进去，要舍弃，谈何容易。

　　伊恩·霍德研究过驯化问题，他从后过程考古强调人与物互动的角度出发，认为人在驯化动物的过程中，也把自己给驯化了。这个观点挺有意思的，比较一下农民与狩猎采集者的区别，不难明白这个观点的含义。农民的形象总是朴实、被驯服的，就像老黄牛一样：日出而作，日入而息；故土难离，乡情难断。相比而言，狩猎采集者总是流动不定，他们跟他们狩猎的野生动物一样，离不开自然。霍德在《纠缠小史》中还提到一个观点，那就是农业社会带来更多的人与物的纠缠，因为农业生产过程更加复杂，纠缠关系不仅仅是限制动植物，也限制了人。①纠缠关系越多，限制也就越多。当一个问题产生之后，就需要加入更多关系来解决这个问题，由此产生更多的问题。如此来理解人与物的关系，多少有点悲观，人与物的关系就像陷阱一样，人在其中越陷越深。当然，人是有能动性的，人可以去做"断舍离"。的确，在这个物质高度富足的时代，能够断舍离，才可能真正让自己过得好一点。

人类的演化就是一部人与物纠缠的历史，每一步都是有得有失。在人类演化的早期阶段，得失的权衡更多来自自然选择；在后期阶段，人的能动性越来越多。早晚阶段的划分，以解剖学上现代人的形成为标志。人的最显著特征是什么？是直立行走！直立行走是走向人的第一步，直立行走带来了一系列的优点与缺点，优点是解放了双手，解放了大脑。颅骨上附着肌肉的棘突减少，大脑可以长得更大。直立行走还降低人在太阳下行走时的吸热面积，增加人的耐力。直立行走可以让人一边吃东西一边走路，食草动物不能做到这一点，猎人通过持续的追击，不让动物停下来吃草饮水，就可以累垮动物。但缺点也特别明显，直立行走导致人类需要更紧实的髋部，由此更容易难产；直立之后，口腔与喉部形成急拐弯，人更容易感冒……一旦选择直立行走，一系列的问题就产生了。直立行走让人面对面交往，需要看清楚对方面容，人类的表情越来越丰富细腻；人类把自己柔弱的胸腹部暴露出来，需要更好的社会关系来保障自己的安全，从这个角度说，直立行走促进了社会关系的发展。对于两百多万年前的人类演化而言，人类身体的改变能够反映

---

① [英]伊恩·霍德著,陈国鹏译:《纠缠小史:人与物的演化》,文汇出版社,2022年。

人与物（环境）的关系。

在此之后，对于人而言，工具行为的影响与日俱增，因为使用工具，尤其是能够用火之后，人类无须强大的牙齿与咀嚼能力，就可以消化食物，人类由此可以把更多的能量转移投入到其他方面，比如社会交往。到旧石器时代晚期（非洲是在石器时代中期），人开始发展物质象征，突破面对面交往的限制，大幅度拓展社会关系网络。人与物关系进入了一个全新的阶段。从这个时候开始，物质性这个概念真正可以使用了。物质深度参与到人的认知之中，直至融为一体，形成较为稳定的物质性。我们现在这个时代的网络对我们的认知有什么影响？跟以前相比有什么改变？

——不同的人可能会关注不同的方面，使得认知更多元、更丰富了。网络提高效率，节省时间，但人们又不断地创造娱乐方式来填补空出来的时间。我们现在看到的往往是没有深入的观点，更多的是娱乐倾向的；而且比较浮躁，很少能定下心来很认真地看一样东西。就像我了解一个问题，就只查百度百科，不会认真地梳理学术史，很认真的学术梳理不如我从百度百科上找的快，大家对学术、对知识不够尊重，感觉它们很轻。

有思想家就提出来人有游戏的倾向，所以提出"游戏人"的概念。[①]人是高度复杂的，有理性的经济人，也有权力人，还有其他的说法。不同维度看到的人不一样，从网络维度来看人，从现实中来看人，比较容易发现不足。网络作为一个物质性的东西，它对我

---

① [法]埃德加·莫兰著，陈一壮译:《整体性思维:人类及其世界》，中国人民大学出版社，2020年。

们这个社会产生了什么样的影响？

——产生了一个虚拟的世界。最终现实和虚拟难以区分，两个世界渐渐融合。大家沉溺其中，相当于成为网络的附着物。不是你在思考，而是网络在帮你思考。这就是网络社会，你看似在表达个性，实际上你已经被意见领袖所左右了。

的确如此，我在看评论的时候，也发现很多人会被第一个评论所左右，第一个评论定基调，如果有五个评论都是这个基调的话，下面的评论几乎无一例外地跟随这样的基调，也就是所谓的被"带节奏"了。很少有人能提出来跟这个基调不同的看法，网络时代人们也会被操纵，这种操纵更隐蔽，更随机。提炼一下大家的讨论，我们似乎可以说网络具有"附着性"，某种意义上说，这就是它的物质性。网络时代影响人的认知，造就了"附着性"，这个概念很有意思，离不开，又甩不掉。

我们的讨论总是从当代社会出发，其实并不是说要对当代社会发表什么意见，只是为了更好地理解。下面回到与考古学相关的物质材料上来，比如陶器，我们来谈谈陶器对人的认知的影响。制陶，就是把一块软塌塌的泥巴，在经过火的改造之后变成了一个很坚硬的容器。推荐一本书，《天真的人类学家》①，很好玩的一本书。人类学家奈吉尔·巴利（Nigel Barley）曾经到非洲去研究多悠瓦人，多悠瓦人的生活环境分为干湿两季，他们的生活方式也与之高度相关，他们把这些跟陶器生产过程结合在一起，用以描述人的

---

① [英]奈吉尔·巴利著，何颖怡译：《天真的人类学家》，广西师范大学出版社，2011年。

一生。湿的时候代表人生的幼稚阶段，干的时候代表成熟的阶段。成年礼上，会用到火烤的环节；人死之后，回到干骨状态。多悠瓦人的认知结构与他们的生活、物质是融为一体的。

这一点是不难理解的，在机械时代，人们用泵来形容心脏；在计算机时代，人们用计算机来形容大脑；如今是网络时代，我们会用网络来形容，如社会网络、人情网络、神经网络……我们整个的认知结构深受时代物质的影响。我不知道人类开始打石器，会对人类的认知产生怎样的影响。原来自然之物是可以利用与改造的，人就是利用与改造世界的主体！还有解剖学上的现代人在大概距今十万年前后创造了艺术品，突然创造出这样一类东西，具有象征性的东西，这又会产生怎样的影响呢？原来物可以代表人，人就是物，物就是人。在后来的时代中，每个时代都会有自己的物质，因为在这样的时代中，这种新出现的物质能够最好地代表这个时代。沿着这个逻辑，也许还可以认为，不同地区会有自己代表性的物质。把时空关联与代表性的物质结合起来，我们就可以得到一个文明或社会在某个时期的代表性物质，也就是这个时代的物质性。由此，我们可以在考古学上去探讨物质性。

物质性理论的考古学意义

——考古学能够研究物质性吗？能够解决什么其他理论解决不了的问题呢？

大家应该都听过中国社会科学院考古研究所白云翔老师有关中国铁器时代起源的讲座。当时我想到一个问题，铁器时代起源对社会有着怎样的影响呢？不是纯粹功能意义上的，而是与物质能动性相关的，人们为什么要用铁器去取代青铜器呢？谁会更有动力呢？以此类推，为什么会有青铜时代呢？青铜器常用来做酒器或礼器，为什么不是像铁器那样用来做实用的东西呢？你怎么看这个问题的？

——喝酒更能解决问题。

你说得很对。喝酒与祭祀相关，在那个时代，青铜器主要作用是祭祀天地、祖先，大家一起进行祭祀，是能带来巨大的好处的，通过祭祀能够把社会团结起来，能够避免一些内部纷争，让大家认同领袖的统治，通过其他的途径可能都没有那么有效。为什么古人选择青铜呢？

——稀有。

黄金也很稀有，有的部族就选了黄金，像中南美洲的文明就选择了黄金。可能这里面有偶然性，早期中国文明选择的是玉，后来才选择青铜，再后来似乎比较固定了。

——重要的或许不是这个器物，而是获取这个器物的过程。

你的说法有点否定物质性了。我曾经从物质性理论的角度写过一篇论文①，提出早期中国文明演化进程中存在一个"玉器时代"。我在文中把物质性简称为"物性"。提出早期中国文明发展阶段中存在一个以玉为表征的时代并不是一个什么新观点，除了东汉袁康曾提出石、玉、青铜、铁四个时代的说法外，20世纪八九十年代研究者提出过"玉兵时代"或"玉器时代"的观点，并引起广泛讨

---

① 陈胜前:《早期中国社会权力演化的独特道路》,《历史研究》2022年第2期。

论。[①]重要的不是时代划分方案,而是划分背后所依赖的理论原理,以及分期所代表的社会演化意义。物质性理论为这一分期方案提供了新的理论支持。物质性理论为上古史分期提供了一个可行的理论前提:基于物质的可供性、能动性,人与物相互纠缠、相互作用与相互渗透,物本身具有历史、文化意义,而不仅仅是客观存在。物就是人,物就是社会,物就是时代。从物质性视角审视中国上古史,从晚向早追溯,至少存在铁器、青铜与玉石三个文明阶段。从中还看到,贯穿文明史分期的是权力运作形式的变化,这也正是从物质性视角审视上古史分期背后的社会意义所在。

物质性是历史的、社会的、有特定文化背景关联的。新石器时代晚期,质地坚硬、外观柔和的玉器作为一种石质人工制品,很符合威望展示的社会历史情境。广泛用于祭祀的玉器同时拥有超越人的"神性"。正是基于威望与"神性",社会首领构建起自己的权力。这种权力是通过物的"装饰"来获取的,不像青铜那样具有高

白音长汗遗址出土的兴隆洼文化的玉玦(《辽河寻根 文明溯源:中华文明起源展》,文物出版社,2011年)

[①] 孙守道:《论中国史上"玉兵时代"的提出》,《辽宁文物》1983年第5期;吴汝祚、牟永抗:《玉器时代说》,《中华文化论坛》1994年第3期。

度的强制性。所谓"装饰",某种意义上说,就是提供一种权力合法化的途径,这一途径就是祭祀。玉器在新石器时代早期墓葬中就有发现,如辽西的兴隆洼文化。玉器从早期的个体装饰品(个体威望)转变为晚期的祭祀用品与首领饰物(群体威望),其大小、形制也发生了明显变化,如红山文化的大型玉龙以及大量随葬的玉器组合,显然都已经超越普通个体威望的需要,而是用以彰显区域性首领地位。

迈克尔·曼(Michael Mann)把社会权力的来源分为四个方面:意识形态、政治、经济与军事①,但他没有意识到这四个方面并不是同步演化的。物质性视角的考察很好地揭示了社会权力逐步复杂化的过程。玉石时代,中国上古社会已经复杂化,权力开始集中,社会组织可以完成诸如建设大型城池、水利工程、高等级墓葬以及需要专业化劳动的玉器加工。但是此时权力的表征,更多来自威望和祭祀礼仪的神性,结合中国古史传说以及与古埃及、中南美文明的比较,中国上古时期的"神王"拥有的主要是一种政治权力,这种政治权力很大程度上不是高度强制性的。随着前代神王的故去,权力有可能传递给其他有威望的候选人,并不必定会世袭。

青铜时代兴起一种带有强制特征的新型社会权力。青铜是炫耀性的,是可铭记的,具有良好的传承性。青铜带来的新的意义主要包括两个方面:一是青铜本身的可铸造特点,使其成为构建社会政治秩序的理想物质;二是青铜适用于制作兵器,与暴力结合在一

---

① [英]迈克尔·曼著,刘北成、李少军译:《社会权力的来源(第一卷)》,上海人民出版社,2007年。

起。相比于玉石时代，青铜时代的社会权力中明显增加了军事权力。也正是此时，王权统治开始通过血缘世系确定权力继承关系。相比于玉石时代，社会政治秩序更加稳定。生产青铜的过程也是社会秩序的再生产过程，在此过程中社会上层获得了更加广泛的资源控制，社会权力的运作效率进一步提高。

  铁器时代的兴起代表社会的重大变迁，社会权力体系也发生了重要改变。以青铜为代表的传统势力逐步退出历史舞台，秉承铁器实用精神与经济效用的新兴阶层兴起。铁器时代新工具的普及促进了生产力的提高，人们可以开垦从前难以利用的土地，人口数量与人口密度得以增加，经济权力运作的收益提高（有更多的生产剩余可以征收），运作成本减小（如无须远距离征收赋税）。铁器时代，社会权力中的经济权力崛起，并且成为统治阶层需要考虑的核心因素。与新的生产力相关联的是新的生产关系、新的社会秩序。统治者在政治、军事权力之外获取了经济上更高的控制权，社会权力的控制力度进一步增强。

  意识形态的权力产生于秦汉时期，儒家思想逐渐成为古代中国统治合法性的基本宗旨。至此，中国文明的基本格局完全形成，也就是我们熟知的中国历史时期了。中国作为超大型文明型国家，绵延数千年，是世界上唯一延续至今的古老文明。中国地形复杂，东西南北差异明显，在交通困难的古代，要维系这样一个规模巨大的文明实体是非常困难的。再者，中国一直都不是一个宗教性国家，不存在统一的宗教，而是包容不同宗教。按照福山（Francis Fukuyama）的说法，古代中国正是通过文化意识形态，比欧洲早一千年成为一个现代国家。①的确，不论是政治、军事还是经济权力，都不容易打破传统的地方性部落制度，建立长期的统一政权。古代中国通过文化意识形态上的权力，打破了地域（部落）、族群乃至宗教的壁垒，形成稳定广泛的文化认同。文化意识形态传承的主要形式是察举制、科举制，作为选贤任能的政治制度设计，它保持社会阶层之间的流动性，同时促进文化认同。相比而言，欧洲社会是通过宗教突破传统部落制度。

需要强调的是，四种权力与四个时代的对应关系是相对而非绝对的。玉石时代并非没有经济、军事与意识形态的权力，只是其表现不如政治权力突出。那个时代获取全面的经济权力成本高昂，生产剩余有限，交通不便，人口分布稀疏。如果要进行较大规模的军事行动，也缺乏充分的后勤补给，难以持久作战。就意识形态而言，祭祀虽然赋予首领以某种程度的神性地位，但是当时文字还在萌芽状态，所谓意识形态并没有系统的思想基础和高效率的传播媒介。相对而言，只能通过威望、祭祀等来获取政治权力，社会维系权力的途径较为单一。这样的权力获取是情境性的，即需要不断塑造情境来维系权力，祭祀、修建陵墓、兴修水利等都服务于这一目的。按塞维斯（Elman Service）的说法，对上古社会来说，祭祀与兴修水利都是为了生产。②铁器时代，经济权力在诸种权力中更为基础，但并非唯一权力，铁器技术也影响到兵器发展，军事权力比

---

① [美]弗朗西斯·福山著，毛俊杰译：《政治秩序的起源：从前人类时代到法国大革命》，广西师范大学出版社，2012年。
② [美]埃尔曼·塞维斯著，龚辛等译：《国家与文明的起源：文化演进的过程》，上海古籍出版社，2019年。

青铜时代更加成熟，只是此时铁器大规模用于生产活动，由此产生的经济权力作为新的权力形态具有更重要的意义。

玉石、青铜、铁器时代的分期方式，是非常粗线条或者说是宏观性的，各时代之间的过渡期很长。我们知道玉石（"古国"）时代后期已经出现青铜器，而夏代遗存如二里头就发现有较多的玉器，青铜礼器还不发达，体现出浓重的过渡色彩。从青铜到铁器时代虽然处在春秋战国这个战争频繁之时，但铁器早在商代已经出现，西周已经有非陨铁的铁制品；同样，到秦统一六国时，青铜礼器和兵器仍大量存在。过渡期漫长与社会变迁之间并不矛盾，这与我们采用的时间尺度的长短相关，在考察前者时采用的是相对短的时间尺度。另外，虽然我们把"古国"时代称为玉石时代，但并非每个地区都同等程度地依赖玉石。山东及中原龙山文化中玉的应用并不普及，这可能与原料供给相对不足相关，也有地方文化传统原因，但是从粗线条的空间来看，还是可以确认玉石时代的存在。

过渡期的另一层含义是，每个时代都孕育了下一个时代的因素。"古国"时代后期出现青铜器，它经过数百年的孕育，逐渐成为下一时代人与物关系的主导因素；又经过数百年发展，青铜建立起绝对的垄断地位。物质性演变也符合量变到质变的规律。铁器在青铜时代的孕育时间同样漫长，在春秋战国群雄竞争的时代，实用性强的物质，更容易脱颖而出，铁器时代由此产生。春秋战国时期同时也是中国传统文化基本定型的时期，诸子百家勃然兴起，没有这个时代的各种思想实践和发展完善的思想体系，也不可能有后来意识形态权力的实现。

从玉石时代的政治权力优先，到秦汉之后实现四权合一，社会权力来源的增加与融合反映了社会演化的复杂性，社会政治形态从"古国"、"王国"演变成为"帝国"，中央集权的色彩越来越明显。从历史上看，尽管古代王朝均存在兴亡周期，但是总体上，社会权力的演化是趋于复杂的。这样的基本形态并不限于中国，世界其他地区也是如此。石器、青铜、铁器的三代论在欧洲首先提出，从现有考古发现来看，欧洲铁器时代（铁制品与炼铁技术出现）可以早到公元前1000年，其青铜时代不如中国复杂，缺少玉石时代。中南美地区尽管存在文明，但是一直没有金属冶炼技术，南美的印加文明虽然被称为"印加帝国"，然而并没有文字。从文化多样性角度来看，不同文化的物质性并不一致。当然，从统一性角度来看，中南美古文明社会权力的发展复杂程度相对旧大陆来说要脆弱得多。

　　物质性变迁与社会权力演化的对应，从一个角度让我们看到了中国文明的发展过程。中国文明发展的典型特征是原生性、长期性与融合性，而不是一个"早熟"的文明。它在青铜时代之前存在一个持续超过1500年的玉石时代，此时，复杂的文明已经基本形成。作为文明基础的农业在距今1万年前后起源，随之出现了北方与长江中下游两个文明起源中心。中国文明是经过数千年缓慢孕育之后形成的，而不是受到外来影响突然产生的。玉石时代，文明率先在长江中下游地区起步，如红山、良渚与石家河；次之，在北方石峁、陶寺形成第二波高潮，长江流域陷入低潮；最后，中原地区汇通融合，发展出中国古史记载的三代文明。通过物质性分析，我们有理由认为中国上古时代存在一个玉石时代，这也是中国上古文明发展史上一个特别值得注意的现象，它不仅代表中国早期文明独特的发展道路，而且很大程度上影响了后来的中国文化传统，乃至于中国人的文化性格——包容、和平、含蓄。

物质性理论超越主客体二元对立的底层逻辑，可以从历史发展进程中考察不同社会组织状态下的物质性特征表达。作为一个新的理论工具，它为认识中国文明演化的独特道路提供了新途径。物质性视角注意到中国文明起源进程中存在一个长达千余年的玉石时代，而且"以玉为礼"成为后世中国政治文化的重要特征，同时在日常社会实践中，玉成为中国文化理想人格的象征。从这个角度说，物质性视角不仅有助于认识中国早期文明的社会权力表征，更有助于关注中国文化内涵的形成及其现实意义。当然，物质性理论的运用还存在较为严格的条件限制，它需要依赖连续的、未曾断裂的直接历史，需要充分理解相关历史背景关联，这在一定程度上限制了该理论的应用范围。中国作为一个有5000余年连续历史的文明，许多文化意义一脉相承，这为物质性理论的应用提供了难得的舞台。

第十一讲
文化与进化论

研究本身是探索性的活动,更是一件积极主动的活动。这里我们所说的进化论考古,或称达尔文考古,就是考古学家积极探索的产物。大家知道过程考古中也提到了进化论,进化论是过程考古里面很重要的理论基础。既然如此,为什么还要单独搞个进化论考古呢?这是考古学家的探索,就是想看看有没有更新的可能。

前面我们一直都在讨论与后过程考古相关的理论,认为知识正在碎片化,阐释越来越多元,宏大叙事正在解体,我们称之为"去中心化"。这样的认识是我们观察到的,切身体验的。思想家如利奥塔尔(Jean-François Lyotard)早就提出类似的观点①,后现代浪潮似乎是以不可阻挡的气势横扫整个知识界。不过,这一讲与下一讲中,我们将看到一个完全不同的趋势,宏大叙事并没有解体,其实还在构建之中。我们还不得不承认,它们也是很有生命力的。世界是复杂的,并不是单线发展的,有解构,也有建构。

这一讲中讨论的也是三个问题,第一个是为什么会有进化论考古这个东西?大家可以想一想,人类发展符不符合进化论?这里存

---

① [法]让-弗朗索瓦·利奥塔尔著,车槿山译:《后现代状态》,南京大学出版社,2011年。

在一个很大的争议。第二个问题就是，究竟什么东西在进化？第三个讨论的问题跟考古学相关，就是在考古学中如何运用进化论？运用到考古学中又有什么意义？我们主要是侧重这三个方面来思考，进化论考古对大家，也包括对我来说，都挺陌生的。我以前指导学生在石器研究上尝试过，在做农业起源研究上有一点探索，总体感觉不是太成功，讨论的过程中会跟大家谈到。

为什么会有进化论考古？

我们先讨论第一个问题，就是为什么会有进化论考古？就是怎么去理解进化论？人类演化符不符合进化论？大家怎么看这个问题，觉得进化论具不具有统一性？

——大的尺度上是具有统一性的，小的尺度上不好说。说到进化论，总好像是把人看作一种动物，为了生存而被自然选择。至少新石器时代以来，社会变得越来越复杂，就很难说了。比如陶器的变化，它是社会演进过程的反映，还是跟工匠自身的一些变化相关？

进化论本身强调变化，首先得有足够量的变化，然后才可以选择，没有变化的话是没有选择的，所以它一定是针对很多变化而言的。陶器有很多的变化，其中无疑存在选择，有一些陶器特征慢慢就消失了，还有一些特征留了下来。

最早的变化叫突变，基因本来就会突变，在文化上说，可以指出现了新的发明。进化论考古成立的所有的前提就在于，进化论是关于所有生物的理论，人是一种生物，因此人必定是要符合进化论的；人的身体、精神都是人的组成部分，理应都符合进化论。如果这个前提不成立，那么后面所有的推论都是不成立的，进化论考古就是不成立的。进化论是不是在任何层面上都适用于人类及其社会与文化呢？或者说，进化论只是一个基本原理，我们可以在大的方面相信，小的地方还是保留意见呢？

——进化论讨论的是长时段的变化，指出其中存在一种方向性，那就是适应。可能从大的层面来说，无论是物种还是器物，之所以能够保存下来，都是因为跟外部条件契合度比较高。文章里面强调的是适应性，不知道适应性是否有时间长短的区别？如何去判断适应性？

适应性有点类似黑白猫论，不管是黑猫还是白猫，能抓到老鼠的就是好猫。留下来的就代表适应，没有留下来就是不适应，根本不需要考虑时间长短的问题。当然，一些特征的出现时间的确有长有短，那是适应性存在时间的长短。

值得注意的是，把进化论用于探讨人类社会发展并不是现在才有的，在19世纪中叶达尔文刚刚提出进化论的时候，很快就出现了。优胜劣汰，适者生存。严复先生翻译的《天演论》给中国人带来了这个极具挑战性的观念，对于处在半殖民地半封建社会的中国来说，有自我警示的作用。但是，在人类社会领域推行这种理论，很容易导致种族主义或者社会达尔文主义，成为殖民主义、帝国主义扩张的合法借口。落后的文明与民族就应该被淘汰，西方殖民者就可以堂而皇之地占领印第安人的土地，屠杀原住民。更进一步，在一个社会里面也会这样，某些阶层就会认为自己更优秀，理应淘汰其他的群体，或者认为社会下层就应该为上层服务，阎锡山就信奉这样的歪理。种族主义或社会达尔文主义错在哪里呢？它们认为不同群体（民族、文明或是其他社会单位）之间具有不可通约性，即某一群体具有的特征是其他群体绝对不会具有的，正是因为这样的特征让他们所向无敌，这样的特征是先天赋予的，即他们是"天选之子"。

从逻辑上说，大家也知道，这样的信条是不成立的。回顾人类的演化史，非洲作为人类的故乡，超过99%的岁月都是引领人类演化方向的，只不过因为非洲错过了农业起源（埃及除外）的机会，所以在后来的文明发展上受到较大的制约。非洲是个古老的大陆，热带面积广阔，绝大部分地方不适合发展谷物农业，而且这里也缺乏适合驯化的动物。戴德蒙的《枪炮、病菌与钢铁》一书讲得比较清楚，大家可以参考。简言之，是文化发展的历史导致不同群体不同的发展路径。本来这只是文化类型的差异，并不是剥削、侵略与屠杀的借口。非洲土著群体本身建立了自身的适应性，但是，突然来了一个船坚炮利的群体，说他们的适应性太差，要淘汰他们，但是欧洲人终究没有能够在非洲成功殖民（温带的南非除外）。人类群体之间的基因是可以相互交流的，文化更是可以相互学习的，并不存在什么不可相通的地方。这正是种族主义或社会达尔文主义错误的地方。我们现在再提进化论考古，特别需要避开这样的陷阱。

——现代考古学形成后，进化论的观点逐渐得到运用，在19世纪末发挥的作用比较明显。到了20世纪之后，就变得没有那么重要了，这可能体现了人们对于进化论的认知出现了一些改变。

这个观点挺有意思的。这是把进化论和考古学的关系放到现代考古学发展的大背景中去理解。如果仅仅说进化的思想，其实很早就有了，这个很容易理解，因为人类能够看到技术在不断进步，社会在不断改变，知识在不断积累。在达尔文的进化论出现之前，在人文社会思想领域有斯宾塞（Herbert Spencer）的进化思想，我们称之为文化进步论，在生物学领域，也有一些进化思想，比如拉马克（Jean-Baptiste Lamarck）、海克尔（Ernst Haeckel）、华莱士（Alfred Russel Wallace）等。达尔文的进化论是把这个自然科学原理建立在具体的生物学研究基础之上，基于他五年的环球航行考察。之后包括达尔文本人在内的研究者把进化论推广到人类身上。首先是推广到人类起源的研究上，然后推广到文化领域。推广到文化、社会领域的时候，副作用特别大，就是我们上面说的社会达尔文主义、种族主义。我注意到一些人在网络上发表评论的时候，在匿名状态时，就是带有种族主义的色彩，既有歧视其他族群的，也有自我歧视的。如今地球上生活着超过八十亿人，历史上曾经生活过的人，在千亿人上下，群体之间存在反复的交流融合。你要是一代代地往上追，估计会吓你一跳，每个人都是混血儿，一直可以追到二三十万年前的非洲。"四海之内皆兄弟"并不是什么宣传口号，而是人类历史的根源。

我们要讨论的这个问题的关键点是什么呢？一言以蔽之，就是人类文化符不符合进化论。如果把文化再进一步解析的话，文化里面的技术以及其他功能性的东西符不符合进化论，也就是说，我们争论的可能是精神上的东西，即人类的精神产品符不符合进化论？前面说过，进化论是一个适合于所有生物有机体的、具有普遍性的科学原理，精神产品本身就属于人类，为什么它不符合进化论？所以这里就存在一个逻辑上的悖论，既然进化论是符合所有生物学有机体的话，那么人必须要符合，必定要包括人的一切，精神产品也不能例外。进化论考古学家就是这样认为的，你似乎没有理由反对这个，我们现在也确实不能提出充分的理由来反对，但是我们分明又觉得好像哪里有些不对劲。

文化与进化论

究竟是什么东西在进化？如果说精神产品符合进化论，它又是如何演化的？

——精神产品是不符合进化论的。可以从考古学目标来看，研究对象是古代遗存，通过研究它来探索古代社会，探索人类社会发展的规律。进化考古学是建立在达尔文进化论的基础上，是已经有了一个规律，然后我们再去套用。

这里面首先要区分进化考古学和进化论考古学，进化考古学一般是指19世纪的那种帝国主义考古、种族主义考古，是曲解进化论后，直接套到考古学中来。进化论考古学是20世纪80年代以后出现的，倡导者认为前人曲解了达尔文，提出要把纯正的达尔文生物进化论的东西引入考古学中来。既然进化论是个普遍的原理，那就应该追随科学进展，采用20世纪的研究成果，而不应该用19世纪的认识。泰勒、摩尔根都篡改了进化论，所以他们主张回到真正科学的进化论，因此采用的都是一些生物学的词汇，比如复制成功、适应等。

为了避免混淆，他们不自称为进化论考古学，而是叫作达尔文考古学，强调纯正的进化论的血统。把纯正的进化论用到人类社会里面来是否合适呢？

——我觉得这中间存在一个矛盾，文化就是人类的精神产品，但是生物学上的进化论并没有覆盖精神产品，因此我觉得这中间存在概念上的偏差。

　　说得很好。目前我们的确没有在其他动物那里看到如人类这样发达的文化，有些动物如黑猩猩也能在一定程度上使用工具，也有自己的社会性，但是，总体上看，所谓动物的"文化"跟人类的文化是没法比拟的。我们看到人类的文化具有非常好的累积性或者说发展性，能够不断推陈出新，复杂性不断增长。但是，这种人类特有的属性是否可以放在进化论之外考虑呢？

　　——我觉得人类既存在正向进化，还存在反向进化。反向进化相当于我们现代社会发展与自然产生的不和谐的状况。

　　反向进化意味着返祖，类似于人又进化成了猿。人类社会与自然的不和谐是适应上的问题，对于当代人类而言，这的确是个非常严重的问题，日益增长的人口，迅速耗尽的资源，几乎完全被破坏的生态关系，对人类的未来构成了严峻的挑战。

　　人类在进化的过程中解决了一些问题，但同时带来更多，甚至更严峻的问题。进化论的观点认为进化并没有方向，物种就是要去解决自己面临的问题，能够解决的话，就能够延续下去。不能解决，就可能消失了，在地球上消失，变成化石。

　　从这个角度来说，人类的确跟其他物种是没有区别的，人类甚至都不一定更成功。病毒、细菌在地球上存在以亿年计，恐龙也在地球上生活了上亿年。人类的历史不过六七百万年，人类能不能解决自己面临的问题呢？文化作为人类的适应机制，其变化速度与程度不是生物特征的变化所能比拟的。利用文化上的成就，如今的人类在太空遨游，在深海探险。这样的适应机制跟所有的物种都不一样。

　　说到这里，我们又会面临矛盾，大自然也是杰出的创造者，物种千奇百怪的分化就不用说了，单说器官，眼耳鼻舌身，每一种器官都有其起源与演化过程，最后形成了我们今天看到的东西。不可否认，文化本身也是进化的产物，也有其漫长的起源与演化过程。六七百万年前，人类祖先与黑猩猩差别是非常微小的，直到三百多万年前，我们看到的仍然是体质特征上与生态环境的差别，人类祖先建立了直立行走的姿态，生活在更加开阔的环境中。部分原因是不得不如此，没有那么多的树木可以依靠；部分原因是新的开阔地环境有人类祖先从未利用过的丰富资源，比如在干季死亡的动物尸体与位于地下的植物根茎。过去几十年的旧石器时代考古学与古人类学研究显示，人类的演化存在渐进与飞跃两种形式，也就是量变与质变的区别，从南方古猿、直立人再到现代人，中间还存在许多分支。人类演化的一个基本趋势就是越来越依赖文化。尤其是现代人出现之后，人类的体质演化基本停止了，甚至出现了退化，比如许多人的智齿不再长出来，头骨与肢骨的骨壁也变薄了。

　　回顾文化的演化对于我们理解进化论考古学是至关重要的，从中我们可以看出来，文化的确是进化过程的产物，并不是上帝"点化"的结果。我们现在看到的了不起的文化成就有漫长的发展过程。这是我们必须承认的，同时，我们还需要看到文化的另外一个方面。需要强调的是，这里所说的文化具有技术、社会、意识形态的完整结构，也就是解剖学上现代人出现以来的文化，更早的"文化"不具有完整的结构,虽然我们通常也称之为文化。我们现在流行一个概念叫作"元宇宙",所谓"元宇宙"是指"人类运用数字技术构建的,由现实世界映射或超越现实世界,可与现实世界交互的虚拟世界"。专家们把元宇宙的三大特征概括为:"与现实世界平行"、"反作用于现实世界"、"多种高技术综合"。前两项很好理解,第三项中的所谓"高技术"不太好定义。我们现在回头去看19世纪的电话技术,一定会觉得太原始了,而在当时,绝对算得上是高技术。只要我们把这个标准相对化,就会发现元宇宙根本不算什么新事物,而且其意义与曾经发生的类似变革,完全不能相提并论。

十万年前,人类演化史上发生了一件极为重大的事件——艺术起源。这个时间,只是一个约数,因为有些学者认为人类的艺术起源可能更早,以色列曾出土一件年代超过三十万年的石块,形似欧洲旧石器时代晚期的"维纳斯",上面有三道人工刻痕。这件标本是个孤例,所以学界还是不太敢相信人类的艺术起源能够如此之早。但是到距今十万年前后,在南非的布隆伯斯(Blombos)洞,发现了数件明确无误的艺术品,包括带刻画痕迹的赭石。拥有艺术品是解剖学上现代人的基本特征之一,虽然尼安德特人遗址中也曾发现过类似艺术品的器物,但其创造性远不如现代人,而且也罕有发现,所以学界更多认为这是尼安德特人模仿现代人的产物。

北京周口店山顶洞遗址也曾发现赭石,与其他装饰品以及人类化石一起出土。山顶洞遗址可能是一处墓葬,人们当时可能在死者尸体上撒了赤铁矿(就是赭石)粉,用红色来象征生命,希望死者在另外一个世界能够过上美好的生活。从唯物主义的观点看来，人的死亡就是生命系统瓦解，人体逐渐降解，成为无机物，有可能为其他的生命体所吸收，进入新的生命循环。对于前现代人类祖先而言，他们不会有什么哲学观点，但他们无疑还是明白生死的，他们也会像所有动物一样，在面临生死威胁的时候，知道逃避。但是现代人不仅知道生死状态，还塑造了一个死后的世界，还会利用物品的象征意义构建这样的世界。

艺术品的主要功能是象征，即用物品象征一个在现实世界之外存在的世界——虚拟的世界。艺术起源开创了人类的精神世界，精神世界就是虚拟现实，从这个角度说，艺术起源开创了虚拟现实！如果说元宇宙的本质特征是用"高技术"塑造虚拟现实并影响现实世界的话，那么那些早期艺术品完全具有这样的特征。艺术品的制作通常都需要稀罕的原料、细致的加工，可以代表那个时代最高的技术水平。艺术品反过来对现实世界的影响更是毋庸置疑的，古往今来，音乐、舞蹈、文学等等艺术形式，塑造了极为丰富的人类精神世界。

语言、艺术的重大飞跃本质上还是外物的符号化，是现实的虚拟化，由此知识的交流、存储、传承、革新都有更有效的方式。从前的学习只能依靠模仿，操作者与学习者必须都在场，而且需要不断地重复。当信息符号化、外物化之后，人们的交流无须依赖面对面的形式就能进行。语言、艺术可以塑造虚拟化的现实，在虚拟世界中，创新可以无穷无尽地展开，成本几乎为零。从这个角度来说，元宇宙的确不是什么新鲜事物。不过，上面所说的主要意思涉及一个关键的问题，那就是文化的本质。符号化之后更方便文化的积累与传播，更进一步促进了人类社会性的发展。曾经看到过一种说法，动物界中章鱼的智商很高，但是章鱼缺乏社会性，而且寿命只有四年，一代章鱼的创造无法传递给下一代，无法积累，无法通过社会放大影响。从这个角度说，文化就是符号化的，可以在个体与社会之间积累传承的创造。

这里还有一个需要解决的问题是人的意向性，包括人的意志在内。文化更像是一个具有整体性的概念，而人的意向性是以个体为中心的。可以从辩证的角度进行思考，但是进化论如何跟人的意向性协调呢？假如认为人的意向性也符合进化论，将之视为"突变或变异"，人的价值何在呢？如果反对这一点，理论依据又是什么呢？老实说，我没有想好这个问题。

——关于人的能动性，我觉得这是人在做努力自我控制的精神，比如说现在环境污染很严重，如果不加控制，资源将被我们消耗殆尽，环境终究会消失。但是我们不能由着让它消失，这就是我们的精神，我觉得精神层面的东西是没有进化的。

我们的精神一直都停留在原地？精神领域的东西也是有进步的。人逆潮流而动，通常视为能动性的体现。但是，从进化论角度可以这么解释，因为你追求更长远的利益，一旦成功的话，获得的利益极大。如果用进化论来解释精神产品的话，如诸子百家中，其他家都没有成功，而是只有孔夫子的思想能够先后被曾子、荀子、孟子等不断地复制，因为孔夫子的学说更适合当时中国社会历史环境。

——我还想到一个概念，平衡。儒家之所以能发展，是因为它适合当时的社会，跟当时的社会达到一种平衡。

本特利（R. A. Bentley）他们用了一个词叫适合度。[①]儒家学说正好符合汉初那个混乱初定的时代，之前的数百年战乱频繁，社会矛盾比较尖锐，社会各阶层都发现这样不好。以前我们只是说统治阶级发现孔夫子的学说有利于统治，其实一部分老百姓也发现这个很有用。在史前时代无政府主义状态下，人们是没有安全保障的。当恶行没有任何惩罚的时候，谁都得不到安全。为了获得安全感，人们开始成立一个联盟，最后逐渐发展成了国家。在这个意义上说，国家就是社会秩序的代名词。孔夫子提供了什么呢？他提供了社会秩序的价值规范，提供了判断对错的标准。一旦孔夫子的思想得到社会各个阶层的普遍认同，就能够为各个阶层提供安全保障，当它融入社会体系之中后，每个人都必须要认同它才能在这个社会中生存下去。按照进化论考古的说法，就是这种思想能够成功复制，为社会稳定提供了思想基础，所以有张载的那四句话："为天地立心，为生民立命，为往圣继绝学，为万世开太平"，这就是儒家学说的贡献。简言之，中国历史上的社会选择了儒家学说，而不是简单地将之视为统治阶级的意志，因为它带来中国社会的"适合度"。当然，儒家学说在近现代中国社会转型过程中遇到了严重的问题，受到了猛烈的批判。如今中国重新崛起，大家终于可以心平气和地重新考察儒家学说了。儒家学说显然不能直接用于当代社会，但是，以观念为基础形成稳定社会秩序的做法还是值得当代社会借鉴的。

[①] R. A. Bentely, C. Lipo, H. D. G. Maschner, and B. Marler, "Darwinian archaeologies," in R. A. Bentely, H. D. G. Maschner, and C. Chippindale, eds., *Handbook of Archaeological Theories*, Lanham: AltaMira, 2008, pp. 109-132.

文化是如何进化的呢？它是否遵循与生物进化一模一样的原则呢？稍微观察一下现实，就会发现两者并不完全一样，生物进化遵循垂直的代际路径，适者生存，不适者会被淘汰；文化进化的路径要复杂得多，除了代际的传承之外，还可以水平传递，即通过学习来获得。如果彼此的水平相差不多的话，看一眼就可能学到。文化是可以相互学习的，把一个狩猎采集群体刚出生的孩子放到城市中来抚养，他将会学会现代科学知识。让小羊放在狼群中长大（可能性极其微小），它仍然不可能学会捕猎。

在旧石器时代考古研究中，我们遇到一个非常大的困难，那就是人类体质与文化进化并不同步。比如说中国长江中下游到华南地区，从旧石器时代早期开始就一直是砾石砍砸器传统，旧石器时代晚期的时候出现了燧石石片工具，到了旧新石器时代过渡阶段以及新石器时代早期，又出现了砾石工具。如果说使用石片工具的旧石器时代晚期人群是解剖学上的现代人，那么后来又使用砾石工具的难道不是现代人？现代人走出非洲的时候使用的具有阿舍利、莫斯特传统的石器技术，为什么这些石器技术没有带到长江中下游与华南地区来呢？如果石器技术不能代表旧石器时代人群的文化，那么文化又表现在什么地方呢？我研究生阶段的专业方向是旧石器时代考古，体质与文化进化的不对应并不仅仅见于中国，也见于世界其他地区。我博士阶段两位导师之一弗雷德·温道夫（Fred Wendorf）长期在埃及从事旧石器时代到新石器时代早期的考古工作，他也注意到没有发生石器上的显著变化。要知道现代人要走出非洲，尼罗河谷是必经之路。

从现实的观察与旧石器时代考古中，我们应该可以得出两个结论：一是文化是进化的，它符合进化论的一般法则；二是文化进化具有超越一般进化论所包含的内容。前面有同学已经指出了这一点。也就是说，文化进化是立足于生物进化基础上表现更加复杂的进化，我觉得这么说可能是比较准确的。在这样的立场上，我们再来看进化论考古学，就能接受它的前提了，而不是将文化放在进化论之外，认为它不应该符合进化论。

文化是进化的，文化有超越生物进化论所包括的内容。也许未来的生物学家与考古学家一起会完成一次新的综合，建立一个包含人类文化进化在内的进化论。上一次生物学的大综合是把DNA生物学与传统的以分类为中心的生物学结合起来。目前这样的综合还没有形成，所以有学者如道金斯提出"模因"[1]，也就是文化基因。生物进化的基本单位是基因，文化进化是否也有基因呢？

——我觉得有。中国小孩在美国家庭长大，从小就会受到西方文化的熏陶，他从小就会认为自己是个美国人，各种行为习惯都是西方的。如果那个小孩从小是在中国长大的，大了才到美国去的，虽然会有后天的影响，但是中国的部分还是会比较明显的，有中国文化基因的影响。

也就是说，文化基因不能脱离文化背景而存在，这可能是跟生物基因不太一样的地方。就生物基因而言，你把一只小猴子放在狼群中养，它还是一只猴子，虽然它可能会模仿狼的行为，但它们的生物基因是不一样的。文化基因取决你的文化背景，如果你离开了这个文化背景，慢慢就没有了，还是有这种差别的。当然，前面也

---

[1] ［英］理查德·道金斯著，卢允中等译：《自私的基因》，中信出版社，2012年。

说到，如果个体长大后的生活更换了文化背景，它原来的文化还有可能存在一段时间，尤其是他们还有自己的文化群体时，比如说生活在唐人街，那么原来的文化还会保存更长的时间。我们接着刚才的问题讲，文化进化在哪些方面展开？或者说，我们看到了哪些文化上的进化？

——从大方向来看，对比现在的社会与过去的社会，社会是在不断进步的。

这涉及我们怎么来衡量进化？我们用了一个词叫适合度。如果你不适合可能就消失了，就不存在了。一个思想不适合慢慢就消失了，一个技术也慢慢被淘汰了，一种人不适合也会被淘汰。

技术上的确有这种情况，有的产品技术上很先进，但是它不是最适合的，战场上有不少这样的例子。二战的时候，德国生产了一些先进的武器装备，如虎式坦克，很先进，可是成本太高了，而且可靠性也不是太好。进步不等于适合，适合度是非常重要的，就我们刚才讲的诸子百家那些思想，有的思想也很好，如讲"兼爱"与"非攻"的墨家思想，跟儒家思想也很像，但最终就没有传承下来，因为缺乏可操作性。

——前面说的都是观念，文化的进化有没有形式？

当然有的，我们就以衣服为例，看人类服装的发展史，当然知道其中存在功能的一面，如追求方便和舒适；也知道服装的目的不限于此，为了美观，也为了追溯潮流。从服装的角度来看，服装的变化也要符合进化论的原则，也存在适合度的问题。它的适合度如何体现呢？就是服装跟时代的观念、经济、文化、潮流的关系。对于人类来说，服装是具有表达性的，动物通过其皮毛来展示，人类则利用服装这一文化性物质。即使在物质贫穷的时代，如鲁迅先生笔下的孔乙己，他坚持穿长衫，虽说那件衣服已经油光锃亮、脏兮兮的。选择穿长衫而不是穿短衫，这代表了他的社会阶层。大家仔细琢磨会发现很有意思，从进化论思想来研究服装是可以别出心裁的。前面推荐过《百年衣裳》这本书，它只是把各个阶段的衣裳摆出来，把各个衣裳相应的背景罗列了一下，但没有从服装的角度讲出来为什么这些衣服会流行。我们完全可以从进化论的角度来重新研究一下。说到这里，意味着我们开始研究物了，也就是进化论考古具体关注的内容。

　　考古学研究具体的物质遗存，器物研究是我们大家经常做的。我们现在是如何做器物研究的呢？首先就是要分类，要分区，分阶段，也就是分期排队，这项工作其实可以用进化论考古来做。我们可以把器物及其特征都进行分期排队，当一种器物刚刚出现的时候，它会有很多的变化，但是这些变化中不是所有的变化都会保存下来，会不断地产生新的变化，在不同时期、不同地区会有不同的表现形式，最终形成演化的序列。你可以去分析这些东西的适合度，为什么出现，为什么消失。考古学文化的谱系研究是不是也有这么一点意思，或者说其中暗含着进化论的思想？

　　——谱系研究梳理物质遗存特征的发展脉络，确实与进化论有一定关系。

　　谱系研究中经常会用到文化因素分析，文化因素分析就是研究所列的一系列的特征，哪些可以保存下来，哪些扩散开来，产生了怎样的变化？它跟我们说的进化论考古有什么区别？是不是说它也可以叫作进化论考古？

我们在前面提到，中国考古学的功能主义考古很像过程考古，不知道大家想过没有，我们做的这些东西为什么没有形成一种流派或范式呢？其中一个很重要的原因就是我们的实践没有与理论原理层面上的探索结合起来。古代中国人在制作宝剑之前往往都是要沐浴、斋戒，然后还要冥想，最后开始铸炼刀剑。你要是问铸剑师，你是怎么炼出来这样一把削铁如泥的宝剑的。他会说心要诚，手要稳，还有其他一些高度个体化的经验归纳，而没有对铸剑的理论原理进行总结。如今我们再来制作宝剑的时候，我们知道材料的科学原理，知道为什么大马士革刀上面会有花纹，知道为什么它会那么锋利，甚至知道它上面分布着什么样的原子结构。知道理论原理之后，通过控制材料，我们现在就可以做出同样的东西，甚至能够做得更好。传统文化中特别欠缺原理上的探索，我们的先人做了很多水平很高的东西，但是没有上升到理论高度上去，就只能是个局部的东西，无法为他人所取法。

谱系研究可能符合进化论，但是你从来没有提出来要去用这个进化论，也没有去发展理论建构。对于我们年轻一代的考古学研究者而言，要逐渐习惯理论建构。你就一批具体材料做一篇论文，不能只是对它做一个基本的分析就结束了，你的建构呢？我们是从一个很大的问题出发的，解决其中一个很小的问题，解决这个小问题之后我们应该要重新回到这个大问题上来。回到这个大问题的过程，其实就是一个理论建构的过程。如果你没有完成这个过程的话，你的研究做得再好，那也是一个小众的研究，因为能理解这批材料的人毕竟很少。比如说你研究几件人类牙齿化石，费了不少时间，结果就只是描述了这些化石有什么特征，其意义是可想而知的。如果把化石上升到人类演化的高度，认识到它们可能代表中国智人最早的出现，挑战了人类走出非洲的理论，那就是重大发现了。我是从一个大问题出发的，研究的是一个小问题，就是几颗牙齿，然后又从这几颗牙齿回到了大问题，提出一个突破性的科学认识，形成新的理论建构。

为什么一些学生做不了研究？首先就是视野不够，不能仅仅局限于自己的那个小领域，不能说我做北方民族考古就只读北方民族的这一点内容，那是绝对不够的。那个问题太细微了，做出来的研究太琐碎了。我们很习惯于做一些很具体的工作，不适应做理论建构，未来一定要改变，否则中国考古学是难以进入世界先进的行列的。

进化论考古

下面我们侧重要讲的问题是进化论跟考古学的关系，进化论能不能运用到考古学中来？或者应用到考古学中有什么意义？现在让你试着去找一个研究课题，能不能体现出进化论来？你想做什么样的器物研究？

——陶塑。

陶塑当然也可以做进化论考古，如果把所有的陶塑都收集起来的话，把陶塑的特征分解出来，看看有哪些陶塑特征会流传下来，哪些消失了。为什么有些特征能流行，有的为什么不能？

——应该是因为适合度。

我曾经写过一篇小文章，叫作"枪支的类型学"，回顾了皮特-里弗斯有关枪支进化的研究，他是进化论的拥趸，但是他的进化论是19世纪式的，是单线条。即枪支的进化只有一条正确的路线，其他都是死胡同。趋势都是从前膛装填到后膛装填，从分装弹药到定装弹药，从滑膛到线膛……实际情况并非如此，进入20世纪后，由于有了电动机，多枪管的加特林机枪复活了，转膛枪也复活了。扩充到火炮领域，滑膛炮也复活了，坦克炮基本是滑膛炮，大型火炮仍然采用分装弹药。枪炮的进化是完全以效率为中心的，但是也不是简单的单线条。枪炮非常适合用进化论来分析，其中存在许多的分支，有些分支的产生是新的发明，只是受到枪炮的启发，而没有直接的渊源关系，有些倒是可以看出直接的渊源。相互的借鉴、融合是比较常见的，这也是文化进化的基本特征。

回到史前的话，陶塑不是中国史前时代的强项，材料也不是太多，辽西地区相对多一些。研究方法也涉及先要收集陶像，把陶塑分分类，里面分大类，分小类，然后分区。后面要讨论文化影响，判断哪些来自传统的影响，哪些是外来的影响。还需要回答一个问题，那就是为什么会受到影响？为什么会产生这样的变化？在解释变化的时候需要原理的支持，进化论提供这样的支持，而不是假定变化自己就会发生，文化历史考古的研究没有提供这样的原理，所以总是无法回答好"Why"与"How"这两个问题。除了陶塑，还可以选择什么？

——服装。我是苗族的，对服饰发展史感兴趣。

服饰更多与象征性、与观念相关，我们前面讨论过。考古材料中不少是与实际功能相关，其中存在技术的进化问题。我看过一个例子就是讲农业技术演化的，是一个人类学家做的，他研究美国西南部的土地类型，他把这些土地进行分类，看哪种类型最多，然后再看不同时期的变化，解释为什么这种类型能够出现。① 研究主要从土地功能的角度来考虑，运用比较的视角，最后发现在美国的西南部有一种叫戈壁滩的土地最流行，土地上有很多的石头，为什么会出现这样的情况呢？这个地区干旱，昼夜温差大，戈壁滩类型的土地能够更好地保存水分，维持土地的温度。尽管其他类型的土地曾经也有不少，但这种土地逐渐占了优势，这种类型的土地在不断地被成功复制，其他土地类型的复制不太成功。

有学生做过辽西地区农业技术的研究，侧重于物种的选择。辽西地区刚开始发展农业的时候，是有不少植物可以利用的，最终这里选择了黍，而没有选择粟。因为黍相对于粟来说，更耐寒，更耐干旱，更早熟。人们还选择了大豆，因为大豆能改善土质。在这方面，我自己也有切身的体会，小时候在我老家，鄂南的丘陵地区，比较低的地方是水田，高的地方是地，地里种过粟、高粱、荞麦、玉米（当地叫苞谷）、红薯、白薯、土豆、芝麻、苎麻、棉花等，后来这些慢慢都没了。首先是荞麦，然后是粟、高粱、白薯等，再后是红薯、苎麻等。现在玉米种得比较多，几乎把以前的那些农作物都给替代掉了，为什么现在玉米流行呢？因为玉米有很大的商业价值，玉米可以大量当饲料，当工业原料，产量又特别大，又不需要太多的人力，农村现在基本都是老人，非常缺劳力。当地还大量种南瓜与冬瓜，都是作为食品工业的原料种植的，你会发现它们的

---

① S. Dominguez, "Optimal gardening strategies: maximizing the input and retention of water in prehistoric gridded fields in north central New Mexico," *World Archaeology*, 2002(34): 131–163.

适合度主要取决于市场。如果明年玉米价格下跌，同时南瓜特别贵的话，你会发现好多玉米地会消失，全部改种南瓜。当我们对背景了解得比较清晰的时候，比较好解释这些现象。

对于史前考古而言，我们需要尽可能知道史前时代的背景，我们还需要倒着往回推，了解这个东西什么时候开始的，什么时候流行的，有着怎样的分化，有哪些创新，我们要去寻找彼此之间的关联，解释为什么它有这么高的适合度。有些东西并不是说你先进，你一定就能够流行，它之所以流行，一定有它的道理，而这个道理恰好是我们特别想知道的，通过以上的探索进一步去了解社会，从整体上去更好地把握社会的发展。

我们还可以研究墓葬，收集所有的墓葬形式，关注它们的发展变化，很可能会发现某种形制很流行，为什么？我们很多的研究从来不回答为什么，我们需要回答它的适合度是怎么诞生的，以及这个特征是怎么一点点出现的，其他特征是怎么消失的。你不能简单地用一个受了外来影响来解释——是移民吗？就像生物界的外来物种入侵，入侵的外来物种在没有竞争对手的情况下会出现惊人的适合度，比如亚洲鲤鱼，到了北美特别适应。有些文化因素在本地还不那么流行，换一个地方，正好填补了那个地方的类似于生态环境空白，变得特别合适，典型的例子就是佛教，它在印度本土已经式微，而在其他地方发扬光大了。

——我想研究银器，为什么游牧民族喜欢戴银首饰？我想是因为他们游牧，这些东西都是财产，我身上的就是我的所有，但是像定居的民族就没有这种表现。我们是不是可以从这样的适合度来探讨银首饰的变化？

史前欧洲常用黄金，中国用的玉石比较多，草原民族喜欢用黄金牌饰。首饰当然可以成为研究的对象，包括它的形制、材质、组合等都可以成为研究的内容。为什么古人会选择这种材料？我想游牧民族在选择首饰的时候，肯定是会有考虑的。你会发现他们用了很多材料，从玛瑙、绿松石、贝壳到黄金，材料很多样。草原上海贝是很稀罕的东西，金银也是，还有玉石，但在不同时期、不同地域不同材料的流行程度是有差异的。

——会有进化的成分在，主要还是跟环境有关吧？

跟环境的关系可能还真不大，为什么呢？说到环境我理解更多是指自然环境，装饰品需要一些稀罕的东西，越稀罕越好，来源地越远越好。为什么那个时候会出现这些东西？这是个比较值得琢磨的问题，看看它的来龙去脉，外来物品的出现与交换相关。草原民族的活动范围大，尤其是东西向同一纬度上的活动比较容易，南北向需要跨越不同自然地理环境，难度相对较大。他们选择了黄金，可能与草原地带的文化交流相关，也可能如上面所说的，这些贵重的东西非常适合携带，认同的范围比较广。即使不用做装饰品，也可以长期持有，交换其他的东西。

——我有个问题，我们是把文化进化与生物进化类比吗？它们俩是什么关系？我有些疑惑，两者的基础原理可能不太一样，动物的基因其实是随机的变化，但文化不是随机的。

进化论考古对这个问题的回答是特别明确的，就是文化进化符合生物进化论，就是达尔文的进化论。达尔文的进化论是个统一的理论，而不是说因为人类有特殊性，人类文化就不符合进化论。你的观点中暗含着，文化进化是有方向的。就人的主观愿望而言，文化发展是有方向的，但是人的主观愿望是否可以代表文化进化本身呢？毫无疑问人类的进化符合进化论，而文化是人的一部分，文化肯定符合进化论，部分必须要服从整体。但是你的意思是说人类的某一个部分不符合进化论。

前面我们已经得出两个结论，一个是人符合进化论；另一个是进化论还没有完全覆盖文化领域。进化论毕竟是从生物学中起源的，目前的适用度主要体现在生物学领域，进入文化领域是新的发展，其中肯定还有不少问题。

——我也不是说进化论是错误的，进化论考古学只是一个考古学的流派，仅是一部分人做研究的角度，并不是十全十美，并不是对于任何问题都可以作出合理解释的。

我比较赞同你的这个观点。任何的理论我们都要对它的适用范围做一个限定。我感觉进化论要有所限定。我们不能够直接反对进化论，因为从逻辑上来说确实没法反对它，只要你承认进化论是关于所有生物的理论，后面就没法反对了。但是，我们可以说，进化论覆盖的范围还没有能够充分揭示文化现象，文化进化论与生物进化论的融合还需要假以时日的探索。进化论考古学借鉴了进化论的思想，是考古学理论的新探索，这一点是非常值得肯定的。

第十二讲
考古学距离马克思主义有多远？

　　严格意义上说，"马克思主义考古"这个概念是不成立的，马克思主义如何能够考古？可以说"马克思主义与考古"或"马克思主义指导下的考古"。其实，我们说的马克思主义考古说的就是这个意思，只是约定俗成，简称"马克思主义考古"。前面的能动性考古、物质性考古、景观考古等都类似之，在我们这个课程特定的语境下，"某某考古"中的"某某"通常是指该理论所强调的方面，或是理论指导，或是研究主题，或是研究的目标。其中并没有一个统一的分类逻辑，这一点是大家需要提前注意的。

　　不论是支持还是反对马克思主义的人，都不否认马克思主义是一个宏大深刻的思想体系。也正因为如此，如何才算真正理解了马克思主义，就变成了一个十分困难的话题。除了极少数的研究者，我都可以说你不懂马克思主义，因为马克思的著作你不可能都读了。如果你真的读了全集，我可以说你没有读德文原版。甚至你能够读原版，我说你应该去读手稿；如果你真的读到了手稿，我说你可能要问问马克思本人，他的真实想法是什么……如此抬杠下去，就没有人敢说自己懂马克思主义了。马克思身后，马克思主义还在发展之中，不只是在中国，也包括在西方，我们阅读的这篇文章就是在讨论西方的马克思主义考古。

我们是通过教科书来学习马克思主义的，从小到大，花了不少时间来学。我高中阶段学习《辩证唯物主义与历史唯物主义》的课程时（时间长了，具体的课程名称可能有点出入），我在教材上写满了我的思考。马克思主义有点像我们思想的DNA，可能大家彼此之间没有这种意识，如果给你换一个陌生的文化背景，你会突然发现马克思主义就好像你的源代码似的。你自然而然地笃信唯物主义，认为世界是物质的、客观的、运动的，你会认为唯心主义是不正确的。你会觉得这样的认识天经地义，自然而然，当别人不这样看时，你反而会觉得很令人惊奇。

我们都知道，马克思主义是中国考古学的指导思想，我们好像非常熟悉马克思主义，但是真正细究的时候，又会发现自己很陌生。我们可能从来都没有认真地思考过这个问题，马克思主义是如何指导中国考古学的？目前遇到了什么问题？大家可能会说，考古学研究就是去发现材料，分析材料，重建过去，没有感觉需要跟马克思主义结合；如果一定要说马克思主义指导考古学研究，是不是有点泛政治化呢？我能够理解这样的质疑，这是我们在课上需要讨论的问题。马克思主义，既熟悉又陌生，我们处在某种悖论之中。我们可以借鉴一下"他山之石"，看看马克思主义在西方考古学中是如何发展的，从而帮助我们理解自己。

麦奎尔（R. H. McGuire）的这篇文章读起来是比较容易的[①]，你

[①] R. H. McGuire, "Marxisum," in R. A. Bentely, H. D. G. Maschner, and C. Chippindale, eds., *Handbook of Archaeological Theories*, Lanham: AltaMira, 2008, pp. 73–94.

可能突然发现英语原来这么好懂，他写得这么规范、这么流畅。其实语言的根本还是理解的问题，他说的内容我们太熟悉了，就像一个外国人在跟我们讲中文，他只要能够蹦出几个字，我们就能理解他的意思。在我们的思维结构中，早就已经有了他所要讲的东西，所以他只要提到一点点内容，我们的思维就能够自动补齐剩余的，所以我们觉得特别好理解。他的话直接翻译成汉语，可以做到一一对应。这也说明我们在吸收马克思主义的时候，是下了大功夫的，我们把其中的思维结构与文化背景也都融进中文之中。

麦奎尔讲到西方考古学的诸多理论，都受到了马克思主义的影响，从文化历史考古、过程考古、后过程考古等诸多流派，都是如此。马克思主义考古的范式跟其他范式是交错在一块的，而不是早晚关系，像文化历史、过程、后过程考古范式前后相继，但三者都与马克思主义密切相关。

按照现代主义的信条，历史就是垃圾，历史的价值就是提供教训，历史就是应该被抛弃的东西。古建筑、古物作为旧思想的载体，应该被抛弃。我们走过这样那样的弯路，我们不能简单将自己的错误归咎于马克思主义，就像我们不能把中国近现代的落后都归咎于孔夫子与儒家学说一样。如何发挥一个优秀思想的价值取决于我们的能动性，而不是已经先在的思想。当前，中国考古学处在一个前所未有的发展机遇之中，当然，也有非常迫切的挑战，那就是要建立自主知识体系，我们不可能永远处在知识依附体系之中，中国学术自身体量、历史与发展不允许，国际现实条件也不允许。建立中国特色、中国风格与中国气派考古学的基础资源是什么呢？我们能凭借的资源不能只是田野考古发掘，不可能就仅仅是这些第一手的材料。我们凭借的还应该包括中华文化独一无二的连续传统，我们自身的学术传统与学术积累，以及我们的探索与创新。学术是一项积累性非常强的活动，不能每一代人都重起炉灶，不要把前人都想象成傻子，认为他们的工作都做错了。如果我们回到那个时代，也未必能够做得更好。从这样的立场出发，我们再来看中国的马克思主义考古，从郭沫若算起的话，也有八九十年的时间了，其中有发现、有挫折、有停滞、有矛盾，这些东西都应该是可以利用的资源，代表中国马克思主义考古的探索。

需要注意的是，中国的马克思主义跟西方的马克思主义有不一样的地方。马克思主义是中国政治意识形态的基石，在西方是一种受到控制的较为边缘的思想观念。有关马克思主义的争论从其诞生开始就一直存在，我曾经在长春雕塑公园的博物馆中看到过一尊马克思的雕塑，是艺术家用铁丝绕成的，密密麻麻的，近看有点模糊，远看的话，一眼就知道是马克思。我能理解艺术家的意图，他想表现的可能就是纠缠与连绵的感觉。我们每个人可能都有自己的马克思，其实马克思也有自己的马克思，马克思都说自己不是马克思主义者。我们也学了这么多年的马克思主义，肯定会有自己的一些看法。

我们可以讨论的问题包括在中国考古学研究中，我们是怎么运用马克思主义的？究竟马克思主义考古有什么优点和不足？麦奎尔的文章对马克思主义考古是全面肯定的，我们自己怎么看？它与其他流派的考古学研究之间是什么关系？我们应该如何去扬长避短，或是取长补短？还有马克思主义考古的实践存在什么问题？如果要做马克思主义考古研究，应该怎么做？目前遇到了什么障碍或困难？

或者说应该怎么来克服这些困难？我说的这些问题都是没有答案的，需要大家群策群力进行思考，期望能够相互有所启发。

马克思主义与考古学

第一个问题，在考古学研究中，我们是怎么看待马克思主义的？有哪些东西我们能够用得上？

——挺多的，比如说马克思主义认为物质文化是人类劳动的产物，是有意识的产物，所以我们通过研究物质文化，能够了解人类的意识，还有社会发展规律。

考古学研究现在也是这么做的，不过效果不是很理想，探索古人的意识形态总是最困难的一个部分。中国考古学上用的更多是社会发展史理论，你看麦奎尔的文章最受启发的一点是什么？

——我其实有个疑问，实践打破了二元对立，我不知道考古学中是怎么运用的？

你的感觉跟我的差不多。麦奎尔特别强调辩证法，我们以前学的马克思主义里面是没有这么强调的。辩证法不是从马克思主义开始的东西，在西方思想史上有很深的渊源。马克思主义之所以宏大，跟它所立足的思想背景是相关联的。当我读到这篇文章的时候，印象特别深刻的也是辩证法，麦奎尔强调相互作用，个人与个人、个人与社会，以及社会之间的，还强调物质与意识、能动性跟结构之间相互作用。这样的思考对于我们理解考古材料是有启发的。按过程考古学的观点，考古材料是人类行为的产物，是一个客观的东西，同时也可以反映人类行为。但是马克思主义不是这样讲的，人类行为是有目的的，人类会有意识地去创造，行为及其结果反映人类的目的性；人类运用物质改变、创造、塑造、构建某些东西，从具体的工程到社会关系，还可以包括意识形态。我们以前只是把考古材料当成一个被动的东西，现在不一样了，就好像我告诉你，人大的人文楼不仅仅是一栋办公楼，而是有建筑者在塑造某种东西，有意把它做成一个人字形，做成人大的标志、地标，或者说象征某种观念。也就是说，建筑实际上也在塑造一种意义。哪怕只是一个图标，代表建筑者试图运用符号去构建一种东西，可能就是人大的学校认同。

我们在思考这个问题的时候，表面上看，马克思主义跟考古材料相差甚远，但是它为我们思考考古材料的性质提供一个基本的出发点。大家看了这篇文章有什么体会？

——我感觉都可以用，但是感觉没有跟考古学研究联系起来。麦奎尔的文章全篇都在讲马克思主义，并没有讲考古学。要说在考古学上的收获，就是文章中转述特里格的观点，认为马克思主义是一种高层理论，但是高层理论需要中层理论的辅助才能用来指导考古学研究，马克思主义离考古学研究还有距离。

特里格曾经说他为什么选择马克思主义，是因为马克思主义能更好地解释他所理解的人类行为。对此你是怎么看的，你觉得马克思主义能解释当今世界吗？

——我感觉马克思主义可能跟进化论类似，能解释整体的历史进程，但就一些人文方面的内容就无法解释了。历史唯物论说的是阶级矛盾，就只能解释大的历史变化与趋势，像人文意义方面的内容是无法用马克思主义理论来解释的。

你把问题引向了另外一个领域，引向了人文意义。正如我们在上一讲说过，马克思主义、进化论都属于宏大叙事，人文视角的研究是比较反对这个的，所以出现碎片化、去中心化等。但是，并不是说宏大叙事就消失了，它也在建构之中。马克思主义仍然可以是我们理解当代社会的基础。生产力与生产关系，经济基础与上层建筑，你不得不承认，它们是非常有解释能力的。对于一些发展中国家而言，如果不在社会关系上改革，要真正发展生产力是非常困难的。有的国家反其道而行，当生产关系无法改变的时候，就降低生产力来适应生产关系，最终只能是普遍的贫穷。马克思主义是宏观的，对于微观上的一些东西，如人文意义，这个方面的确不是马克思主义的强项，马克思主义强调能动性，强调实践的作用，这些已经为人文方向的研究提供了观念基础。我猜你说的是很具体的情况，这就回到了上面的问题，从马克思主义到具体的考古材料，中间还有很大距离，需要发展中间层次的理论，不能指望马克思主义解决所有的问题。

——我感觉中国应该是没有马克思主义考古的。我看了一些文章，中国所谓的运用马克思主义，早期是喊口号，在考古学研究中强行套用理论，应该是跟当时特殊的政治环境有关。现在的文章虽然没有喊口号，但是在材料分析的时候肯定没有运用到，还是只在结论中套用马克思主义理论。所以，我认为中国考古学运用马克思主义理论还是一种悬空式的。我看了麦奎尔的文章之后，感觉马克思主义应该可以运用在考古材料中，如唯物论中关于物质和意识的相互作用，还有意识的能动性，这引发了很多后过程考古的研究。

不知道你有没有发现，麦奎尔说得跟我们的不一样？我们说物质是决定意识的，麦奎尔没有赞同这一点，他跟我们的决定论观念存在差别。

——新马克思主义有些背离唯物主义了。这篇文章让我感到马克思主义是一种融合性很高的理论，什么范式都可以包含在内，但又有些区别。比如说过程考古学跟马克思主义，过程考古强调文化适应，马克思主义强调矛盾斗争，过程考古强调的没有马克思主义强调的尖锐。

这个说法很有意思。过程考古有点像生产力考古，专门研究生产力，后过程考古似乎更强调生产关系。这里面有个概念特别值得注意，那就是实践，实践既是物质的，又是意识的；既是现实的，也是历史的。它是我们在解释考古材料的时候可以利用的中介概念。像我们看的霍德的文章，进一步上升到"日常实践"，再进一步引申为"操作链"，由此与考古材料结合起来。从理论到具体的材料，中间需要很多桥墩，实践、日常实践、操作链等都是桥墩。有一部分桥墩只能从其他学科中引进，有一部分需要我们自己去构建。相向而行，理论跟材料之间的鸿沟也就慢慢可以逾越了。

就这个部分我们可以做点总结，马克思主义究竟是怎么影响考古学的。我理解至少可以包括三个方面：第一个方面是提供哲学基础，比如说中国考古学采用辩证唯物主义与历史唯物主义的思想。我们上面的讨论中扩展了这个基础，即我们还可以融入新马克思主义的思想。这个方面回答的基本问题是物质是什么，物质与意识之间的关系是什么。回到考古学领域，就是我们应该如何理解考古材料，从唯物主义的角度来看，它应该是客观的。如果借鉴新马克思主义的观点，那么这个立场就会有相当程度的软化，我们会承认考古材料本身是带有理论的，会承认意识形态与物质材料之间相互渗透的关系。大多数研究者不太关注考古材料的哲学基础问题，采用的是朴素唯物论的立场，认为考古学研究关注物质遗存就行了，把哲学基础问题留给哲学家就好。实际情况并非如此，前面我们讨论过过程与后过程考古的区别，我们追溯区别的根源，就发现它们的哲学基础不同。考古学领域的重大范式变迁往往要落到哲学基础上来。

第二个方面是社会发展史理论，这个方面包括两个部分，一个是对社会运作基本规律的认识，比如我们熟知的生产力与生产关系、经济基础与上层建筑等；另一个是社会发展史的基本框架，人类历史社会经历了从原始社会到奴隶社会再到封建社会的发展序列，其中原始社会还经历了母系与父系两个阶段。前一个方面成为我们解释史前社会变迁的原理，后一个方面则是重建史前史的基本框架。

第三个方面很少有人提，那就是阐释古史的价值观，马克思主义的古史观不是英雄史观，而是人民史观，考古遗址的保护与利用上、考古材料的阐释解读上都要遵循这样的原则。已有研究者提出"为人民的考古学"的主张，这样的主张跟马克思主义的立场是一致的。

中国的马克思主义考古

——我不是很同意马克思主义考古的说法，因为我觉得中国考古学一直是作为古史研究的一种方法存在的，马克思主义的古史研究可以成立，马克思主义考古并不成立。

有道理。马克思主义的确是针对具体社会而言的，而不是针对作为考古材料的物质遗存而言的，考古学研究至少要上升到古史的程度，才可以说马克思主义。然而，这里可能有个悖论存在，没有理论的指导，我们是无法重建古史的。所以，前面就有同学质疑过，从理论出发的研究是否循环论证。马克思主义作为具有普遍意义上的理论，指导具有特殊意义的具体材料研究，不能算是循环论证，否则自然科学研究都是循环论证了，这些研究常常都是从普遍理论原理出发的。就你的说法，我倒是有个问题，你觉得马克思主义与中国考古学的关系有没有阶段性？应该可以划分几个阶段吧？

——我觉得可以以1978年为界，前后分两段。有一段时间出现了"以论代史"的倾向，把马克思主义的社会发展史理论当成了历史本身。

我以前有个学生对1949年后的中国考古学的理论状况很感兴趣，专门去统计了三大刊上的论文。他有一个重要的发现，你只要把那些黑体的语录除掉，它跟之前的文章其实并没有什么区别。他突然意识到一点，考古学真的有它自身的发展逻辑，不是你想拔高就可以拔高的。从考古材料到古史重建，一步一个脚印，每一步都不能省略。

就具体的马克思主义考古学研究而言，有两个例子还是比较成功的，一个是郭沫若先生做的，一个是张忠培先生做的。郭沫若的工作是他对中国古史分期的研究，读他的《中国古代社会研究》[①]，很惊奇于他的判断力。原书是1930年出版的，后来有重版，大家有兴趣可以参考。这是一部从马克思主义出发开展的古史研究，但能够跟考古材料结合起来。当时关于中国古史分期的争论很大，有

---

① 郭沫若：《中国古代社会研究》，商务印书馆，2017年。

的认为西周就已经是封建社会，有的认为汉代才是，有的甚至认为从魏晋开始才是，汉代还是奴隶制。郭沫若认为奴隶社会的主要矛盾是奴隶主和奴隶之间的矛盾，封建社会的主要矛盾是地主和农民之间的矛盾，主要矛盾是这个。他从这样的前提出发，进一步进行推理，农民太分散，难以了解，地主是可以知道的，因为有墓葬，相关的材料比较容易发现。

他的推论很有意思，他以铁器为研究对象，提出自己的观点：在奴隶社会向封建社会的转型期，地主阶级应该就是先进生产力的代表。如果铁器作为先进生产力表征的话，谁会率先采用呢？肯定是地主。当时井田制崩溃，地主拿到了私田或黑田，为了给自己带来更多的收成，他有充分的动力提高生产效率。而且他有资源去推广铁制工具。根据井田制崩溃的情况，他推断铁制工具的应用应该是在春秋战国之间，而实际上当时还没有相关的考古发现。所以，他所提出的，只能算是一个有待考古材料检验的假说，但是20世纪50年代的考古工作就发现了这个时期的铁制工具[①]。听说这个发现后，郭沫若很高兴，当时还写了文章进行评论。

读了郭沫若的研究，我觉得他的研究很像过程考古，他是演绎主义的，从普遍的原理出发，演绎出来一个可以检验的假说，很好玩是吧！他一点都不教条，不是直接把考古材料塞进社会发展史理论框架中。在郭沫若出版这部著作的时候，中国现代考古学才刚刚起步，连基本方法论都还没有建立起来，但郭沫若已经开始讨论古代社会问题了。从这个角度说，可以看出来理论的先导作用，它可

[①] 郭宝钧：《三虢镇与琉璃阁》，科学出版社，1959年。

以帮助我们在材料还不够充分的情况下开展研究，而不是等着材料具备之后才开始研究。

第二个比较成功的例子是张忠培先生做的，大家可以参考《元君庙仰韶墓地》这本报告①。张先生很幸运的一点，是他研究的那个墓地有一定的特殊性，正好有好多合葬墓，还有经过二次葬的，很有意思。这些材料就让他可以在马克思主义的指导下去探讨母系社会的性质。当大家都在做墓地分期研究的时候，张先生讨论的不是这个问题，而是古代社会究竟是什么样的。如果能证明那时候确实存在一个母系社会阶段，那就是一个很大的突破。当然，社会性质的考古比较困难，仅仅凭借墓葬材料还不足以下定论。无论如何，张先生的探索还是非常值得肯定的。

——这些好像都是个案，马克思主义总体上可以做什么呢？

理论上说，这些东西帮助我们解释社会变化、文化变迁。不过，这里有个问题值得反思，中国考古学是怎么解释的呢？是按照马克思主义来解释吗？

——通常是环境变迁与文化传播。

我们经常用到的解释是从外因出发的，尤其是在旧石器时代考古研究中，我看到的文章中提到的文化变迁的理由基本上都是因为环境变化，甚至扩展到农业起源与文明起源的研究中。

按照马克思主义的观点，我们更应该从内因的角度来讲，比如解释农业起源，长期以来基本就是环境决定论，因为这里有这些适合驯化的动植物资源，所以出现了农业；或者说是因为这里出现资

---

① 北京大学历史系考古教研室：《元君庙仰韶墓地》，文物出版社，1983年。

源短缺，人们不得不强化利用资源，所以走向了农业。它在解释文化变迁的时候，基本假定文化会自动发展，不需要去探讨内在的机制。但是新观点开始强调农业起源是为了"请客吃饭"，认为农业起源是社会内部竞争导致的[①]，如宴飨理论从内因的角度来解释，好像更符合马克思主义。这个解释更强调社会关系的重要性，因为社会关系的变化，从而导致了农业起源。

这里大家会感受到思想观念对解释途径的影响，一种观念认为，因为要吃饭（源于食物短缺或者不稳定），所以才改变。随着农业的发展，农业社会的出现，技术发展是不可避免的，这是一种比较传统的观点。另一种观念不是这种决定论的，认为生产力可以影响到生产关系，生产关系可以反过来影响生产力，并没有谁一定要决定谁。这个观点是斯波切克式的，她说经济基础可以决定上层建筑，上层建筑反过来也可以创造经济基础。

如何进一步发展马克思主义考古？

麦奎尔的文章里还讨论了一个很有意思的话题，就是女权主义和马克思主义之间的纠结。经典马克思主义认为阶级斗争是社会运作的核心，是一切斗争的出发点。女权主义理论认为，社会的所有压迫首先是女性受到压迫，这是阶级斗争的源头。麦奎尔寻求妥协的方案，他认为在考虑阶级斗争的时候并不妨碍考虑性别、族属的问题，在考虑女权斗争的时候，也要考虑到阶级。斗

[①] B. Hayden, "Nimrods, piscators, pluckers, and planters: the emergence of food production," *Journal of Anthropological Archaeology* 9(1990): 31-69.

争是多维度的，不同维度之间形成互补的关系。咱们课上女同学特别多，大家怎么看这个问题。人类社会的第一个斗争是男性与女性的斗争吗？女权主义思想跟阶级斗争的思想之间，是优先关系还是平行关系？

——不同时期不太一样吧！从历史时期的背景来看，人们不太关注性别问题。相反，把社会等级看作是第一位的，比如说公主相较于一般阶层的男性，尽管公主是女性，但社会等级决定她的地位要比一般男性高得多。

阶级还是第一位的，性别还是次要的。性别斗争更多出现在同一阶级里面。有一种说法提出，从史前到历史时期，人类性别不平等现象加剧了，你怎么理解？

——历史时期能够根据日常生活中的方方面面来塑造男女之间的性别差异。

这是个有趣的回答，历史时期有更多的物质条件，有利于人们去塑造性别不平等。这实际上是个很重要的理论问题，大家还可以进一步讨论。现在有一个很普遍的认识：随着阶级的分化，男权的体现也更加充分，通过战争、生产、交换等，他们垄断的资源越来越多。为了获取更多的资源，就会进一步推动更大规模的战争、生产与交换。一旦完成资源的垄断，性别不平等毫无疑问会加剧。

往前追溯性别不平等的起源，我们对旧石器时代情况的了解基本上是个空白，不过可以参考狩猎采集者的民族志。性别之间的竞争应该是存在的，男性以狩猎为主，女性以采集为主（有人认为女性也狩猎），这一点应该说没有多少争议，男女在空间识别上的进化心理学特征也支持这个判断。双方协作的必要性远大于竞争。当然，不否认地区之间是存在差别的，如果男性流动性大，适应的风险大，那么采用母系的社会结构是更有利于后代的照顾的。这种情况在旧新石器时代过渡阶段可能尤为明显，因为此时的狩猎资源减少，男性的流动性更大。在母系的社会结构中，男女的性别地位相对是较为平等的。如果男性感到不平等，他很可能选择离开自己的群体。这可能导致我们不大可能观察到性别不平等的现象。新石器时代中晚期家庭开始分化，父权制开始普遍建立，这是具有标志性的历史事件。我们目前的证据主要还是墓葬，另外就是参考民族志与人类学的研究。

麦奎尔文章强调辩证法，强调社会关系，认为关系是人存在的基础，没有关系就没有一切。我们中国人特别能理解这一点。我们究竟还能从马克思主义里得到什么？

——马克思主义在考古学上的应用，有辩证法，还有强调社会实践。马克思主义关注生产力，关注怎么去摄取剩余产品，可以帮助我们去解释文明的起源。

马克思主义似乎更多是帮助我们理解社会是怎么运作的。

——我觉得马克思主义更多是关于国家层次的、社会的，这样的社会已经有了比较明确的阶级分化，所以在解释社会时更多强调内部原因。

我们经常说你不了解普遍的社会和普遍的人，就不能理解特殊意义上的社会与人。无论是古代社会还是现代社会，都是特殊意义上的社会。所以我们首先需要先了解普遍意义上的社会，先见到森林才可以见到树木。反过来说，我们研究这些特殊的东西，也会帮助我们了解普遍的东西。马克思主义解释的是普遍的社会、普遍的人,他强调社会运作的根本动力是内在的矛盾,由此特别强调社会运作机制,如生产力与生产关系、经济基础与上层建筑。

我们再回过头来看古代社会,至少存在有阶级与没有阶级两个时期,有阶级社会,社会的主要矛盾就体现在阶级之间,有的时候尖锐,不可调和;有的时候矛盾不那么明显,甚至有其他的矛盾超越阶级矛盾成为社会的主要矛盾。但是,我们不得不承认,阶级矛盾是阶级社会的基本矛盾,只要存在阶级,它就一定会存在的。再者,因为阶级社会年代相对晚近,背景信息更加清晰,所以我们更可能从内因的角度进行解释。但是对于没有阶级的时期呢?是否真的存在一个原始共产主义状态?现在我们知道阶级可能是在新石器时代中晚期出现,那么旧石器时代与早期新石器时代有没有社会矛盾呢,那个时期的主要社会矛盾会是什么呢?

——食物分配、领地争夺,可能还有威望,为了生产与再生产。

这个概括比较精练。动物世界里面,动物争的不就是食物与繁衍的机会吗?对于旧石器时代狩猎采集的人类群体而言,食物分配曾经是见者有份,采取的是普惠制。普惠制是什么时候起源的,又是什么时候消失的,是旧石器考古研究的重要问题。普惠制对于人类的生存无疑是有帮助的,尤其是在人类人口稀少的时候。但是,随着人口的增加,普惠制就会变得难以为继。大家有兴趣可以看看萨林斯(Marshall Sahlins)的《石器时代经济学》[1],其中讲到农业

---

[1] [美]马歇尔·萨林斯著,张经纬等译:《石器时代经济学》,生活·读书·新知三联书店,2009年。

起源必须要突破普惠制。如果我就种了那么多的粮食,给所有人平均分配,那耕种者还有积极性吗?农业是一种延后回报,春天播种秋天才会有收获,除非耕种者能够确认收成属于自己,他们才会去播种,这就涉及对土地所有权的承认。

——普惠制不是很好吗?为什么会丧失呢?我们怎么知道它丧失了呢?

普惠制是怎么被打破的,我们还不知道,但是考古证据从一个侧面显示了打破普惠制的结果。在旧石器时代早中期,中国长江中下游与华南地区都是砍砸器工业,一直延伸到东南亚,将之视为一个考古文化是不可能的。北方是小石器或石片工业,分布范围也是相当广泛,持续时间超过百万年,也是不可能将其视为一个考古学文化的。但是到了旧石器时代晚期,大家再来看石器工业,就会发现存在明显的区域性特征,比如说细石叶技术,存在好几种地方性的技法。这个时候可以说存在地方性的考古学文化了,区域风格的形成是一定程度上的相对隔离造成的,也就是限定普惠制的结果。以前是见者有份,后来是只能对有亲属关系的人分享,不再跟完全不搭边的人分配,开始限定普惠的范围。限定的结果就是形成了比较稳定的社会圈,区域范围相对限定的社会圈,由此才会形成具有区域性的石器工业特征。这是吉尔曼(A. Gilman)的解释[1],这个解释的好处,是它能够与考古材料契合,也可以帮助解释后续的农业起源进程中所存在的社会内部竞争。

---

[1] A. Gilman, "Explaining the Upper Paleolithic Revolution," in M. Spriggs ed., *Marxist Perspectives in Archaeology*, Cambridge: Cambridge University Press, 1984, pp. 115-126.

在狩猎采集群体中，个体之间关于威望，也就是社会地位的竞争始终是存在的。即便是在具有社会性的灵长类群体中，这样的竞争也是存在的。在农业社会中，同样存在这样的竞争，在我的家乡，这叫"话份"，就是"说话的份"，翻译成现在的词叫"话语权"。你跟一大群人在一块说话，你说了半天没人听，某个人一开口，大家都听他的，这就是话语权，你会感觉到一种社会划分。

在社会的微观里面，类似的竞争是很普遍的。观察农村社会，你会发现一些问题。为什么农村请客吃饭那么铺张浪费？婚丧嫁娶，非常浪费。还有盖房子，盖房子不少时候并不是因为需要，而是为了社会身份。韩少功的《山南水北》是一部文学随笔，不过也是非常好的社会观察[①]，他在湘北曾经插队的农村盖了一栋房子，在这里生活，因此对当地的情况比较了解。农民攒了钱后，盖间小楼，外面贴上瓷砖，显气派。但是，这种房子冬天住着很冷，当地人又不愿意烧柴把新房子熏黑了，于是旁边盖了一间小平房，临时用的，在里面做饭。后来发现这里面挺温暖的，于是把床搬过来；在这里养猪也比较方便，于是把猪圈也搭起来。至于新房子，里面就堆了点粮食，有冰箱，但里面只放了一些农药，农村的电力时好时不好，冰箱也用不上。整个新房子几乎没有什么用，还花了不少钱。韩少功就问当地人：你又不住，这房子为啥要盖呢？你猜当地人怎么说的？"是啊！谁说不是呢。"你是不是有点一拳没打着的感觉？他们跟你居然有同感，同样猛烈地批判着房子。你再听的时候，就会发现有点不对劲了，其实他在批判的过程中展示，展示他

---

① 韩少功：《山南水北》，人民文学出版社，2008年。

有新房子。在边远农村地区，男青年的婚姻一直都是问题，家里有能力盖房子，就是实力的展示。即使不住，也是必须要有的。未来的考古学家万一发现这样的房子，他该如何解释呢？

记得看《人类婚姻史》[①]，一开头就说了上帝创造了人，然后把人劈开，每个人都在寻找自己的另一半，这是我们现在社会里面最喜欢的说法。另外一个说法是，所谓婚姻就是从一个家庭拿出一个男人，又从另外一个家庭拿出一个女人，然后他们组成一个新的家庭。婚姻是两个家庭之间的事情，而不是个人之间的事。把婚姻看作个人之间的事情是近代社会的产物，对于史前社会而言，婚姻涉及不同群体之间的关系。婚姻问题是不可能在本群体内解决的，一定要从外部来。当你去提亲的时候，人家不跟你结亲，这就很麻烦。从民族志材料来看，狩猎采集社会的战争与暴力大多与婚姻相关。一旦有暴力开头，后来就是报复了。联姻就意味着结盟，按照狩猎采集社会的观点，联姻是找一个帮自己打仗的小舅子。打仗需要结盟，凭什么结盟？婚姻圈往往是结盟的圈子，婚姻圈形成互动圈，形成区域的风格带，该区域的器物有自己独特的风格。我们研究的考古学文化，就是一个风格带。

——在生产与再生产之外，还可以有什么呢？

史前考古研究的大部分时段还是无阶级社会，我们很希望了解这样的社会是如何运作的。当前的研究热点还是阶级的起源，通常称之为等级的起源，因为阶级之前还有阶等（rank），涉及个体威望的差异。对于无阶级的社会，年龄、性别、群体认同等都是非常

---

① ［芬兰］E. A. 韦斯特马克著，李彬等译：《人类婚姻史》，商务印书馆，2002年。

重要的社会关系。对于狩猎采集者而言，经验是非常宝贵的财富，但是那个时候，能够活到五六十岁的人是很少的。猎人狩猎非常依赖视力，视力衰老了，也就意味着猎人的价值消失了，他只能依靠其群体生活。换句话说，若没有经验可以传承，他就是社会的负担。在现实社会中，我们也能够感受到年龄群体之间的矛盾，此时历史时期形成的文化传统就发挥了很大的作用。这样的文化传统是如何形成的，为什么不同地区存在相当大的差异呢？中国在五四运动之后，有不少反思传统家庭观念的文学著作，大家可能有所了解，家庭中父母与子女辈的矛盾也是相当尖锐的。

前面我们就提到过性别之间的斗争，中国文化不太喜欢讲这个，大家一般喜欢讲性别和谐。性别关系非常具有辩证性，矛盾双方是一个利益同盟体，同时又存在矛盾。举一个例子，比如说日本女性，婚后在家忙于家务，她们不允许自己的丈夫来帮忙做家务，比男性更加捍卫性别不平等。中国女性绝对不会认为你给我帮忙是对我尊严的伤害。中国经过现代革命，这种观念就比较弱了。同样的，在阶级矛盾中，你会发现地主和农民，有时候也是利益共同体。地主与农民长期相互依赖造就了一种意识形态，能够把农民彻底洗脑，都认为是地主养着农民，而不是相反。奴隶与奴隶主也有类似的关系，前面我们曾经提到过阿兹特克人虐待俘虏，而俘虏还配合虐待的例子。意识形态的强大作用令人印象深刻。相比而言，传统马克思主义强调生产端的重要性，而新马克思主义更强调意识形态端，更强调两者之间的关联性。

对于考古学来说，这样的认识有什么意义呢？我们会更加关注物质在意识形态端的意义，物质成为社会关系的表达，通常是用以表达社会身份。社会身份是多种多样的，一个社会中特别强调表达某种社会身份，那里往往就是社会关系敏感的地方。就当代生活而言，最经常表现的东西是财富，十多年前，汽车刚进入普通中国家庭的时候，大家都特别希望拥有一辆汽车，哪一种车子卖得最好呢？不是说哪种品牌卖得好，而是与一个看起来无关紧要的设计有关，那就是模仿奔驰，把车标立起来，豪华车通常都是这样的。但是在中国市场上，后来连大众、现代这样的车也这么做了，让人忍俊不禁。当时买车是身份的彰显，所以买的时候人们更愿意买那种带有彰显性特征的车子。现在很少看到这样的车标安装方式的，因为汽车在中国已经基本普及，彰显财富身份的意义已经淡化了。我还记得更早些年，大家都挺穷的，那时曾经流行一款燕舞牌收录机，它为什么卖得好呢？其实它的技术与质量都很一般，但是它的面板上安装了五颜六色的霓光灯，特别绚丽，非常有展示性。

前些年，大家排长队买苹果手机，甚至卖血卖肾来买苹果手机。我曾经问课上的学生，为什么要这么做呢？学生告诉我这叫"情怀"。现在苹果不行了，像王思聪这一类的人物都开始用华为了，用苹果显示身份的意义已经不存在了。现在每个人都有智能手机，外观上都差不太多，手机变成了纯粹实用的工具，展示的价值变小了。还有服装，如今服装也是不顶用了，因为富豪们也穿牛仔裤。如今最贵的可能是房子，房子的价值主要体现在区位上，所以一线城市黄金地段房子的价值一直都居高不下。

以后可能又要回到古董，带有文化价值的"奢侈品"。赤裸裸地展示财富往往是转型期社会的特征，成熟社会通常偏好不好衡量价值的文化产品，比如古董。清朝著名文人袁枚临死前跟两个儿子说，他确实挣了不少钱，他给扬州盐商写个墓志，人家给他1000两。那时候20两银子可以买套院子，他自己都觉得不可思议。但是，他继续说，钱其实不算什么，我们家跟别人家不一样，我们家有好的钟鼎彝器，我们是文化人，是诗礼簪缨之家。这些例子帮助我们理解物质与材料之间的关系，要从互相印证的角度去考虑，不要去争论鸡生蛋、蛋生鸡究竟谁先的问题。

——我就想知道马克思主义究竟距离考古学多远？为什么目前在中国考古学中，马克思主义还没有一个流派？

前面我们提到过一个观点，即考古学的发展是有其内在逻辑的，马克思主义作为一个高层理论，并不能替代考古学发展的内在逻辑，否则就会成为"以论代史"。在这方面，我们是有教训的。文化历史考古在整理与分析考古材料上的贡献是不可或缺的，是考古学重建古史过程中不可逾越的阶段。在讲到马克思主义考古的时候，我们不能忽视一个关键的人物，那就是柴尔德。青年时代的柴尔德就是左翼工人运动的参与者，他深受马克思主义的影响。在西方考古学特定的政治环境中，许多时候，柴尔德不得不掩藏自己的立场。1956年，柴尔德自杀身亡，据说他的遗书表达了他对考古学在重建古史能力上的失望。我没有看过这份遗书，无法证实。但是，我们可以去分析柴尔德的著作，陈淳老师与学生翻译了柴尔德的主要作品。从这些著作来看，不知道大家有没有注意到一个问题，柴尔德是如何通过考古材料重建古史的。

有点遗憾的是，柴尔德并没有很好地解决这个问题，他是经验式的，缺乏清晰、有力的考古推理路径。他能够利用的方法主要是基于考古材料的归纳，他不熟悉民族志与民族考古的方法。马克思主义作为一个宏观的理论框架的确给了柴尔德一个同时代人所不具有的优势，当时，其他学者还在忙于考古学文化时空框架的构建，或是如格拉汉姆·克拉克，注重科技角度的考古分析，但是不能给古史提供一种解释。大家要知道，考古材料的整理、分析固然很重要，但是其他学科的研究者与大众是很难看懂这一套术语的，柴尔德的理论解释就是当时最具有影响力的考古学阐释。学界总是很惊奇，柴尔德影响力比较大的著作并不是学术性强的那些，而是那些他为大众群体写的。柴尔德的贡献是毋庸讳言的，但是他的工作的确存在着不少还没有解决的问题。单纯就文明起源研究而言，柴尔德在方法上就不如同时代（或稍晚）的戈登·威利，威利的聚落考古方法为从考古材料中了解社会复杂化进程提供了具体可行的方法。

考古学的根本问题是如何有效地"透物见人"，过程与后过程考古各提供了一套方案，这两套方案其实是具有互补性的，过程考古强调的是基于原理的演绎与验证，后过程考古强调的是基于背景的关联。旧石器时代的狩猎采集者以获取自然资源为生，他们的生存很大程度上要服从自然法则，此时，基于原理的演绎就是较为可行的，也正因为如此，过程考古在旧石器考古领域中能够大行其道。相比而言，历史时期考古具有相对丰富的背景信息，人们的行为也更复杂，象征性几乎无所不在，并影响人们的行为，此时采用基于背景的后过程考古就更合适了。当然，如果我们能更多了解史前狩猎采集者的背景信息，自然会更充分地了解古人，但是这样的信息是很难获得的。同样，对历史考古而言，基于原理的演绎研究同样也是有价值的。过程与后过程考古都是在柴尔德去世之后出现的，某种意义上说，就是因应透物见人问题产生的。解决如何透物见人的问题就是考古学发展的内在逻辑，马克思主义考古也需要解决这个问题。我们甚至可以说，在真正解决这个问题之前，要系统运用马克思主义考古，尤其是在史前考古领域，是基本上不现实的。

马克思主义考古是一种具有强大阐释能力的理论，它本身包含着明确的历史观，它能够把史前与历史时期打通，发展出历史的宏大叙事。当然，我们还需要知道人本身是复杂的，人类社会、历史与文化都是高度复杂的，这就决定了阐释的角度应该是多维的，在马克思主义之外，还会存在多种多样的角度。在马克思主义考古基础上如何进一步丰富考古学的阐释是我们还需要努力的方向。与此同时，发挥马克思主义在考古学阐释上的价值也是非常重要的，要发展中国特色的考古学，马克思主义无疑是其中的重要特色。马克思主义在批判资本主义方面具有其他理论没有的深刻性，批判并不仅仅限于制度，还包括相应的知识体系。在新时代的背景下，批判现有的不合理的世界体系，马克思主义考古是可以参与其中的。

马克思主义距离考古学有多远呢？一点都不远，可以说马克思主义是伴随着20世纪考古学发展的，从文化历史考古、过程考古到后过程考古，都是如此。在这些成功的考古学范式背后，我们都可以看到马克思主义的身影。当然，要建立一个单独的马克思主义考古范式，目前的条件还不成熟，核心概念纲领、支撑理论方法方面还不具备。

第十三讲
古典-历史考古:考古学的文化使命

什么是古典考古?

大家看了戴维·吉尔(David Gill)这篇文章①,可能感觉很好奇,觉得不像一篇论文,它太琐碎了,太具体了。但是这篇文章具有特别的意义,它的主题其实是讲怎么研究古希腊文化。我们可能需要追问一个问题,为什么西方考古学者要研究这个?我们把这个领域的研究叫做古典考古。值得注意的是,古典考古(Classical Archaeology)通常研究的都是历史时期的材料,为什么不直接叫历史考古呢?古典考古和历史考古有一点点差别,古典考古具有特定的任务,这正是我们要讨论的。由于它们所研究的时段具有一致性,所以我们常常又把它们连在一块,称为古典-历史考古。回顾考古学的发展历程,我们知道考古学中存在三大分支,分别是旧石器时代考古(或称旧石器-古人类考古)、新石器-原史考古、古典-历史考古。这其中最早成熟的分支就是古典-历史考古,在18世纪末已经

---

① D. W. Gill, "Classical art and the Grand Tour," in R. A. Bentely, H. D. G. Maschner, and C. Chippindale, eds., *Handbook of Archaeological Theories*, Lanham: AltaMira, 2008, pp. 57–72.

第十三讲 古典-历史考古：考古学的文化使命

基本形成。按照特里格在《考古学思想史》上的说法，此后其理论方法就没有太大的改变。

怎么来理解古典考古现象呢？我们班上的女生居多，大多数同学可能都看过《看得见风景的房间》（*A Room with a View*）这部电影，是部很经典的爱情片，故事的开头就是女主与亲戚去意大利旅行，在那里遇到同到意大利旅行的男主。女主属于典型的社会上层，而男主则属于新兴的中产阶层。按照当时的观念，新兴的中产阶层是缺少文化教养的。家人为女主安排一桩婚事，男方就来自意大利，是个文绉绉的男子，他说他们的孩子应该在英国与意大利成长，意大利能够给孩子"sensibility"。男主作为新兴阶层的成员，显得更健康，更有生命力。最后女主选择了男主。这部片子，从某种意义上说，讲述了古典考古的意义以及它所面临的挑战。类似的片子还有《傲慢与偏见》，大家可能都看过，富家子弟达西家收藏了许多古希腊、罗马的雕塑，并对外开放。在西方考古学中，所谓古典考古，主要就是研究古希腊、罗马艺术品的，后者扩展到与西方文明起源相关的古埃及与西亚研究。为什么他们要做这项工作呢？

——跟欧洲文艺复兴有关。可能因为他们发现了一批与古典时代相关的材料，觉得这是他们自己的历史。跟人类学不同，人类学是他者的视角，专门研究别人的东西。古

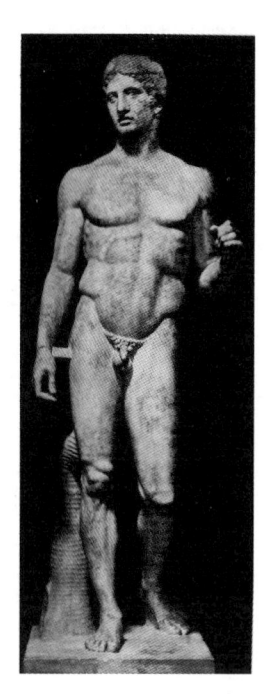

古希腊雕塑

典考古是历史考古,一方面有文字资料,一方面有实物资料,结合起来可以看到实物背后所蕴含的其他信息。

古典历史的研究方法跟我们做旧石器-古人类考古、新石器-原史考古有什么特别不一样的地方吗?

——有文字材料。图像材料比旧石器时代的壁画更具象一些,更关注人的形象。古典考古还注重风格分析,一方面是为了构建时空框架,另一方面有欣赏的成分在里面。后者带有艺术考古的成分,强调研究者跟材料的互动,欢迎研究者带有自己风格的研究。

最早的古典考古实际上就是艺术考古,比如温克尔曼做的一些研究,就是把出土古物当作一种艺术品来研究的。有时候我们讲,寻找一种艺术精神,刚才同学也讲到了精神。西方人做古典历史考古的目标是什么呢?是为了寻找西方文明的根源!说到这里,我想起彼得·梅尔(Peter Mayle)围绕普罗旺斯所写的几本书,翻译成中文之后,也很流行。对于西方人来说,所谓美好生活基本上就是到普罗旺斯买一栋别墅,最好是中世纪的或者更古老的,18世纪的也可以,一栋老的别墅,有片葡萄园或是橄榄树林,还有地中海的灿烂阳光、蔚蓝海岸。夏日在一个特别高大的梧桐树下面,喝着冰凉的葡萄酒,享受悠闲与思考。这就是普罗旺斯系列的主调。这是西方文化所定义的幸福生活,这就是西方人的美好生活。

如果你追溯这种生活的源头,它来自哪里呢?我发现这些东西其实就是古希腊的东西,橄榄油、葡萄酒、粗面面包、阳光、海岸,穿着特别宽松的衣服,思考着人生与世界的大道理。还有西方人对于身体的审美,需要清晰的肌肉轮廓,也是源自古希腊的。对于西方文化而言,是一脉相承的,由此构成西方对美好的定义。对于我们中国人呢？我们向往的生活往往都是：采菊东篱下，悠然见南山。中国人酷爱种菜，喜欢田园生活。还有，"焚香净手，品茗读诗"，"琴棋书画诗酒花"，这些是中国人理想生活的元素。

你会在西方人研究古典考古时体会到，这里的研究就是在传承，就像我们研究《红楼梦》一样。他们传承的是什么呢？西方文明之美！这是他们生活中美好的一面，是他们文化里精彩的一面，是值得传承的东西。希腊的地方不大，也不富饶，为什么偏偏是希腊而不是其他地方呢？为什么不追溯到更久远的时代？完全可以更久远，完全可以追溯到巨石阵那个时代，甚至欧洲旧石器时代晚期。但是古典考古就只从古希腊开始算起，包括像美国，也是奉古希腊为西方文明的正源。他们也追溯到埃及去，因为古希腊的很多东西都是来自埃及；此外，还受到西亚很大的影响，包括最早的农业，都来自西亚。古典考古其实应该叫做古典文明考古，它诞生的时候还没有史前考古，还因为古希腊是那个时代世界文化的高峰，所谓轴心时代的文明，包括中国春秋战国时期的诸子百家、印度的佛教，以及古希腊的哲学与科学。西方文艺复兴就是以复兴古希腊文化为宗旨的，古希腊的文化与近现代西方文化能够接续起来。

之所以让大家讨论这个问题，就是想让大家了解西方研究古典考古的目的，那就是要传承西方古典文明，传承西方古典文明的认同，发扬西方文明共同体的认同。对欧美国家而言，他们在塑造西方文明共同体。你说这个重不重要呢？当然非常重要，这是他们在当代世界上获取利益的有效平台。也有一些国家，如日本，试图脱亚入欧，这是基于现实利益的选择，还没有达到文明共同体的高度。古典考古为西方文明提供共同的历史渊源，为文明的认同提供合法性。

在具体研究中，其中较为特殊的就是艺术考古，强调一种互动、观感或体验。古典考古还有历史考古的部分内容，就是强调从多个方面研究历史材料，有点像法国年鉴历史学派，研究社会的不同方面，以及不同时段的变化，短时段、中时段、长时段。到后来发展出来多元的阐释视角，如性别、地方等，由此构成了古典考古研究的三个层次。

古典-历史考古是否可以成为一个范式？

前面我们说到吉尔的文章看起来特别零碎，不像进化论、马克思主义考古，条理清晰，理论基础非常扎实。对于古典-历史考古，为什么还把它看作是一个范式呢？大家是怎么理解这个问题的？

——古典-历史考古之所以成为一个范式，是因为它有自己的思想和方法。古典-历史考古似乎没有自己特殊的方法，感觉它可能是因为有思想上的特殊性才能成为范式，就像马克思主义考古那样，还不能称其为一个范式，虽然把它列在主要的范式之中，但跟文化历史考古、过程与后过程考古的范式有比较大的区别。

你觉得实际上它还不能成为一个范式，那么大家出于什么原因把它叫成一个范式呢？古典考古可能更像艺术史，历史考古更多地像历史。可能因为这个原因，它没有形成自己独立的一个理论体系。因为这两个领域都已经很庞大了，看历史理论，已经多如牛毛；艺术史的理论也是很多，再去单独建立一套理论，可能不是那么现实。我们怎么来看它的研究对象？古典考古所研究的材料跟我们研究其他方面的考古材料有没有什么不同的地方？

——古典考古不像是普通的考古学，更偏重于艺术的部分，比如艺术品的研究。侧重研究古典文明的继承和传递，不像是普通的考古学，什么都研究。

这个说到点子上了。大家可以继续延伸思考，好比我们研究旧石器时代的石器，很多时候只需要把它当作科学的材料，作为一个旁观者，我们并不需要牵扯到个人的体验，牵扯到自己的情感。因为这跟我们没有什么太大的关系，历史太久远了。但是，如果我们研究的是长城或是历史时期的重要文物，你知道这些东西本身跟你是相关的，它们是中华文明的载体，是中华文明的象征。作为自身文化的载体与象征，我们研究它，就是对自身文化身份的一个肯定。这就是为什么在抗日战争时期，中国考古学家们没有停止自己的研究，而且是更加努力地去做研究，因为他们觉得自己在这种时候做这种研究，实际上是对自己文化命运的一种拯救。

也正因为如此，古典-历史考古的材料有一个特别不同的地方，它的考古材料不仅仅是作为一种研究材料存在的，而是作为自身文明载体存在的。这个是一定要理解的，如果你不理解这点的话，古典-历史考古就会成为纯科学的研究。理解这一点，就能回答下面这个问题：为什么汉学不等于国学。西方人做了很多汉学研究，有的做得很细致，但是跟我们做的国学研究差别很大。因为对他们来说，这就是个科学研究；而对我们来说，研究对象涉及我们的文化传承。

我想起了自己的经历，我刚去留学的时候，特别好奇美国人是怎么看待中国文化的。于是就到图书馆找书看，看那些研究中国的书。先是佩服，他们的材料收集工作很细致、具体，材料分析的方法也很科学，文章的逻辑结构也很好，但是，等看到结论的时候，又感觉荒唐。当时我特别惊奇，为什么会这样呢？为什么用了科学的方法、细致的材料、合乎逻辑的分析，却得出来一个荒唐的结论呢？这就涉及古典-历史考古中的一个特别重要的方面，那就是人文性，人文性需要切身的理解，而不只是作为旁观者的解释。其实也不仅是古典-历史考古是这样，人文社会科学都是如此。对这类研究而言，理解，能够换位思考的理解，英文称为 empathy，是非常非常重要的。这就是为什么写论文的时候，要让大家多看跟问题有关的材料，要形成切身的体会。经过很长一段时间的积累之后，你也不知道什么时候你就开始理解研究对象了。在你开始理解之后，再展开解释的时候，也就比较有把握了。

理解跟解释是两回事。好比说我自己的研究，过去我做辽西地区的研究比较多，对这个地区，对它的石器、聚落，我感觉比较有把握。因为我本科的第一次发掘就是在这个地区做的，后来对这个地方也很关注，比较熟悉这里的情况。就是说，面对这个地区的材料，就有一种自然而然的理解。如果现在你换一个地方，让我做湖南的材料，我就没有这样的把握。照说理论方法是一样的，当对材料缺乏系统的理解的时候，就是感到没有把握。理解的基础包括自然条件、文化历史、各种材料的发掘状况等。

我们在做研究的时候，其实存在两个层面的内容，对问题背景关联的理解与对问题本身的理解。前者就像是水面下的冰山，往往是看不见的，但是涉及面非常广，不好把握。后者是大家都可以看见的，相对具体，比较好把握，但是局限性很强。好多同学在做研究的时候能够把握自己的问题，但是做出来的研究仍然让人觉得好像隔了一层，这并不是方法出了问题，而是对问题的背景关联缺乏充分的理解。这个需要时间，需要积累，需要融入其中的体会。西方汉学家，他们在做中国研究的时候，并不是他们的方法有什么问题，也不是材料有什么问题，而是他对中国的理解有问题。好比说有位汉学家研究中国的绘画，写了很多关于中国绘画的东西，但是你会发现，他写的中国绘画基本上都是科学范畴的，研究中国画家的身份地位、他们的经济生活、他们和社会不同群体的互动等，但是他基本上不涉及中国绘画作品的意蕴，也就是中国画里面最讲究的精神内涵。研究这个非常困难，因为这个涉及中国的文化背景关联。虽然他是一位很好的汉学家，精通中文，但是他对中国文化、社会与历史还是没有切身的体会。

好比说我看黄宾虹的画，我能感受到那种古雅且灵动的气韵，我也不知道为什么那种气韵就能够打动我。黄宾虹是著名的中国现代画家，还是书法大家，同时也是中国画的研究者，他第一次办画展的时候已经80岁了，傅雷先生做了精彩的评论。很多人看到他画的山，觉得笔墨好像很乱，有一些评论家不能接受，但是反复观看之后，你就会感觉到，黄宾虹自己所讲的"浑厚华滋"。他所描绘或阐释的是中国文化的一种气韵，而这种气韵更能够引起现代中国人的共鸣。通过比较我们更容易发现黄宾虹的贡献，反观清朝"四王"的山水画，只有因袭，而没有创新。黄宾虹的画作既传统，又新颖，有一种文化革新的勃勃生气。

不同的画有不同的风格。好多人都画梅花，但吴昌硕画得就不一样，下笔简直有扛鼎之力，用很软的毛笔却画出来铁丝似的效果，刚劲有力，制造出的艺术形象匪夷所思。他想画出来就是梅花的精神,傲霜斗寒。他画梅花都画墨梅,不画红梅,他想表现就是中国士大夫的风骨。

我们需要感受中国文化,理解中国文化。当然,随着大家阅历的增加,对中国文化的理解也会逐渐增加的,也会体会到我上面说的东西。在古典-历史考古研究中,经常用的一个词叫"阐释",解释学或诠释学里面经常说人的世界存在双重理解,除了文本或物质材料本身之外,还需要理解其中的内容。就像我们读《论语》一样,仅仅认识其中的汉字是远远不够的,还需要理解儒家思想,这样的话,我们才能读懂《论语》。如果我们能够进一步在中国社会、历史与文化进程中来理解它,并能把握它在当下的意义,那么就可以说真正读懂了《论语》。

古典-历史考古和新石器时代考古、旧石器考古有一个很大的区别,就是它对理解程度的要求非常高。做旧石器时代考古研究,通常这个问题不是那么严重,因为旧石器时代考古是一种近似自然科学的研究。研究者很少去理解,因为现代人跟几十万年前的人的思想差距太大了。即便如此,理解狩猎采集生活仍然是必要的。对于新石器时代考古而言,需要理解的成分要更多一些,但也没有多到像历史时期的程度。古典-历史考古离我们的时代比较近,涉及的文化背景关联相当丰富,就像西方学者在研究古希腊的时候,看了那些艺术品可能会很感动,我们看也觉得挺好的,只是感触不会那么深。不是说西方古典文化不好,西方文化博大精深,中国文化同样也博大精深,问题在于你能不能理解。如果你看《飘》有像看《红楼梦》那样的感觉,那你可以说是深得西方文化三昧。《飘》跟《红楼梦》写的都是男女情感,那时候美国正在蒸蒸日上的时候,美国女性的那种气质，跟咱们《红楼梦》里面女性的气质，差异实在是太大了。郝思嘉野心勃勃，干什么都不择手段，再看《红楼梦》里的女性动不动就病了，实在有末世之感。

寻找中国的古典考古

下面的问题跟我们中国考古学相关，我们这一讲的最终目的还是讨论一下中国的古典-历史考古应该怎么去做。

——我想中国的历史考古应该更注重人文内涵。现代考古学既有科学也有人文的因素，西方的古典考古和中国的金石学代表的是考古学中的人文部分。现在流行的后过程考古其实也是人文的回溯，考古学中的科学和人文是一对难以分开的概念。

这些是跟我们的文化命运相关的，中国现在最大的危机不是经济危机，也不是安全危机，甚至都不是环境危机，实际上是文化命运的危机。因为到最后中国人可能有钱了，但中国人不再有自己的文化，大家都以接受西方文明为荣，精神上成为了西方文明的附庸。我不知道大家怎么评价这个问题，这样的发展是我们追求的吗？

近现代的西方的确先进，难道在我们唐宋时期就先进了？难道在史前时期就先进了？他们先进是从近现代开始的，并不是一直都很先进。这里我们还需要理解文化或者文明指的是什么？我总是想起张载的那四句话：为天地立心，为生民立命，为往圣继绝学，为万世开太平。天地万物本身是个客观的存在，没有人类存在的时候它就已经存在，是因为人的赋予与创造，所以有了意义，也就是"心"。中国人喜欢竹子，用它来砥砺气节。一般情况下，大众是离散的，没有共同的追求，是孔夫子与后世大儒告诉大家应该追求什么。有次看了颜之推的《颜氏家训》，书中讲到人是应该爱惜自己的生命，不爱惜生命肯定是不对的，但是人不能苟且偷生，为大义的时候，救万民的时候，就不要吝惜自己的生命了，大义就是"命"。为往圣而继绝学，就是文明一代一代的传承。

讲到文明的传承，这就与考古学关系密切了。文明的载体是什么？不仅仅是文字吧？不仅仅是传世著作吧？文明的载体其实主要是实物，是古人生活实践的直接产物，这应该是文明最重要的载体。当我们在研究这个的时候，实际上是在传承自身的文明。为什么说是绝学？因为这些是真的只剩下一点点遗存，并不是所有的，我们若不能把它继承下来，它就会消失。物质遗存会慢慢腐烂掉，慢慢风化掉，最后可能真的没有了。正是因为有这种研究，它才不断地被传承下来，所以说是继绝学。中华文明五千多年没有中断，为什么可以这么说？人都不知道换了多少茬了，每一个人的血脉里都不知道混了多少血了。这是因为大家有共同的文化认同。而之所以有这样的认同，就是因为传承。我们做考古研究，看起来好像挺没有意义，抱着过去不放，要知道这项工作其实是很有意义的，尤其是在当下这个情境里面，在当下这个中国文化命运走向复兴的时候，尤其有意义。

有时候我想，古代中国的传统教育是怎么做的？从小读四书五经，写大字，每天临帖，这是每个接受教育的中国孩子都必须学的。再就是诗文，从《诗经》开始背起，历代的诗词歌赋，都要背得滚瓜烂熟的，然后在他们后来的社会活动中，便能诗词唱和，引经据典。这个过程就是接受文化传统的过程。书法也是一个很好的

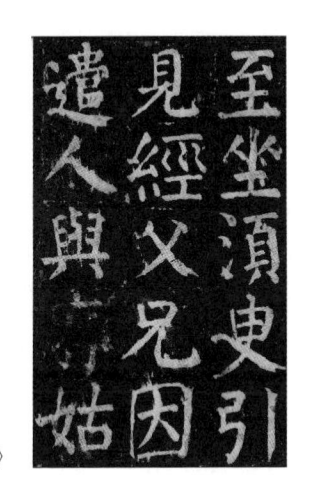

颜真卿碑刻《麻姑仙坛记》

例子，在练习书法的过程中，是一定要临摹碑帖的，而且要不断上溯，不能只学习晚近的书法，还要学习魏碑、汉隶，甚至是金文与甲骨文。临摹碑帖就是学习文化传统，在练习的过程中，你会发现书法绝不仅仅是把字写得好看一点，其中还包含着伦理价值。我们说从颜真卿的字，可以看出他是忠烈臣子的典范，大家看他的字，饱满庄重，气势雄浑，正气凛然。你在学习颜真卿书法的时候，不知不觉也在传承道德规范。类似之，你在练王羲之字的时候也是如此，"右军如龙"，典雅飘逸，如同神仙，这是中国书法的最高境界。在临习书法之中悄然领会中国文化的美感。书法的美感在中国的文化里是特别重要的，书画同源，要欣赏中国画必须先懂得中国书法。有点遗憾，后来它在我们的教育中没有那么重要了。的确，现在电脑用得多，书法看起来的确没有什么用了。但是，书法所包含的中国文化精神，从审美、伦理到精神修养，都是宝贵的文化财富。如今书法有复兴的征兆，这是好事。唐诗宋词也开始恢复了，大家还要背一背。甚至，重读中国文化经典，也成了时尚。

上面我们讨论到金石学，长期以来金石学都被视为前科学时代的东西，是一个落后的代名词。我们在强调发展科学考古学的同时，把人文给疏忽了，这是十分可惜的地方。金石学确实在科学上存在不足，但是它在人文上是非常有意义的。研究金石实际上是在践行中国自身文化的传承。金石学的宗师吕大临在其著作《考古图》的开篇就说得很清楚：观其器，诵其言，形容仿佛，以追三代之遗风，如见其人。把古物当作可以晤对的古人，向他们学习，追求的是风尚，实际上延续的是文明。西方人做古典考古，追求的是古希腊文明的风尚，西方人仰慕希腊人的自由思考、科学精神，西方人由此把文明根源追溯到古希腊。

中国的古典文化教育与考古学

有一个问题我挺好奇的，不知道大家怎么想，如果在中国搞古典教育，怎么做？我们不妨展望一下，如果有一次中国古典文化教育的大旅行，应该怎么走？假设现在有个富翁给你捐了一笔钱，让你走一走，你准备怎么走？

——我觉得有两条线：第一条是古都线，比如西安、洛阳；第二条是山野路线。

每个人的看法都不一样。我们说中国古典文化的高峰一个是春秋战国时期，另外一个是汉唐时期。每一个朝代都有她自身的美，其中特别有贡献的有魏晋的风度、汉唐的气象、两宋的繁华、明清的民间文化崛起，每个时期是不一样的，李泽厚的《美的历程》有很好的描述。在选择中国文化之旅的时候，有个说法，看2000年前的中国要去西安，看500年前的中国去北京，看100年前的中国去上海，看最近40年的中国去深圳。还有很多其他的选择，去山东的话一定要去曲阜、泰山；去江南的话一定要看园林，要看五岳，看黄山。"五岳归来不看山，黄山归来不看岳"，黄山在中国绘画里是非常重要的，它是中国绘画的一个主要题材。估计大家不太可能去神农架，但很可能去少林、武当，金庸的武侠小说让这两个地方家喻户晓。还要知道去不同地方有什么可看的，去五台山要去看中国最早的建筑——南禅寺，去山西就要看古建，中国的古建70%都在山西；去西安要看兵马俑；去吐鲁番要去看火焰山，为啥看火焰山？还不是因为《西游记》。还可以有神话线路，包括去新疆，要到昆仑山看西王母的瑶池。

如果要以中国园林为主题的话，南方的苏州、杭州、扬州、南京，北方的承德与北京，是必须要看的。中国的园林因为以木构建筑为主，加之近现代的破坏，能够保留下来的已经不多。中国园林的基本精神是"画境文心"。虽由人作，宛若天开。通过人工的建设实现画的意境，同时用书画、楹联等来点题。那些题字就像《红楼梦》中的贾政在大观园里说的：要没有这些，景致断不能生色。用几个字一点，景观的层次一下子就上去了，比如怡红院、潇湘馆、稻香村等。

还可以有什么？如果中国人要接受古典教育的话，去西安就不能不去看碑林。我看了碑林之后有点失望，因为我顶礼膜拜的大家的碑帖就那么简单地被安置在户外，没有素质的游客会动手摸来摸去，那些碑刻已有一两千年的历史了，再摸几年估计就没了。再就是这些碑刻的展示还很缺乏层次，假如加上放大的版本以及相关的研究成果，那么我们可以看的东西就会多不少。目前中国古典文化并没有得到充分的阐释，大家更多处在猎奇的阶段，更多人会去看兵马俑，号称世界第八大奇迹，我实在不知道兵马俑有什么奇迹，至少我们没有充分把它揭示出来。类似的事情还有很多，大家去华山都是去看它的险，而不知道华山是中国的道教名山，有非常重要的文化意义。历史上我们文化中的那些美好风物没有被深入研究，这是很可惜的。这应该是我们考古者的责任，为往圣继绝学，考古人是其中的一份子。

每当想到古典文化教育这个题目的时候，都觉得挺美好的。以后大家成家的时候，可能会带孩子去旅行，带孩子旅行看什么呢？你总不能就去上海爬最高的楼吧？这肯定是一部分，但是看完高楼看什么？在外滩上转一圈，再干什么？上海有个豫园其实还不错，但豫园修复得不是特别好，因为是早年修的，工艺水平要差一些。一定要去苏州这些江南小镇，摆脱猎奇式的旅行，让孩子深刻理解到中国文化之美。中国文化之美美在什么地方？我们似乎从来没有说清楚过，它的载体在哪里？特点在哪里？我们说中国文化博大精深，但我们展现得还是很不够的。很多展示看了之后只是让人伤心，这是个值得思考的问题。

中国古典-历史考古研究

最后一个问题是关于中国古典历史考古研究的，我们没有看到中国自己的古典考古，其发展似乎受到了很大的约束，这个约束究竟是什么？我想听听大家的理解。

——应该是受到了约束。从中国历史与中国考古学发展来看，中国应该存在古典考古，但是却没有像西方一样发展起来，所以应该是存在约束。现在考古学更加倾向于科学考古学的研究方法，在向科学靠拢，可能是过多地运用科学方法，导致了对古典考古的约束。中国考古学的目标是还原历史，这可能意味着只有一个唯一正确的答案，就没有上升到人文的层次上来。再就是研究者本身受到了约束，比如说研究者都是考古学专业背景的人员，缺乏心理学、社会学、艺术学等方面的背景。最后，史观的束缚也是一个方面。

说得好，实际上是不同的历史观导致了他们的不同，这说到了更高层面的理论上去了，说到了跟我们的课程相关的理论层面上去了。这是研究出发点的问题。刚才同学也讲了，你做这些研究的时候，如果从艺术史或者历史的框架来看，就会大不一样。我们现在做中国古典-历史考古，存在一个很重要的矛盾，我们就得做材料，我们没有跳出去，没有理论框架来指导这些。那些搞文献研究的人拿到文献的时候，没有意识到文献背后其实也是有理论的，我们叫史观。中国历朝历代古人在写历史的时候，会强调文化认同或者强调王朝认同，是有明确的选择的。为什么写作者感觉到被束缚？是它背后的思想观念！如果换一个视角去研究的时候，比如从艺术的视角去研究，材料的内涵都会发生变化。

历史的理论很丰富，从一个新的理论视角去研究的时候，你看到的可能就是完全不一样的东西。理论的选择性是中国历史考古的一个很重大的问题。如果要说受到束缚的话，一个方面是理论来源不够丰富；还有一个原因，就是被既有成熟的范式，也就是文化历史考古范式所束缚。我们前面讲到过，我们有很多的萌芽状态的范式，我们有马克思主义考古，我们有类似于过程考古的功能主义考古，我们也有类似于景观考古的风水考古，可是这些都没有形成自己的范式。真正形成成熟范式的就是文化历史考古，有自己核心的概念，有方法论体系，经过数十年的发展，已经形成完整的实践体系。

一旦文化历史考古形成范式之后，对其他的考古学研究分支领域如旧石器-古人类考古以及古典-历史考古就有很强的约束力。就这一点而言，我在旧石器时代考古研究中有深刻的感受。旧石器考古学家通常会讨论石器文化，我们说的旧石器时代的文化，跟新石器时代的考古学文化差得太远了，完全不是一码事。但是，大家还是会认为，北方是小石器工业，南方是砾石砍砸器工业，为什么旧石器时代晚期南方出现了燧石小石器呢？那是因为北方人南迁了。旧新石器时代过渡阶段为什么又回到了砾石工具呢？那是因为北方人又回去了。用一种石器工业代表一个人群，这就是文化历史考古的范式在旧石器时代考古中的典型应用。由于文化历史考古形成了一个成熟的范式，在新石器时代乃至先秦考古中，建立起完整的文化序列，建立起中国多元一体的史前文化体系，这是一个很大的贡献。以前大家不知道史前是什么样子的，现在厘清了中国史前时代的文化谱系。但是，旧石器时代可以吗？还不行。历史时期考古呢？时空序列非常清楚的，完全不需要。

但是，文化历史考古的范式还是对这两个分支领域产生了强大的影响。为什么可以呢？因为范式是一个学术共同体，一旦它形成之后，在出版、评审、基金资助等等方面就会具有主导性的话语权，不同分支领域的研究者不可能不受到影响。古典-历史考古同样也受到很大的影响，它对历史时期的材料也会是大费周章地分型定式。你可能也会觉得很奇怪，不需要这么分吧？而且历史考古最重要的工作肯定不是分型定式。古典-历史考古的主要任务应该是把作为文明载体的物质材料的意义揭露出来。比如说你研究一块北魏时期的墓志，对于这种物质材料，最重要的工作显然不是要去分析碑的形态特征。懂书法的人都知道，北魏的墓志在书法上成就很高，在中国文化史上的贡献是独一无二的。北魏时期是中国楷书的形成期，每个人写得都不一样，婀娜多姿，非常有创造性。后面的唐楷更加规范，但有点失去个性了。从清代开始，特别强调练习书法必须追溯到魏晋，否则你的书法不可能写好的。学书法从唐开始，那是小孩，练规范还行，但作为书法艺术，必须回到魏晋。大家研究墓志的重点显然不是分型定式，而是侧重于文化艺术品位，从艺术价值的角度来阐释。这也正是我们希望古典-历史考古做的工作。

所有的历史都是思想史，在考古学中，我们更愿意称之为"文化精神"。古典-历史考古有一种责任，要揭示与阐释中国文化精神，这个责任可能要比做史前考古的更重。做旧石器时代考古研究的更希望做科学家，探索人类的起源；做新石器时代考古的是探索文明的渊源。做古典-历史考古的话，你必然需要有一种为往圣继绝学的使命感。你是在传承中国文明，需要把中国文化精神发掘出来。目前中国古典-历史考古在这个方面还做得不够好，受到了束缚，研究视野偏窄，往往就是做纯粹考古学的。要真的把考古学做好，仅仅靠考古学是不够的。当然，考古学的基本功毫无疑问是重要的，但是你深入下去，光靠这个是绝对不行的，需要掌握历史，因为它首先是历史；需要把握人文，自然需要掌握艺术史、思想史。

大家不妨想一想，如果是一个对中国思想史特别熟的考古学者来研究墓葬，哪怕一个随便画的壁画，他可能马上就会体会出来这是什么意思，古人为什么这么画。如果你对思想史毫无认识，那么你很可能就只能分析它的年代。如果你对中国历史服饰很熟悉的话，马上会发现考古材料中与服饰文化相关的内容，墓葬壁画就会成为你的研究题材。如果你对音乐舞蹈有研究的话，马上关注反弹琵琶之类的图像，觉得那个动作很了不得。对不懂的人来说，这些都是没有意义的。从这个角度说，考古学只是为我们深入研究提供了一个扎实的基础，真正的研究才刚刚开始。你需要知道材料哪里好，为什么有价值。

归纳起来说，从事古典-历史考古学研究要有文化使命感，应该把中国文化里面的精髓传承下去。这个精髓归纳起来说就是中国文化精神，包括中国艺术、思想、礼仪等等。古典考古源于西方艺术史研究，它的核心宗旨是追溯西方何以为西方，回答西方人如何成为西方人。这样的任务于中国而言，同样是存在的，甚至更加迫切。作为一个5000年未曾中断的文明，中国有更加有利的条件来开展古典考古。所以，我主张把这个概念直接引入到中国考古学中，把它与历史考古连缀起来，统称为"古典-历史考古"。之所以说这是个迫切的问题，是因为当代的中国出现了文化认同的偏差，出现了一些精神上的外国人。考古学是中国文化研究的基础学科，作为研究者，我们应该为此感到汗颜，我们的文化传承与阐释工作没有做好，没有让大家认识与体验到中国文化之美、中国文化的博大精深、中国文化的勃勃生机。

"悟已往之不谏，知来者之可追。"我们要摆脱束缚，一个是文化历史考古范式的束缚，一个可能是史观的束缚。后者对于考古研究者来说是容易被忽视的，暗藏着的，自己可能被洗脑了都不知道的。就像在前些年，我们把"西方"与"世界"等同，全然忘记了西方文化只是人类文化中的一支，而并非所有。结果是中国考古学本身丧失了主体性，中国考古学不为中国文化服务，就像中国经济学不为中国经济服务一样，是荒唐可笑的。然而，现实有时就是荒诞的。我们要从束缚中跳出去，走自己的路，这样的中国古典-历史考古才比较有意思。我衷心希望有那么一天，有机会再回头看这本书的时候，发现已经有了中国音乐、中国美术、中国绘画、中国舞蹈，甚至是中国美食考古，各个领域百花争艳，春色满园。我坚信中国文化对未来人类的生存与发展是具有举足轻重的意义的，我们的工作是这个伟大事业中不可或缺的重要部分。

第十四讲
社会考古：人们是怎么塑造社会关系的？

这一讲我们主要探讨三个方面的问题：第一个方面是看看大家对身份认同这个问题是怎么理解的。性别首先是一种社会身份，这个社会究竟有哪些社会身份认同？我们为什么要讨论这个问题？第二个方面是关于不同时代、不同地方的身份认同，这里侧重的是性别身份认同。第三个方面就是讨论考古学如何研究身份认同这个问题，考古学是否有可能讨论这个问题。

社会身份认同问题

怎么理解身份认同？这个社会有什么身份认同？我们为什么要研究这个问题？

——我认为社会身份认同不是客观的，带有研究者的主观想法。就比如说性别问题，往往带着研究者的主观认识，由此认识到研究这个问题的重要性。

这是主观的问题，还是现实的问题？即研究者本身所处社会的现实问题？

——社会现实可能也影响到了研究者，然后反映到所研究的问题上。男女性别的区别是天经地义的，是有生物基因的基础的，反映到社会领域中,由此存在基于性别的社会分工。因为性与性别是两回事,所以我认为这里面存在研究者的主观性。

存在研究者的主观性,也就是说你认为性别是研究者主观构建出来的东西?

——我觉得有这种倾向。女权主义考古可能是源于最初的女权运动,之前也有讨论。考古学理论的发展都有外史和内史(或称外部关联与内部关联),女权运动是外史,内史是学科自身发展的逻辑。但我认为,性别考古不只是考古学自身发展的结果,主要还是受到了社会因素的影响。

也就是说,我们为什么要研究身份认同是因为受了社会运动的影响,尤其是女权运动的影响。

——不完全是受到女权运动的影响。我们之前没有意识到这个问题,可能是因为一些现实的需要,突然意识到要研究这个问题。比如说,如果突然有外星人来地球进行考古,他们可能面临如何定义人的问题,是否可以把狼孩也定义成为人呢?对于我们现在的人而言,我们不会有这种研究,我们没有这些需求,我们对人的身份已经有认同。

这个说法有点问题,我们在回顾考古学史时发现,西方殖民者就曾争论是否应该把黑人划归为人类。又因为面临宗教上的难题,基督教反对这么做,于是又将黑人与其他土著视为堕落的人类群体,与进化论结合起来,认为他们是应该被淘汰的群体。

你注意到性别考古存在外史与内史,这一点非常好。把两者对立起来,讨论谁更重要,好像不是一个特别有意义的话题,两者都不可或缺。更有价值的讨论可能是去探究外史与内史是如何相互作用的，从而导致性别考古的产生。尤其是在社会身份众多的情况下，为什么性别脱颖而出，成为一个热点问题。

DNA分析是科学研究，但是科学也是时代的产物，也会有时代的局限性。如果追溯科学的话，不难发现它也深受一个时代的思想、技术水平的限制。如果你去问福柯的话，他肯定会告诉你科学本身是构建的（科学是种意识形态）[①]。当下的科学认识并不是一个绝对的东西，当我们把性别的DNA区分说成是一个自然规律、一个绝对性的东西的时候，就可能把它绝对化了。实际上，当代人类生物学研究显示男女两性之间并没有绝对的界限，中间是"灰色地带"，绝对的男女性别区分是人类文化的产物。

关于考古学的自身发展逻辑问题，习惯上我们都是这么理解的：材料不断地发现，技术不断地进步，还有研究者的不断探讨，考古学会以一种不以个人意志为转移的方式，长江后浪推前浪，一步一步地往前走。实际情况则要复杂得多，考古学也是一个时代发展的产物，它并不是独立于时代而产生的东西，包括我们说的文化历史、过程、后过程考古在内。从考古学自身发展的逻辑来看，经历了从发现材料到分析材料，再到解释、阐释的发展过程。性别考古是阐释考古学的一个方向。扩大一点说，性别考古是社会身份认同考古的一个组成部分。我们为什么要研究社会身份认同呢？

——我觉得身份认同是古代社会关系的基础，身份认同构成社会关系。身份认同不仅包括性别，还包括家庭、家族、社会分工和社会地位等，我们在研究古代社会的时候，是逃避不开这些问

[①] [法]米歇尔·福柯著，莫伟明译：《词与物》，生活·读书·新知三联书店，2001年。

题的。

中国考古学研究了这些问题吗？

——中国考古学有很多不研究的方面。我觉得就是没有发展到这一步。或者说，中国考古学界有自己的研究需求。

考古学发展要达到一定水平、一定程度后，才可以研究这样的问题。前人也想研究这个问题，但是研究不了。要研究这个问题，要有相应的理论、相应的方法、相应的材料，材料要足够精细。如果没有这些，研究就无法开展。

身份认同是一个很重要的问题，是一个社会关系的基础。大家学过马克思主义，特别强调社会关系，尤其是阶级关系。我们研究古代社会，特别想了解的是什么？自然是它的社会关系。我们生活在当下这个社会中，影响你的无疑也是社会关系，在这里你是个学生，在家里你是个孩子，进入社会后你马上有个职业身份。此外，还有性别身份、民族的身份、国家的身份……你有很多的身份。不同的时候，不同身份的重要性是不一样的。当你用学生行动的时候，做研究中犯了错误，大家觉得是可以理解的，这是个学习过程。进入职场后，大家会用职业的身份来要求你，你所犯的错误意味着要承担相应的责任。在现代社会中，职业身份对一个人的约束是很大的，打开网络，不难发现相关的讨论特别多。当代中国社会处在阶层分化时期，以前大家处在相对平均的状态，后来让一部分人先富了起来，如今分化还在进行之中。在中国还有一种身份差异叫城乡差别，大家毕业后如果做京漂一族，就会体会到这个身份的重要性。不同时候强调的身份特征，往往就是社会矛盾集中的地方。在当代中国社会中大家是否觉得性别是个重要问题呢？

——我认为就业时招聘单位还是比较偏向男生的，职业有歧视，还有地域歧视。

地域歧视还是城乡差别，中国基本没有什么世家子弟，但是家庭背景还是很有影响的。我们关注社会身份认同，实际上反映的是对当代社会关系的关注。把我们这种关注投射到史前时代，从考古学的角度进行考察，回应我们对这些重要问题的关切。当然，这必然带来一个问题，考古学研究究竟是当代的反映还是过去的体现？

——我认为二者皆有。比如说历史上有追封，是古代生者对死者的认同，并不是死者本身对自己的认同。我们现在的研究，既是我们对古人社会身份认同的认识，也是我们对现实的关切。

也就是说，它们既反映现实也反映过去。

——有一些概念是我们为了解释考古材料而建构的，比如说阶级。古代社会可能有阶级，但是在古人脑海中，可能没有这个概念。类似之，古人也会有性的区分，但是否会意识到性别的区分，就不好说了。就拿性别的社会分工来说，我认为是他们做着做着，逐渐意识到一些人适合做这个，一些人适合做那个，就是社会实践的结果。

从动物行为上也是可以看到这样的区分的。我们的问题自然不会这么简单，而是说，人类社会的性别关系存在种种不合理的地方，需要改革。考古学关注性别问题也是因为现实社会在性别关系上出了问题，研究者的关注点一直延伸到史前时代，希望更深入、全面地了解该问题，性别关系问题只是当代社会的现象吗？它在史前与历史时期的表现如何？对我们的认识有着怎样的影响？千百年的认知习惯对外部物质世界有着怎样的影响？

——受现代社会的影响更多。我们小的时候，不会去注意同性恋问题，反而是在近些年，（同性恋）常常被提起，并被认为是合理的。可能以前我们也有这种现象，但我们没有相关的研究意识。

实际上还是主观和客观的结合。一方面我们要深入理解我们的现实，因为我们的研究是从现实出发的，这是研究的宏观背景，其中包括时代思潮、社会背景等；从微观上说，我们又是从考古材料出发的，我们需要理解，考古材料是镶嵌在宏观背景中的。两者必须结合起来。

人文学科有没有办法检验？比如说历史研究，去检验究竟谁说的对，谁说的错？

——我觉得检验不了，因为我们没有办法回到过去，去看看过去究竟是什么样的。只能根据材料说话，不能就一分材料说十分的话。

就是说基于材料，材料够说多少就说多少，这实际上是个归纳逻辑的问题。但是大家知道，很多研究并不是从材料出发，尤其是哲学研究，根本就不是从材料出发，文学也不都是从材料出发。过程考古强调从理论出发，面对这样的情况，你是怎么考虑的？

——我们在评判前，要对他们研究的东西有一定的了解，然后再做评判。

你的讨论中假定了一些前提，首先，你假定了材料肯定是对的，它是检验的标准；其次，知识只能来自归纳，从其他途径获得的知识都是不行的；最后，就是研究必须是以（考古）材料为基础，离开材料就没有研究。这些前提都是可以质疑的，人家会说材料本身是个学科发展的产物，本身是带有理论的，本身也会具有历史局限性。归纳逻辑其实是单一的,而且是不完善的,一万只天鹅是白的,并不能证明下一只就一定是白的。以材料为中心的研究必然带来鸡与蛋哪一个在前的问题。第一个产生相关研究想法的人,他的想法是来自材料吗?

这里面存在一个问题,就是大家在用自然科学的标准来衡量人文社会科学。一定发现社会科学和人文科学有很大的问题,那就是难以验证,不够真实。人文研究究竟有没有差别呢?现实社会中是很容易判断出来差别的,你去看绘画艺术作品,马上会发现一些作品水平很糟糕,格调平庸或恶俗,有一些作品则很能打动人,评判艺术作品毫无疑问是有一些标准的。再比如说历史,历史要反映真实,但是就揭示真实的清朝而言,究竟是清史更接近真实,还是《红楼梦》更接近真实呢?其实你会发现它们是不一样的真实,《红楼梦》所塑造的真实是艺术的真实,这种真实甚至比你从科学研究中所得到的真实更"真实"——切入到事物的本质之中。它所反映的真实是一种唤起人的体验的真实,是一种整体的真实。现在的考古学某种程度上更像自然科学,就像是我们发掘到荣宁二府的遗址,这是林黛玉的潇湘馆,这是贾宝玉的怡红院,现在全给发掘出来了,我们得到了许多物质材料,但是我们并不怎么考虑这背后所暴露的更深层的社会、历史与文化问题。

考古材料通常是有限的,因为遗址往往只会发掘一部分,然后我们需要结合多方面的分析来说这里发生了什么,更接近于自然科学的观察。历史研究是根据历史记载的资料,也就是研究各方面的文献,然后来呈现清朝的历史,而《红楼梦》是曹雪芹作为当时那个时代的人所构建的时代模型,是一个想象出来的东西。但是你会发现，这三者所说的真实都是真实，是性质不一样的真实。现在说一定要像物质材料一样真实，一定要用物质的、可以触摸到、可以观察到的物质材料来检验，你要拿这个来衡量文学、历史的话，它们就不好办了，它们就都变成了假的东西。我们知道它们不是假的，它们的认识同样可以很精辟，我们认识真实的方式并不是只有一条途径。

不论是考古学、自然科学还是人文科学，其实都是在研究真实，只是呈现的真实的方式不一样。另外一点要强调指出的是，大家在读理论的时候，还是很喜欢把过程考古和后过程考古对立起来，两者实际上是一个互补与叠加的关系。我们在做研究的时候，即便你要做后过程考古研究，前期的文化历史考古工作还是需要做的，你不可能连陶片是哪个文化的都不认识就开始做后面的研究，你还要做过程考古的研究，了解古人究竟吃了什么、喝了什么，这个遗址究竟什么功能。需要了解古人的生活，然后你才可以去做后过程考古研究。我们在做人文方向的研究，那也要立足在科学的基础上。人文的研究是比较形而上的，就像哲学所研究的，它是一种纯粹抽象的真实，对这个世界纯粹的抽象。这种思考同样是非常重要的，不是你所有的研究都是去做实物，都去做实物是远远不够的，要理解认知范畴之间的差异性。

性别认同的塑造

我们下面讨论得更加具体一点，性别认同究竟是什么时候形成的？社会是怎么塑造性别认同的？

——是研究者的主观因素让我们开始注意到这个问题。性别认同以前就存在，古人也会认识到人之身体的差异。当社会面临性别矛盾并且需要处理性别矛盾的时候，就出现了性别认同的概念。

关于性别的问题，我先给大家提供一点背景知识。每个人都能理解的性别就是大自然本身形成的差异。从人类的祖先南方古猿说起，在不同的南方古猿种中，就有明显的性别区分，也就是性别二态性，雄性比雌性大不少，究竟大多少，不同种之间有区别。南方古猿粗壮种性别二态性比纤细种更大。像现在高等灵长类，猩猩的性别二态性就特别大，黑猩猩差别就相对小一点，长臂猿好像更小。这种差异性在人类进化过程的开始阶段就继承下来了，这是生物学意义上的性别差异，一目了然，毋庸置疑。

而我们现在说性别的时候，更多的是指性别关系的社会发展，比如一般的观点认为旧石器时代的人类是男性狩猎，女性采集，但是性别考古兴起后，就开始质疑这个观点，认为研究者把狩猎活动理解得太窄，他们把狩猎仅仅理解成搏杀。如果把狩猎的范畴与过程扩大一点，下套子算不算？挖陷阱算不算？诱捕算不算？用网捕算不算？用火攻算不算？如果这些都算的话，女性同样也是狩猎的。从过程的角度来说，前面的追踪、围堵，后面的屠宰，还有后面更进一步的动物产品加工，都应该算是狩猎过程的组成部分。女性可能只是没有参与击杀那部分，其他部分都是可以参与的。当我们说男性狩猎、女性采集的时候，实际在某种程度上是采用了现代的二元对立的认知方式。史前时代很可能没有严格的划分。

但是，话又要说回来，大家有兴趣可以看看《性别战争史》这本书，其中讲到两性竞争是激烈的。在中国的封建时代，很长时间有女性包小脚的传统，而西方女性有束腰的传统，都勒得人喘不过气来，通过不少非人性的手段来塑造女性。还有不少职业的限制、社会空间上的限制，限制很多很多。回顾人类性别关系史，封建时代，或者说农业时代，性别关系是最不平等的。狩猎采集时代，人类群体规模比较小，因为男性更偏向狩猎的缘故，其流动性更大，风险也更高。即便不是为了狩猎，自然状态下，男性的数量也是多于女性的，婚姻上的竞争也意味男性之间的竞争更激烈。在高风险状态下，人类后代的抚育可能不得不更多依赖女性，这也是通常认为母系社会更加古老的重要原因。但进入农业时代之后，人类走向定居，土地、作物、居所等都成为不动产；即便是对于有些流动的游牧群体，土地、畜群等也是有产权的，男性参与农业生产程度越高，也就意味着他们越不可能将自己创造的财富传递给亲生子女之外的人。限制女性就成为不同形态复杂社会的共同选择。

我们从考古学思考这个问题的时候，需要考虑社会是怎么通过物表现与塑造性别关系，塑造性别认同的。就像前面我们曾经提到过，在印度的乡村，女性曾经起来闹事，要捍卫自己自焚殉夫的权利。意识形态的构建对性别关系的影响也是非常大的，这也是我们在研究中需要注意的。大家可以就此谈谈相关的体会。

——如果只是从社会矛盾来看，就像几十年前，在服装上抹去女性的特征，刻意抹杀性别的差异。

大家都了解恩格斯的《家庭、私有制与国家起源》，这本书就是以性别区分为基础来写的，关注人类婚姻的形态与差异。参考这种观点，就会发现新石器时代早中期，性别关系应该不是一个太大的问题，但是到了新石器时代晚期，父权制开始形成，这时候开始产生了男尊女卑的观念。这个跟我们的考古材料是相关的，我们是否可以从考古材料上看出来？

——可以从随葬品来看，还有（女性）陪葬。

现在说的是新石器中晚期，社会正在发生深刻变化，性别关系变成一个社会问题。此前性别之间是比较平等的，现在变得不那么平等了，那当时是怎么用物质材料来固化这种不平等的？会用什么方法强化大家的认同？就像在历史时期社会中，你会发现不光男性认同不平等的性别关系，女性也很大程度上认同，女性甚至帮着一起捍卫这个不利于自己的性别关系。社会通常会在行为规范、观念等方面塑造大家对性别秩序的认同，这些东西无疑会反映在物质材料上。我们需要思考塑造方式及其物质结果。

——那时候可能还没有明确的婚姻制度，但肯定存在性别身份。不可能都采取走婚制，家庭关系会越来越清晰，人们可能会运用各种手段来构建这种核心家庭关系。

比如会表现在墓葬上面，出现夫妻合葬墓。这个时期女性可能来自村落之外的地方，而不是说像以前一样，这些女性本身出生在这个村子里，并且在这个村子里度过一生。如果女性是从外面嫁来的，骨骼同位素检测会显示，婚前她们显然不是在这个地方生活的，是后来才到这个村子生活的。甚至有可能出现两三个女性和一个男性的合葬墓，这些女性都是外来的，从这样的墓葬中我们可以看到女性的附属地位。

——还有就是日常生活中女性的参与度，比如在一些仪式中，女性是不能参加的。

在空间的使用方面会出现一些排斥女性的情况，比如说家里的某个空间女性不能进入，还有女性不能接触祭祀的东西，如此等等的禁忌在一些狩猎采集社会中就已经存在。

——不平等是一个有文化象征物的东西。

这个说得很好，不平等是我们构建出来的，可能会体现在物质材料上。装饰品是个很好的符号性的东西，通过这个来构建是比较合理的。图像也是一个很好的切入点，图像中会反复出现某些主题。简言之，装饰品、图像、空间、墓葬都是可以研究的。

——宗教仪式或者饮食习惯上会有体现，不知道是否会表现在考古材料上？

饮食习惯有一点点麻烦，它具有比较强的个体性。当然也可能是被塑造出来的，比如认为女性不爱吃肉，事实上部分女孩子是很喜欢吃肉的。骨骼同位素检测也许会发现不同的个体、不同性别在摄入食物方面存在比较大的差异。这其实是个很重要的问题，性别关系的分化，尤其是历史时期的性别关系，在很大程度上会被阶级关系覆盖了，阶级矛盾比性别矛盾更尖锐。比如说在古埃及，穷人的性别差异很小，富人差异比较大，在世界其他地方也是如此，甚至具有古今一致性。

——我们能不能探讨考古材料中缺失的女性？

这个好像很困难。已知历史时期普遍存在男尊女卑，许多时候比较容易找到性别不平等的实物证明。这里我们不是要找物证，而是要去探索古人是怎么用物来塑造性别关系的。即要研究物质材料的文化内涵，研究古人是怎么来表现男尊女卑的，社会是通过什么样的途径来固化性别秩序的。有的社会塑造得很成功，有的塑造得不那么成功。儒家社会在这方面是很成功的，某种程度上来说，它是以家庭利益来掩盖性别不平等。建筑、墓葬礼仪、器物组合、图像符号等等，都服务于这样的目的。在这样的情况下，大家很少会专门去关注女性。从这个角度来说，我们是否可以说考古材料中缺失了女性呢？

公共场合通常不允许女性参与。清朝还有奴婢，她们的身份很低，哪怕是奴婢阶层也不能出现在公共场合。这时候你就发现性别关系超越了阶级关系，性别的排斥程度高于了阶级的排斥程度，哪怕是社会底层。

再比如贞节牌坊，以当时的技术水平，造价是很高的。为什么社会要花这么大的价钱，造这些展示性的东西呢？也就是用这些东西来强化性别关系。那时候的女性宁可死也不愿意改嫁，对既有性别关系形成一种强烈的认同。女性并没有天生的守节、殉夫的观念，是被社会塑造出来的，让女性觉得不死不足以维持自己的身份。

再往前追溯，情况又如何呢？这是个很有意义的问题，涉及人类演化的特别重要的一个步骤。新石器时代中晚期很可能是发生重大改变的时期。以中原地区为例，新石器时代中晚期发生了性别地位的分化，我们需要知道它是怎么诞生的？为什么是在这个时期？如果简单地说，肯定是农业发展、社会关系复杂化、人口增加等等，这些都是很泛泛的东西，我们需要知道具体的缘由与过程。

如果说继续深入研究的话，我们更想知道塑造性别关系的方式，要知道性别考古很大程度上它属于后过程考古，后过程考古始终强调的一个东西——能动性。能动的不仅仅是人，也包括物，人在运用物来塑造社会关系。这是后过程考古的核心。我们在研究这

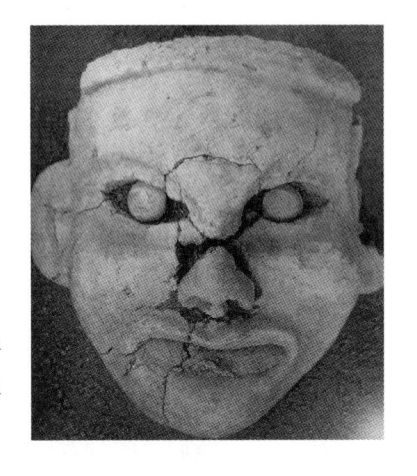

红山文化"女神"像(《辽河寻根文明溯源：中华文明起源展》，文物出版社，2011年）

个问题的时候，始终要考虑到人是怎么运用物来创造这样一种社会结构的。在我们当代社会中，有无数的仪式在塑造各种社会认同感，古代社会更是如此。

——比较高等级的墓葬都是男性的。从这个角度来想，会不会在早期国家起源的时候，有这么一群人，他们发现资源是可以被控制的，最早发现资源可控的人就是男性，于是他们形成了国家统治？

这可不一定，男性也可以利用女性来制造权力，如果按照这种思路去找墓葬的话，可能找到的等级的墓葬就是女性的，这些女性叫做"女神"，但真实的统治者还是男性。

——他在政治方面把女性排开，不允许女性参加具体的事务，只是作为象征存在。

这些东西很难知道，就像在红山文化中，人们制造了女神，目前没有发现男神，我们知道红山文化时期仍然还是个男权社会。

——为什么男性群体能够成为一个利益群体？因为对一名男性而言，他的家庭才是他最切身的利益。

这个问题是很有意思的。最近看《战争：从类人猿到机器人，文明的冲突和演变》一书，有些相应的启发。要知道人类的历史实际上也是一部战争的历史，社会的复杂化同战争是密切相关的，男性为什么能形成一个利益群体？很大程度上是跟战争相关的，战场上需要生死相依的战友，一个人上战场很容易被人砍死，但是三四个人形成一个战斗集体的话，就可以互相保护。其实在狩猎的时候，这种战斗友谊就已经存在了，猎人在跟凶猛的野兽搏斗的时候，就需要旁边有人帮助。即便是在现在，在男性的生活中，也会有一些类似的关系。他们之间的友谊很有意思，是有限定性的，队友就是队友，是有很明确利益关系的，很少会有女性那样的所谓情感交流。

社会认同的考古学研究

下面我们来讨论一下考古学怎么来研究社会身份认同？不少同学对这个问题很感兴趣，但我没做过这个方面的研究，这里我们先纸上谈兵，类似于头脑风暴，一起想象一下怎么去做这个研究，未来大家可以去尝试。社会身份多样，阶级、族属、性别、宗教等等，都是一些可以探索的方向。

——如果是探讨族属身份，山东地区有相关的研究，更多用器物来探讨的。这里探讨族属，更近似工具论的立场，即族属认同是获取利益的工具。我对于族属的考古学研究其实是很困惑的，希安·琼斯（S. Jones）《族属的考古》[1]一书中只是说一个考古学文

---

[1] [英]希安·琼斯著，陈淳、沈辛成译：《族属的考古：构建古今的身份》，上海古籍出版社，2017年。

化不能对应一个族属,但是他也没有给出一个解决方案。

因为我们知道族属问题是存在的,族属毫无疑问是存在边界的,没有边界就没有族属。一定时期内一群人确实是住在这个地方,并与其他的群体产生了一定程度的隔离。我们现在研究的是个历史问题,这群人住这儿可能几百年,可能上千年,中间经历了很多的变化,不同群体之间存在长期的相互交流。现在要在某个阶段划出边界来,这个是比较难实现的任务。我们现在研究这个问题的时候,我们的重点不应该是划分边界——这是不可能实现的任务,但是我们可以研究当时是怎么强化族属认同的。

——在商代,族徽是比较明显的存在,那个时期似乎很在乎族属。

商代的"族"既不像后来的家族,肯定也不是我们通常所说的民族,更多像是一个大家族或氏族。但不管怎么说,这是当时特别看重的社会行动单位。每个时代都会有自己特别主流的社会行动单位,当代是政府机构、事业单位或公司。除此之外,社会在不同层面上都有身份认同问题,规模稍小,重要性稍弱,我们或可以称之

商代后期青铜卣上"亚伐"族徽
(《中国出土青铜器全集》(第2卷),科学出版社,2018年,第33页)

为亚群体认同。

——就此我有个问题，当代很关注LGBT（性少数群体）问题，古代有没有关注这个群体？其实我们对于史前性别的关注，还是二元论的，不会考虑到第三性。

按照我自己的理解，现在对性别的关注跟社会现实有很大的关系，尤其是跟西方社会现实相关。在当代科学研究上，大家知道性是一个灰色地带，从极端的男性到极端的女性，是一个逐渐过渡的，是连续的存在，而不存在割裂开来的鸿沟。古人可能也认识到这个问题，因为现实就是如此。但问题不在这儿，而在于当时人是怎么理解这种现象。现在大家常会陷在性别二元论中，出现一种观念上的纠结。二元论其实是笛卡尔以来近现代思潮的产物，古代社会中并不流行二元论，因此未必会存在现在这样的纠结。比如说，在一些印第安人族群里，连个人的概念都没有，其语言中都没有"我"这个词。没有个人观念，没有单纯的我，我只是群体里的一部分。而我们现在思考问题都是以个人为基础进行的，当你说"一个男人"的时候，已经带有个人的概念了。我想古人可能无法理解LGBT这个东西，对他们来说，即便有这样的现象，根本不是问题，至少不是一个会引起社会关注的问题。西方神话认为真正的人是男女的合体，但是后来被天神劈成了两半，男女都只是部分，合起来才是完整的人。现在理解性别，认为存在第三性或者第n种性，这代表当代西方社会认识，也是一个时代一个地方的认识，并不具有社会认知上的古今一致性。

——我也是认为现在的研究者有自己的主观意识，并形成了某种研究趋势，然后去套用古代的材料。不管什么身份，都要先找到材料上的区别，或者是材料组合上的差别，找到了这个，怎么套用都可以，可以按照你想要的方向来解释。

想怎么解释就怎么解释的话，那就太厉害了！刚才说的很好的一点是，看看这些材料本身能够回答什么问题，因为不是每一批材料都能回答你所提出的问题的。有的材料这些方面的信息保存得特别好，很适合回答这一类的问题；有的材料这些方面很糟糕，没有人骨性别方面的信息，甚至连个墓葬都没有。巧妇难为无米之炊，有了材料然后才可以进一步说话，我想你的意思是这样的。

——根据随葬品来推测，肯定有研究者自己的立场和视角，还有既有的理论模式，是可以套用的。

这里面我们要说一个问题，可能是我们在研究中经常忽视的：如果你现在去研究一个遗址或者研究一批其他材料的话，研究古人的社会身份认同的问题，你可能首先需要在理论上说得通。如果存在社会身份认同问题，可能会体现在什么地方。如果在理论上都说不通，研究是很难做下去的。人类学研究会给我们理解社会身份认同问题，提供一些认识的模型，让我们知道大概会存在多少种可能性。考古学上不是有句话嘛，"你想发现什么就有可能发现什么"。初听这句话，感觉有点主观。如果你想都没有想过，就算有那些信息存在，你也不会注意的。这句话也证明理论研究的重要性，它的先导性对于处理珍贵材料的考古学家来说是很有意义的。如果说我们想研究性别关系问题，就需要考虑它可能会表现在什么地方，包括空间、墓葬、饮食、装饰品以及其他可能的地方。如果存在性别依附关系的话，那应该是一个男性与一个或多个女性合葬，而且女性可能来自不同的地方；而不可能是两三个男性和一个女性合葬。

依附关系绝不仅仅表现在墓葬上，在生活空间、器物组合、装饰图像上也会有所表现。

如果是想了解族属认同的话，我们作为中国人，能够深切地体会到很多的东西在塑造我们的族属认同，从衣食住行到婚丧嫁娶，生活的方方面面都在给我们以熏陶。最后，我们甚至通过走路都能看出来中国人与外国人的区别。长期的生活把族属的特征给塑造出来了。

生活塑造人，塑造种种社会关系，这些都有可能留下相应的物质遗存。如果我们研究人体骨骼的话，就会发现生活经历在不同性别的骨骼上面的遗留，考古学家由此可以复原出来不同的活动特征，新石器时代的女性总是蹲着用石磨盘、石磨棒研磨谷物，长期的蹲踞对她们的膝关节、踝关节会有显著的影响。如果她们总是从事纺织活动的话，这种动作会在她们的身体上留下显著的印记。比如玛雅社会曾经把纺织品当作交易用的货币，当这种趋势出现之后，女性纺织的时间大幅度延长，在人骨材料上就会看到突然出现的相关病理特征。

——性别分工或者性别分化是否属于性别认同呢？旧石器时代就不说了，新石器时代男尊女卑现象现在看来属于身份认同问题，比如男女合葬墓中女性是面朝男性。但是我们继续往前推的话，暂时看不到这样的性别认同。在大汶口文化时期，男女墓葬的随葬品数量差异很大，当时可能是出现了等级的分化。在红山文化中，尽管可能是个男权社会，但是神庙里造的神像是女神，这些都属于身份认同问题吗？

你可以把身份认同理解成社会关系，或者叫身份关系。你刚才讲的几个例子很有意思。性别关系与社会劳动分工是密切相关的，在这方面给不同性别贴上不同的标签,就会塑造性别认同,就好比说现在认为女性不适合从事田野考古。

——往史前时代推会怎么样呢?

为什么会有性别认同呢?新石器时代的墓葬不少,以中原地区为例,开始的时候好多都是合葬墓,后来慢慢就变了。按恩格斯说法,这是人类社会的重大变革,女性地位丧失。人类社会在性别关系上发生了翻天覆地的变化,这是以前从来没有过的事情,人类社会从此以后进入了阶级社会。几千年来,阶级社会的性别依附关系,越来越厉害,直到近现代社会打破这种结构。

——我们看到男女分工,性别的分工,很多时候是基于他(她)生理上的差异。

这一点无可否认,但是我们更希望在表象之下发现更深层的东西。要注意到某些分工在一定程度上是历史过程的产物,而不是天性使然。比如说云南摩梭人男性几乎什么都不干,女性不仅犁地,还要下湖打鱼,还要做家务。20世纪三四十年代,作家汪曾祺在西南联大读书,他注意到一个少数民族女人自己带几个孩子,在学校附近摆摊做生意,每天所有的活都得自己干,男的就蹲在门口喝牛奶聊天。在那个时候,居然还能喝牛奶,什么也不干,女的也不抱怨,汪曾祺觉得不可思议。我们在吉林和龙发掘时注意到,朝鲜族女性差不多也是如此,几乎所有的活全都是女性干的,包括下地、收割等等,家里的家务也全是女性干的,男的就躺在家里,拿着遥控器,在大炕上打着滚地看电视,不可思议。男性有时可能也想做一些,帮一下忙,但马上会受到身份上的质疑。现在的城市中,南方跟北方差别很大,你要去上海的话,男性早晨出门买菜天经地义；在北京的话，参半吧；东北的话那不行，东北男性不干这事，觉得有失男人身份。

我曾经思考过这个问题，为什么有些族群的男性，宁可无所事事，也不参与生产与家务劳动呢？我注意到，我们看到的是一个历史断面，而没有看到历史过程。摩梭人男性曾经出门经商、打猎、放牧，他们就是到处游走的群体，由于这样的流动性，他们也不可能稳定地参与家庭生产活动，慢慢地也就形成了传统。但是，近现代中国社会变化剧烈，这些男性不能再从事他们以前从事的活动了，于是就出现了上面所说的一幕，男性几乎什么都不干，女性几乎什么都做。我们需要理解，性别关系仍然是生产生活的产物，是历史过程的产物，这其中还受到不同地方特定社会与文化背景的影响。

我们很多人都把性别当成自然性的东西，但它并不是一个自然性的东西，即使它有自然性的基础。我们关注的是人们是怎么来塑造这种差别的。从物质到精神上，前者包括社会结构、制度等，后者涉及观念、信仰。身份认同是这些因素综合作用的结果。

最后，我们以性别考古为中心简单总结一下，性别考古不仅关注古代的女性，同样关注现实中的女性与女性考古学家的权益。性别研究要探索人类社会中性别关系的发展与变化，还希望对既有知识体系中的性别色彩进行批判。性别是一系列社会关系的代表，关注社会的考古学家应该去研究各种各样的社会关系，而不只是社会的基本形态。就这一点而言，这也是非常符合马克思主义的思想主张的。

第十五讲
时代精神与中国考古学的范式变迁

范式的演进

我们说到不同的范式与主题，有点让人眼花缭乱，大家一定想知道，它们之间是什么样的关系。概括起来说，它们是纵横交错的关系。

从"纵"的角度来看，从文化历史考古、过程考古，到后过程考古，有前后相继关系。过程考古是在批判文化历史考古中发展起来的，后过程则又是在批判过程考古中发展起来的。它们目前是考古学中的三大主流的范式，同时并存。

从"横"的角度来看，还有一些如生态、进化、马克思主义、能动性、古典-历史等范式。这些范式的历史渊源也不短，但是至今也没有发展成为如前面三大主流范式那样成熟，所以，有时候我也称之为"亚范式"。它们也是同时并存的关系，只是彼此之间没有清晰的前后相继的关系，这些亚范式所侧重的方向有交叉，但主体还是不同的。它们与上述三大主流范式之间的关系也是如此，马克思主义考古与三大范式都相关，能动性考古更偏向于是后过程考古，进化考古与生态考古更偏向过程考古。

我们还讲到景观考古、性别考古、物质性考古等，它们没有范式与亚范式那样丰富的理论层次,更多是穿插在众多范式之间,让我们看到一个纵横交错的理论网络。

三大范式前后相继,但并没有形成替代关系,这是我反复强调的。它们之间不是谁对谁错的关系,后者是对前者的扩展。范式存在显著的边际效用递减现象,当一个范式刚刚出现的时候,在回答特别适合回答的问题时,效率很高,但是当它要去回答范式边缘的问题时,往往就有点勉为其难了。以文化历史考古为例,它在解决时空框架问题上的效用是非常明显的,但是扩展到要解释文化变迁的时候,它常常只能借用传播论或是以环境变化来解释,很难让人信服。过程考古同样如此,在解释文化适应机制方面的确可以弥补文化历史考古的不足,但是它忽视了人的世界主体部分。人不只是适应世界,人创造文化意义,并且被文化意义所影响。这前后相继的拓展,其实也体现了考古学科发展的内在逻辑。

就这一点而言,考古学的发展有点类似生物学,一开始也是分类。生物分类学的宗师林奈(Carl Linnaeus)的父亲也是做植物分类研究的,他的分类像我们的《新华字典》的分类,这种树适合观赏,那种树适合做建材,分类的出发点是用途,完全以人类为中心,而不是以植物本身的特征为中心的。这种划分行不行呢?也行,在实际生活中也是很实用的,但是它没有深入到事物的本质之中,没有"祛魅"——以为世界存在的根源是人。要知道没有人之前,植物已经存在数亿年了。林奈不一样,他的思想完成了祛魅,植物就是植物,他需要做的是在植物特征中找到内在的规律。他建立起来了一种所谓的双名法,其实他当时并没有明确的进化论的思想,但是,后来大家发现,他的做法是符合进化论的。分类是生物学的基础,发现并建立新物种,即便到现在,还是很让人激动的事情。当然,现在的生物学不是以发现新物种为主要目的的,这个目标太小,太不吸引人了。宾福德曾经讲过他自己的经历,他就是学生物学的,学得不错,他的指导老师对他说:"看样子你好像适合学习生物学,将来去哪个洞穴里没准能找出个新物种出来,以你的名字来命名。"①这样的目标直接把宾福德给劝退了,相比而言,人类的演化是永恒的奥秘。

超越了分类的生物学研究什么呢?研究生物是怎么生存的、怎么进化的等等具体的问题,再后来又出现了新的分支,一个分支是生态学,研究物种之间以及物种与环境之间的关联,还有一个分支是分子生物学,是比较微观的,做DNA分析,在基因层面解释物种何以进化。达尔文提出了进化论,但是他的进化论没有解决的一个问题是进化论内在的机制的问题,大家不明白进化是怎么发生的。孟德尔是进化论的开创者。20世纪中叶,生物学完成了一次大整合,把宏观与微观、分类与机制研究等整合到学科的整体之中,生物学正式成为一门科学。

考古学的发展也有类似的过程。一开始也是分类,建立科学的分类,也意味着要祛魅,不再把古物当成神物,就当作是古人生活的遗留而已,它的变化有其内在必然的规律。在此基础上,汤姆森建立起来三代论(或称三期说):石器、青铜、铁器,他的分期建立在具体器物遗存的分析基础之上,包括共存关系分析与风格演变

---

① [美]路易斯·宾福德、[英]科林·伦福儒著,陈胜前译:《宾福德访谈》,《南方文物》2011年第4期。

规律分析。蒙特留斯、皮特·里弗斯、皮特里等等研究者继续发展器物分类学，进一步完善分期。后来，研究者有机会接触到更大范围的材料，发现不同区域有其自身的特征。由此，他们开始采用"考古学文化"的概念，来定义一定时空范围内的物质遗存特征，进而用以代表古代的族群。

生物学的分类是以规律与机制为基础的，这样才能解释物种的起源与变化，考古学的分类也是如此。过程考古强调研究文化适应机制，它立足于文化进化论与文化生态学。按照这条道路往下走，考古学的确是要走向科学，就像生物学一样。

但是，事情发展到这一步发生了反转。新一代的考古学家发现，人类与其他生物有根本性的区别，人类具有能动性，人类不仅适应环境，还改造环境。更重要的是，人类创造意义，创造一个属于自己的世界，并被自己创造的意义所影响。典型的例子就是宗教，这是人类自己创造的东西，并不是世界本身所有的，但是宗教形成之后，对人类的历史产生了巨大的影响。意义的世界是人类专属的，内容极为丰富多样，就拿一件石器工具来说，要确定它的功能，这个目标很具体，虽然也不那么容易实现，但是它是有终点的。而对于意义的研究而言，它可以说没有终点的，了解古人的意义是一步，就像我们研究《红楼梦》，知道曹雪芹原来的想法一样；下一步还需要去理解与阐释，与当代生活结合起来。每个时代都会有自己的《红楼梦》，这也就意味着研究可以无限延伸下去。

要实现理解与阐释，仅仅凭借规律与机制是不够的，因为意义的世界是人的创造。把考古学的诞生与祛魅联系在一起，大家可能觉得有点不可思议，考古学又把这个"魅"给找回来了！为什么呢？我们必须实事求是，人的世界一方面的确有不依赖人类的存在；另一方面又不得不承认，人的世界本身就存在"魅"——人是给物质遗存赋予意义的，魅是人的世界的本质特征。显然，理解后者仅仅通过规律与机制的探索是不够的，因为太复杂了，许多时候又太不符合逻辑了。就符号的象征意义而言，"能指"与"所指"之间并没有必然的联系。只能在特定情境中予以理解，也正因为如此，后过程考古强调关联的方法，通过不断拓展关联，尽可能在情境中把握物的意义。

从分类、机制到情境，考古学对物质遗存的研究在不断深入，围绕这些任务，出现了考古学研究的三大主流范式。这样的演进道路是非常清晰的，我们再去争论哪一个范式更好，是没有意义的话题。你可以说，以我的知识背景，可能更适合在哪个范式中开展研究，而不能说哪个范式是正确的，哪个范式是胡说。这三者之间的关系是一种前后拓展的关系，后者对前者的拓展，这一方面意味着你可以有自己的选择，另一方面意味着你想采用后过程考古范式的时候，不能忽视前面的文化历史考古与过程考古的工作。我们在批判文化历史考古时，不是说这项工作没必要做，这个范式是错误的，而是说考古学仅仅做这项工作是不够的。你不能说我一辈子的工作就是发现与研究一个考古学文化，因为你知道目前考古学文化的时空框架已经梳理清楚了，区系类型的研究已经很细致了。这样研究也是存在边际效用递减的，也就是说，投入更多的努力，产出是十分有限的，按现在流行的说法，就是"太卷了"。你想脱颖而出，你想在学术上有所贡献，那一定要独辟蹊径，开辟新的研究路径与研究领域。

学术研究是一项探索性的活动，是以创新为生命的，重复与因袭对于学术而言是具有致命性的。有些人说你看西方考古学理论源泉丰富，基础雄厚，我们不可能做得比他们更好，能够因袭已经很不错了。但是话并不能这么说，现实也不是这样发展的，发明者不一定就是应用者，中国人发明了火药，但西方人用得比我们好；美国人发明的网络，但我们用得比他们好。能够发扬光大，那么发明就会变成我们的。

科学与人文

不同范式之间的关键区分，从大的方面来讲：一个是科学，一个是人文。这两条路径相辅相成，当然，它们之间又是相互批评的。这是一个讨论的维度，还有一个维度就是解释与理解。这两者之间的关系跟科学与人文之间的关系差不多。一般地说，科学的维度更强调解释，人文的维度更强调理解。当前，绝大部分研究都是以解释为主的，比如关于农业起源、文明起源研究，我们需要去解释，为什么人类社会会选择农业，为什么会走向社会复杂化，并且是怎么出现的。解释必定意味着要寻找合理性，寻找"理"就是寻找必然性。但是，人是能动的，总是倾向于打破必然性。按照自然法则，人类就应该像其他动物一样，从自然界中获取食物，并且受制于自然资源供给。但是人类发明农业，把食物生产过程很大程度上控制在自己手中，打破了其他动物遵循的自然法则，人类历史由此进入了一个新的阶段。至于说近代工商业社会，又打破了农业需要依赖自然生长的法则，把化石资源也利用起来了。也因为存在这样的情况，仅仅通过解释是不足以回答人类文化变迁的。

相比于解释，理解可能是模糊的，但它更倾向于从整体上把握事情的发展。前面我们讨论过西方汉学，总体看来它的方法好像没有问题，方法科学，材料细致、具体，但是你仍然会发现它得出的结论是荒诞的。问题的根本就在于不能理解中国文化，把高度复杂的问题简单化，最后只能导致得出荒唐的结论。现在大家对汉学的认识是很矛盾的，存在两个极端，一个是人家真幸运，能够超然物外，得出更加客观的认识；另一个认为完全是隔靴搔痒，没有多少价值。就认识问题的深度而言，理解是更深的层次。理解意味着你需要切身的接触，要有较长时间的体验，还需要有深入的考察，这些都不是作为旁观者可以取代的。以田野考古工作为例，如果你长期在一个地方工作，就会对当地的考古材料、历史文化、自然环境、风土人情等形成一种具有整体性的理解，进而形成一种直觉。如果突然换一个地方研究，当然可以看考古报告，可以看实物材料，也可以对这些材料做统计分析，但是对新材料的理解程度不会太高，心里会感到没有把握，因为理解是需要时间的，需要把各方面整合起来，形成具有整体性的认识。

理解首先就是对关联性的把握，考古材料的关联是非常广泛的，从自然环境、风土人情、历史文化，到当代社会发展都需要考虑。关联的时空精度具有小、中、大三个层次。如果只是从时间维度上说，就是短、中、长三种时段。小尺度的关联是在具有共时性的遗址内的，中尺度是指区域范围内持续一个文化时期，大尺度就是长时段、跨区域的。三个层次范围的关联都是需要考虑的。考古学研究比较擅长大尺度的关联，从整个人类历史演化的关联来把握。从其他学科的角度来看，考古学研究具体的实物遗存，也具有小尺度上优势。实际情况要更复杂一点,我们在具体物质遗存上的研究并不容易,有时需要大尺度上的把握,这就导致一种循环论证的诟病。比如你先确定人类史前史上存在母系氏族社会阶段的认识,然后去套材料。

仅仅掌握关联性还是不够的,还需要把关联性整合起来,形成整体性,达到具有直觉认识的程度。就像鉴定古画的高手,有些画作只需要露出一角来,他就大体知道是否为赝品。高水平的中医师有断人生死时间的能力,你若是问他具体的理由,他不一定完全能够说清楚,就是一种直觉而已。这么说好像有点玄乎了,这些东西是只可体会而不可以言传的。其实,从根本上说,它是整体性层次上的认识,是无法还原的。我们知道系统论,一加一大于二,整体大于部分之和。认识到整体性是当代复杂性科学的重要进展。人文社会科学研究应该更加重视整体性,以还原论为中心的科学分析破坏了人的世界的整体性,这可能是我们看到不少人文社会科学研究对现实没有多少帮助的重要原因。

缺乏整体性,在局部或单一维度上展开的研究,无论过程看起来多么科学,结论仍然可能非常荒唐。比如有研究基于青铜技术的某些相似性,得出埃及文明与夏文明是一体的。如果研究者对中国文明发展的整体性有较好的理解,绝对是不会这么说的。民科的研究往往只是孤立地去看一小部分的情况,然后得出一个违背整体性的结论,让人哭笑不得,成为笑谈。他自己可能还很不服气,你看我的逻辑有问题吗?我的方法不科学吗?我的材料不客观吗?这些看起来无可挑剔,但一旦整体性错了,便是南辕北辙。人文社会科学研究看起来很好做,没有什么高超的技术方法,但又是非常难做的，往往需要积累数十年，才能写一点有价值的东西，就是因为如果你没有达到理解的话，是很难把研究做深刻的。

人文维度的研究承认多元的视角，不同视角都具有合法性，考古材料的解读不是考古学家专属的。多元视角对于处于移动互联网时代的我们来说，是比较好理解的。一个事件发生之后，在互联网上我们会看到各种各样的解读，肯定会有分歧，但是我们都会有自己的判断。这是个去中心化的时代，传统的精英话语受到严峻的挑战，专家的说法时常有"翻车"的时候，其权威性几乎彻底丧失了。这是不是说，我们这个时代相对主义泛滥呢？我们是更愿意回到那个被权威话语指导的时代，还是愿意留在现在这个时代呢？我想绝大多数人都会选择后者，因为我们不再迷信乌托邦，不再相信人能够掌握全部的真理，我们始终处在认识的过程之中。没有反对意见的权威话语不等于它就是正确的，有许多反对意见的话语不等于不会形成共识。从历史上看，在独尊儒术之后，中国文化的多样性受到了限制，这在某种意义上可以解释为什么中国没有跟西方一样实现向近代社会的转型。正是多元造就了当代中国的勃勃生机。对于一个生态系统而言，多样性造就稳定性。对于一个文化而言，多元是创造性的源泉。

范式之间的关系

前面我们讲到多个范式，它们之间是怎样的关系，如何把它们与考古学研究的核心目标结合起来？我讲一下我自己的看法，过去这些年我一直在研究这些问题，我提出了一个方案，就是围绕考古学"透物见人"中心任务的分层-关联框架，对应我们在第一讲中提到的考古学理论的五个层次,即有关考古材料特征的理论(如考古地层学与考古类型学)、有关遗址形成过程的理论、从材料到人类行为的"透物见人"理论、有关人类行为历史文化社会的理论,以及有关考古学本体论、认识论、价值论的理论。从低到高,构成考古推理的链条,环环相扣,不能脱节。

考古学研究的第一步通常是考古材料的描述与分类(后面我们会说到这不是唯一的出发点),需要把握考古材料的基本特征,了解有哪些东西,是什么时代的,是怎么分布的,如此等等。

然后我们要研究考古材料的形成过程。这在旧石器时代考古研究中尤其重要,这个阶段自然因素的影响容易被忽视,人不是导致遗址中动物骨骼富集的唯一动因,还有其他动物如鬣狗也会收集动物骨骼;地层经过反复融冻过程,可能会导致文化沉积物的混合;洞穴不断坍塌的沉积过程会影响其他松散沉积物的分布,巨石上方的沉积物与侧面底部的沉积物可能是同一时期的,尽管高差明显……对于新石器时代考古而言,材料形成过程的研究更多关注废弃过程,并不是所有的东西都是遵循同样的法则废弃的,废弃的速度、是否预期返回等因素会明显影响废弃物的构成与分布,我们已经在一些新石器时代聚落遗址中发现,部分房址内的出土物非常丰富,而且保存完整,而在另外一部分房址中,则是出土物寥寥。出土物的差异会影响到我们对不同家户生产与生活方式的判断。对于历史时期的遗址而言,除了考虑后期扰动(盗墓)之外,可能还要特别考虑不同时期物品的混合,传世的早期物品很可能会出现在晚期的遗存单位中。如果不加甄别,在分期过程中就可能导致误判。假定所有的材料都经历同样的形成过程,对于后续的考古推理是有损害的。

第三个层次是狭义的"透物见人",以前我们讲了很多,其中包括从上而下、从下而上的推理过程,此外,还存在一个平行推理,即运用民族考古、实验考古等,建立起中间理论,帮助我们完成考古推理过程。这里我们要谈的是跟这个相关的,从另外一个维度来看,即物与人关系,一个是从物到人,一个是从人到物。这两条思路中,前者从物到人更科学一点,后者从人到物就比较人文一点。

我们以宴飨与农业起源的关系来分析这两条路径。一般的研究都是讲物影响人,人口、环境、生态、技术等等一系列变量的改变,最后导致史前人类走向资源的广谱与强化利用,最终导致驯化。现在大家开始注意到,还可以反过来讲,农业起源是人本身的改变,是狩猎采集社会自身发展的结果。我们通常把他们的社会想象成平均主义社会,说成是原始共产主义,事实情况可能并非如此。按照莫里斯的研究,狩猎采集时代人类死亡与冲突的比例大概在1/10,高的时候有1/5。而从1820年到1949年,这是一个特别血腥的世纪,人类死于冲突的也只占总人口的1.6%。①那个时候是很暴力的,争夺地盘、血亲复仇等都是战争的理由,面对面的战斗规模并不大,甚至是仪式化的,造成的人口损失较小。但是偷袭会导致严重的伤害,晚上突然打到人家村子里去了,妇孺老幼就会死很多,加上那时候又没有什么医疗条件,也没有政府管控,杀人跟猎杀动物没有什么区别。所以,对于狩猎采集群体而言,也特别需要

---

① [美]伊恩·莫里斯著,栾立夫译:《战争:从类人猿到机器人,文明的冲突和演变》,中信出版社,2017年。

加强群体的凝聚力，需要通婚结盟，当时一个有效的方式就是请客吃饭。在群体内部，宴飨也是获得威望的方式，谁能浪费的起，谁的社会地位就可能更高。这种习俗在现在的农村社会还有残留。宴飨是社会需要，但宴飨需要有生产剩余，这就让农业起源有了充足的社会动力。

霍德在他一本书中提到：人类之所以搞农业是为了更好地狩猎，而不是为了走向农业社会。他发现遗址里面的图像、艺术品都是跟狩猎相关的，没有跟农业相关的，社会地位的获取也是跟狩猎相关的。搞农业只是为了狩猎，这个结论表面上看起来很合理，但可能是一种误解，你看宴飨的时候，请人吃饭，吃什么？总不能是粗茶淡饭吧，一定要吃一些所谓的高端的食物，山珍海味。自然是越难打的猎物越好，越大型的猎物越好，但是你需要知道支撑宴飨的经济基础是什么，是农业生产。宴飨的东西都是昙花一现，主要是为了展示，为了拉拢，为了炫耀，为了这些目的，一般人吃的还是普通的。因此，我觉得霍德的观点是一种误解。

第四个层次就是从文化、历史、行为或者社会这个层面上去进行研究，这就是一种更高层次的研究，你甚至还可以考虑到心理，现在就有些研究者从心理学的角度来研究考古。如在石器研究中，其中一个很重要的领域就是文化认知、认知心理，研究人怎么知道该这么做，这么做在认知上有什么意义。再比如莫里斯讲战争，从起源到现在，他的博士阶段方向是考古学，后来开始做综合性的研究。目前中国还少有这样的研究者，大家都是老老实实地做出土材料，能够上升到文明起源层次上已经很高深了。把讨论人类社会演化这样的大问题视为不务正业，一般是比较反对这么去做的。

最后就是我们说的本体论、认识论、价值论。这里面比较典型的就是后过程研究,你看他们的一些专著,怎么看起来不像考古学著作,倒是更像是哲学著作。考古学现在似乎也高端化了,我们开始讨论一些比较深入、比较具有普遍性的话题。人类学其实走过这条路,我们知道的列维-施特劳斯,他影响了哲学,形成了一个哲学流派。这个很重要,不要说哲学是哲学家的领域,其他领域的人也可以上升到哲学高度的。

中国考古学如何实现范式变迁?

当代中国考古学存在怎样的问题呢?如何才能实现范式的超越呢?目前的研究思路无疑是可以进一步拓展的,超越完全以考古材料为中心的研究。应该承认,考古材料是研究的重要部分,但不应该是唯一的部分。如果把考古材料当成是唯一合理的研究对象,那么西方考古学的好多研究都不能成立了。宾福德去阿拉斯加研究当时的努那缪提人,拉什杰(Rathje)研究现代社会的垃圾;霍德他们与遗址当地的居民座谈,搞现象学的考古学的研究者钻到欧洲巨石墓中去体验那种幽闭的感觉,约翰逊研究 15 世纪的房子……这些都不是以传统考古材料为研究对象的。我自己在做博士论文的时候,研究中国农业起源问题,采用了宾福德建立的生态模拟方法,用的是现代气象站资料,模拟在当下的环境里狩猎采集者的文化适应模式。

回到当代中国考古学,我们有些方面还是发展得不错的,前面我们也讲过了,我们有文化历史考古,也有马克思主义考古,还有功能主义、过程考古的也做,甚至性别考古也有人在做。但是,到现在为止，我们还是不敢说我们有范式的变迁，我们是否能够实现范式的变迁呢？或者说，要变迁的话，我们往哪里变？怎么变？这些是跟大家以后的研究密切相关的，我也没有一个答案，需要大家一起来想一想。

——我觉得是推动中国考古学范式转型的动力应该来自研究自身的压力。一是竞争性，二是以材料为中心的研究导致的紧迫感或者压迫感。拿历史考古来说，应该通过新材料、新研究来拓展研究视野，同时深化对原有材料的挖掘深度。

讲得很好。我觉得还可以延伸一下，那就是关注理论方法与材料之间的张力。张力实际上就是一种矛盾关系，在西方考古学中就存在这样一种很强的张力，过程考古学批判文化历史考古，后过程考古又批判过程考古。批判之后，就会有回应：你说我不能做到，你做个样子给我看看。过程考古受到后过程考古批判后，反过来回击：你有什么方法实现研究目标？后过程考古一开始并没有方法，于是赶快去找方法，后来提出来反身的方法、现象学的方法等。正是这种张力，推动了考古学理论的发展。在中国考古学中这种张力有点少，大家都说好，缺乏必要的学术批评，尤其是建设性的学术批评。为批评而批评，属于"杠精"的范畴；站队式的批评、带着个人恩怨的批评，对于学术发展帮助不大；良性的学术批评是大家围绕共同的学术目标各尽所能。我们不能满足于现状，觉得当前中国考古学发展得很不错，以前我们连个考古报告都出不起，现在这么多的考古报告出版，学术出版也很活跃，也有经费做研究，设备比国外的还先进，似乎不应该自找苦吃，寻找学科内部的张力。学术批评有时候是一种很重要的东西，如果我有可能办一本期刊的话，我想办《中国考古学评论》，通过评论的形式让大家提出不同的看法，有不同的看法就可能有学术张力，有张力就有动力。

——上次去听了一个讲座，是关于早期中国的叙事和想象的，其中就提到中国考古学的一个状况：此前由几位大家引领整个学术发展，整个学科存在共用的方法，但现在我们要做好心理准备，需要寻找新的不同的方法，而不是继续沿用前几代学者们研究的思路和方法。所以要想突破这种情况，就必须要有改变。

我们在讲文化历史考古的时候讲过，文化历史考古是中国考古学中唯一成熟的范式，由此对旧石器时代考古、古典-历史考古都有很强的约束性。

最近这些年中国考古学的研究重心是中华文明探源，这是一个很大的课题，组织了三四百名不同学科的研究者，可以代表中国考古学研究的最高水平。我们就以它为例来分析中国考古学研究的发展。以前我不太喜欢这种大科学研究，总觉得是形式主义。而从中华文明探源工程的实际效果来看，效果还是很不错的，我将其成绩总结为"三个超越"：超越了夏代，超越了中国，超越了国家。

研究发现，中华文明的源头已经超越了夏代，从距今3800年提前到了距今5800年，提前了差不多2000年的时间，前期有崧泽、凌家滩、东山村、牛河梁、良渚、石家河等，后期有陶寺和石峁，有很完整的文化发展序列与格局，你是否承认夏代已经不重要了，因为在此之前中华文明已经很系统了。

如何看待超越了中国呢？现在一个热门话题是"何以中国"，中国在哪里？就是豫西、晋南那么一点点地方吗？那剩下的中国从哪里来的？如果我们采用西方的话语，那就都是"扩张"来的，商

"扩张",由此是商帝国;周再"扩张",就是周帝国;到了汉唐那就更是"扩张",所以中国是不断"扩张"的。某种意义上说,西方特别希望我们沿着这个思路去思考,中国整个的政治史就是扩张史。你可以扩张,那别人也可以扩张,凭什么这是你的领土?由此证明你跟西方一样是个霸权主义国家。中华文明探源工程显示我们的文明起源是有一个大的框架的,是群星璀璨,是长江后浪推前浪,是向心的不断的竞争与融合,中华文明的形成模式与西方的确存在很大的差异。

第三个超越就是对酋邦和国家概念的超越。以前总是在讲酋邦,酋邦是个民族学的概念,近现代还有些海岛地区与非洲存在酋邦。国家是近现代的政治概念,通常是指民族国家,英文称为nation。酋邦与国家这两个概念实际上都不足以描述良渚,我们需要自己的概念。就像日本史前考古中用"绳纹时代",为什么他们不用中石器时代呢?其实绳纹时代与中石器时代具有非常相似的性质。用什么来命名不仅仅与自身的文化背景有关,还涉及文化话语权问题,我们采用了"古国"这个概念。

中华文明探源的考古学应该说是比较成功的,那下一步怎么做呢?接着找材料吗?接着讨论古国,更细一点?老一辈学者已经把甘蔗嚼得差不多了,那是属于他们的成功,我们需要一个转折。断奶是一件很苦的事,断奶意味着走向成熟。目前有两条可行的路径:一条可能是沿着现有的思路接着往下走,文明探源,可以扩展到世界范围,研究世界其他文明,做比较文明、文明交流研究,也可以做成国家级的大项目大工程,最后出一套书,叫作《世界文明大系》。

另外一种做法就涉及范式的变迁了,转向比较近似于过程考古的研究,探讨文明起源的机制。研究古国时代的社会组织究竟是怎么运作的。我们跟一般的文明组织有什么区别？世界上不同的社会像西亚地区、埃及、中南美洲，不同的社会是怎么达到文明阶段的？这里文明是对社会组织复杂程度的衡量，从过程考古的角度开展研究是另外一种思路，这样的研究会促进考古学与人类学、历史学、社会学、政治学、生态学以及复杂性科学的合作。

范式变迁还可以进一步扩展到后过程考古层次，这里说的中华文明探源更多是要探讨中华文化的渊源，讨论我们的文化是怎么来的，从宗教礼仪、社会伦理到饮食、服饰等各个方面。中华文化丰富多彩，有许多东西可以去研究。当前的中国精英比较喜欢收藏西方的艺术品，不过，近些年来，我们看到文化回潮，以汉服为代表的文化传统正在回归。"为往圣继绝学"，正是中华文化探源的使命。就这个方面的研究，我提出了一个概念，叫作"文化考古"。我相信，这应该是未来中国考古学的重要发展方向。

总体而言，中华文明探源研究还是以文化历史考古为主的，正在走向功能主义，开始关注史前社会不同方面的相互作用。就中华文明探源而言，走向过程与后过程考古研究都是有可行性的。

——研究范式跟研究者本身的视野和思路有关，但这其实不是一个个体的问题，而是学术整体的问题，还涉及与其他相关学科研究的关联，涉及一个知识体系的整体联动。再者就是科学和人文的区别，科学可能会出现划时代的变革式的改变，但在人文学科中，不存在这种断裂式的研究，正如上面所说的，中华文明探源文化历史考古在做，过程和后过程考古也可以做，可能在中国不存在这样一个范式变迁的条件。

说得很好。知识体系上的联动是存在的，就像过程考古的出现，不光是在考古学出现了，在地理学中也出现了，甚至在哲学中也出现了。这是一个时代精神问题，整个社会背景都发生了变化，第三次技术浪潮、整个西方青年的反叛精神，全方位联动，不仅仅是在考古学外部的，考古学科内外整体联动。过程考古如此，后过程考古同样如此。

你刚才讲的也是很有挑战性的。考古学研究中究竟有没有范式变迁？有的认为有，有的认为没有，因为考古学研究是一个连续的整体，充其量是不同发展阶段而已。我们需要进一步去分析，理论、方法与材料之间是有关联的，好比说你按文化历史考古收集的材料，是很难回答过程考古的问题的。我看到一把石斧，如果采用文化历史考古的方式，我会特别关注它的形制特征，赵宝沟文化的石斧边缘起棱脊，一看就跟兴隆洼、红山文化的不一样，红山文化的石斧有更大的。但是，如果采用过程考古的范式，我会首先侧重去看它的刃口特征、重量的变化、长度的变化，因为这些跟砍伐的强度相关。考察石斧重量的变化，不难发现，新石器时代辽西地区的砍伐强度在红山文化时期达到了顶峰。红山的石斧很长，有好几公斤重，它可以砍大树，兴隆洼文化的石斧，一般重量大概也就600多克；赵宝沟文化时期，重量提高并不是很大，但是变得更扁了，显示人们对精度加工、细致程度有了更高的要求。过程考古更关注与文化适应相关的东西。也就是说，不同的范式中，研究材料并不是完全一样的，在这个意义上说，范式还是存在的。

当然，范式变迁并没有像许多人想象的那样，后面的范式把前面的一个给彻底替代掉，认为之前做的都是错误的，完全是误入歧途的，并不是这样的。考古学的范式变迁实际上是一种拓展，是研究向更高的一个层次进发。范式变迁是存在的,很多学科中都存在这种现象。刚才说的人文的视角比较反对革命,强调继承,而且认为革命对人文有很大的伤害。我们强调范式变迁的说法,反对范式革命的说法。托马斯·库恩有《科学革命的结构》(*The Structure of Scientific Revolutions*),"革命"的说法比较夸张,是学术出版的宣传语。实际上范式变迁都是在前者的基础上进行的,重新定义不同范式的适用范围。现代主义的思维方式才认为历史是负担,要加以抹除,这个思路是乌托邦式的,不是实事求是的态度。

——当出现新的问题,既有的范式无法解答的时候,我们就需要去寻找新的范式。

不可否认,新范式与旧范式之间可能是存在矛盾的,甚至有比较尖锐的矛盾。我们知道过程考古兴起之初,先驱者如瓦尔特·泰勒,他也提了很多新想法,但他没有成功。枪打出头鸟,他一直受到学术界的排斥。过了10多年,到了20世纪60年代的时候,宾福德再提出来类似的想法,当时还是有很多人反对,被布莱德伍德(Robert Braidwood)给踢出了芝加哥大学,找了个理由说他没博士文凭。所幸宾福德当时不是一个人,还有年龄比他大的,包括一些资深的考古学家像保罗·马丁(Paul Martin)支持他。还有比他年龄小一点的,像沃森(Patty Watson),还有一批杰出的学生像弗兰瑞(Kent Flannery)。1968年在美国考古学年会的时候,他们集体亮相,出版了《考古学的新视角》一书[1],过程考古正式走上学术

---

[1] S. R. Binford and L. R. Binford eds., *New Perspectives in Archaeology*, New York: Aldine, 1968.

舞台。如果没有这么一群人的话，单独一个两个人在那里倡导，是没有用的。在中国考古学里面，我们有没有这么一群人呢？有没有感觉什么新气象呢？

——现在就是有人想做过程和后过程考古的研究，但是限于考古材料，还有学科交叉方面的问题，人类学和哲学资源比较有限，这些研究也难以开展。还有就是目前文化历史考古可以满足大部分的研究需求，所以我们也就没有必要再去寻找新的研究范式。

你认为现实的情况一方面是考古材料的限制，另一方面是没有需要。前面我们说过，按照一个范式获得的信息，不足以回答另外一个范式的问题。我们都有这样的体会，很大的一本考古报告，绝大部分的篇幅是器物的描述，然后附录一些动植物、石器、陶器成分遗存的鉴定报告，你想做一些过程考古的研究，就会发现相关信息太少。比如说我想了解房屋的废弃过程，那么我就需要房址内器物准确的分布信息、保存完整程度的信息（不是可复原的完整性），我需要知道这些器物是分布在原位还是集中安置的。但是，很遗憾，很少有报告会详细描述这些内容。

我们的考古学教育，从本科阶段开始就是高度专业化的，我们的基本目标是，本科毕业之后能够主持田野发掘，硕士毕业生能写一篇考古发掘简报，博士毕业能够写一部考古发掘报告。

我们都知道，过程考古兴起的基础是什么，它包括文化进化论、文化生态学、文化唯物主义等一系列的思想，还包括系统论、碳十四以及计算机技术等科技进展。它们一起推动了过程考古学的出现，如果没有这些学科的支持，没有这些思想基础，过程考古显然是不足以建立起来的。

我们再从学科的外部关联来看，在跟法国学者交流的时候，有学生问法国为什么不做文化历史考古。法国学者说：我们以前也做过，现在也做，只是重点发生了改变。为什么中国还要继续做文化历史考古呢？可能因为中国现在还是一个发展中国家，正在崛起中，想在世界民族舞台上寻找自己的身份。中国以前一直不是一个民族国家，更多是一个文明，没有明确的疆域，只有文化认同，是近现代落后挨打后，才有了明确的疆域，开始形成中华民族的认同。对于促进民族国家而言，文化历史考古还是很有必要的。

为什么美国考古学偏向于过程考古学？因为美国是帝国主义，可以在世界范围内做研究，需要讨论具有普遍性的问题。在美国采取孤立主义的时候，人类学中流行的正是博厄斯的文化特定论。二战结束后，美国的实力如日中天，这时候的考古学开始流行文化进化论，偏好普遍主义、规律。

学术研究是深受时代背景影响的，这不是说学术是时代的奴仆，而是说学术不可能脱离时代。如果缺乏时代精神的话，必然会被这个时代所唾弃。如果时代精神都变了，你还死守原来那一套，无法接受新的时代，就像辜鸿铭，非留个辫子，成为笑谈。抗日战争时期大家都以民族兴亡为己任，但周作人说，我要和平，我不想看到牺牲，还显得特别痛苦的样子。但他苦什么呀，在北大拿着那么高的工资，日子过的好得很。在民族危亡之际，净是些个人的哀怨，很显然不行的。后来他做了汉奸，跳进了泥淖再也洗不干净了。这说的就是时代精神的重要性。

我们现在的时代精神是什么呢？这是大家需要思考的。为什么我刚才说下一个大工程是世界文明的比较，因为中国日渐开放，迫切需要了解外面的世界，迫切需要从全球的角度思考自身的问题。以前我们只需要管好自己的问题，把自己的材料弄明白，现在我们可能需要从世界的高度来思考我们自身的位置，以后我们肯定要做国外考古，肯定会越来越多，我们需要更多了解世界不同的地区的文明或文化发展历程。所以，大家对此要有心理准备与物质上的准备，物质上的准备包括语言上的准备，除了英语之外你最好再学一种语言，那会很有用的。这是先机，可以学西班牙语，在整个的拉美地区都可以用；学法语，在非洲许多地区可以使用……除此之外，还需要看到，随着中国进一步发展，西方必然会认为我们动了他们的奶酪，会施加更多的封锁，发展中国的自主学术体系是必须要做的事情。何其为自主知识体系？不是指一个封闭的体系，而是指在理论、方法与实践上能够相互促进，具有原创性的体系。在这样的时代背景下，你认为我们的时代精神会是什么呢？对西方亦步亦趋肯定是不可行的，封闭起来更不可行。开放包容，独立自主。两者看起来似乎有点矛盾，但又是相辅相成的。我想这应该是当代中国的时代精神。

从外部关联来看，另外一点就是要打破我们学科之间的藩篱，别总是在考古的圈圈里转，你们最好辅修一个什么专业，不要仅仅只学一个考古，可以辅修另外一个专业，经济学、社会学、人类学、心理学等等，都很好。换个角度来看问题的话，会很不一样。当代中国考古学的问题仅仅在考古学范畴内，已经不能回答了。中国学术的总体发展，已经要求不同学科之间需要密切的合作。目前，考古学与自然科学的分支学科之间，合作非常多，形成了不少新的学科分支。考古学与人文社会科学的合作其实是更重要的，但是现在做得不是太理想，考古学家与这些学科研究者之间的对话不大畅通。但是，需求已经产生了，这就为范式变迁提供了比较有利的外部条件。如今我们每年入学的考古文博方向硕士研究生至少有一两千人，博士生有近两百人，如此之多的后备人才，如果都采用相同的方式进行研究，那就会极度内卷，要避免这个，必须提前做好准备，要考虑超越现有考古学的范畴。

——考古研究的范式变迁是跟其他学科的进步相关的，比如哲学社会科学领域的。我们需要他们的配合，我们是否会出现范式变迁，主要还是跟考古学内部发展相关，比如现在的考核机制就把我们给限制住了，一旦有一定的奖励或激励机制，就能使大家跳出这个循环。

我赞同你这个观点。确实需要在实践层面上来做一些变革。具体从哪里着手，可能是需要考虑的。因为你一旦突破范式，可能意味着挑战了既得利益者，如果是由个人来承担代价的话，就可能像泰勒似的，搞的自己最后郁郁而终。这是一个很现实的问题，可能也需要社会同步的变革。在这个网络时代，情况可能跟以前不大一样了，一旦产生了连锁反应，放大效应是相当惊人的。以前的时代是精英的时代，就像宾福德，登高一呼，响应者云集。而今不需要是精英，也可能产生巨大的影响力。所以，我们需要努力改变，但究竟什么时候会产生根本性的变化，那是不确定的，需要交给时间。

——学术批判是学术发展的动力，应该要去反思，回溯我们研究过的东西，比较过去与现今的不同，思考还有没有可以改进的地方。

从反思考古学史的角度来看，你会发现现实很合理，一切的由来都是有原因的。反思现在有点近似贬义词，成为灌输某种理念的工具。我倒是更喜欢一句俗语：不怕不识货，就怕货比货。学术批判就是在比较，比较不同时期、不同地区、不同理论、不同实践……从中看出哪一些是可取的，哪一些是应该放弃的。

考古学的发展更多是在寻找新的问题，看看考古学还可以研究什么。最近这三四十年，我们实际上可以做的更多一点。有人说材料研究到一定程度、科技方法进步到一定程度自然形成理论，实际情况好像并非如此。相比于中国考古学，日本考古学照说应更发达，但日本考古学基本上不讨论理论问题，只讨论方法。

——我本身是害怕不确定性的，无限的解释也可能是后现代的圈套，会陷入到另外一种困难中。

我的理解是这样的：后现代打破了以前那种像乌托邦似的框架，现在是趋于碎片化，这种碎片化可能意味着重组的机会，而不是说从此以后一直都是碎片化。就像我们看到了最早的后现代建筑，就是把那些现代主义的建筑规则与元素全都打破，重新拼装，它不是一直让它处在碎片化状态，而是重新拼装成一个新的形态，就像我们看的大裤衩，水立方，鸟巢，等等，都是比较典型的后现代建筑。碎片化重组就是创新。北京就是"大裤衩"，广州就是"小蛮腰"，上海就是"东方明珠"，有高度的识别性，后现代就是带有很强的标志性。相比而言，现代主义的建筑师是充满了乌托邦精神的人，很理想化。建筑就按建筑师相信的那套规则来，你舒不舒适不重要，就像赖特设计的流水别墅，为了充分发挥材料的特性与建筑师的愿望，设计出来一个悬挑的结构，修的那个房子花了二三十万美元，后来维修花了七百万美元。

我们这里所用的范式已经做了改变，有时候相当于一个流派，但因为它有自己的核心概念纲领，相应的理论方法，并在此基础上形成的成熟的实践体系，因此具有很强的约束性，就像我们看到的文化历史考古对其他考古分支的约束一样。尽管考古学文化的概念在旧石器时代考古里面根本就没法用，但是大家还在套用这个话语体系。范式意味着话语体系，不按它的规则来，你就不能出版，申请不到项目，也得不到评奖的机会……范式可能有点像《黑客帝国》电影的英文名称"Matrix"，它塑造了我们的认知方式。如果不改变认知方式，我们就可能看不到一些重要的东西。

——范式的变迁也跟相关考古人才的缺失相关。

对，说得很好。不过人才都是历练出来的，就如同革命时期一些地方出了很多将军一样，如果不参加革命，估计他们就会当一辈子农民。

范式变迁需要有创新意识的人去努力尝试，至于说何时范式变迁会发生，只能说功到自然成，时间与方式都具有不确定性。非常希望在这个课堂上能够走出更多努力去创新的人。因为创新是学术的生命，这是我们为什么强调范式变迁的目的。

后　记

　　讨论是大学课堂上最美好的事情之一，至少对我个人来说如此，我很喜欢这样的形式，似乎在这个方面也有点特长，或者说经验。做了许多年的学生，四年本科，三年硕士，在国外读博士又花了六年；如果再加上两年博士后的话，前后就是十五年。博士后的经历比较特殊，此时我已经开始开设讨论课。一晃到现在，将近二十年了。大半的人生都是在课堂上度过的，所以说多少有点经验。课堂上，大家围绕一个主题，反复商讨，的确是一种获取学问的有效方式。"三人行，必有我师"。商讨之中，谁是老师并不重要，重要的是，我们是否在认识上更加深入了。商讨必定意味着质疑，有质疑才有进步，古往今来的学术发展，都是如此。

　　某种程度上说，我是一个有点"社恐"的人，但是我却很享受与学生的讨论。这种讨论很单纯，没有什么社会关系的考虑，学生就学术问题的认识深度或许不如我，但是他们有时就像安徒生童话《皇帝的新装》中的孩子，直接戳破被学术语言包装的所谓"常识"，这无疑是讨论课上的高光时刻。"风乎舞雩，咏而归"。中国文化中似乎有一种"师友"传统，孔夫子开先河，老师与学生之间，亦师亦友。"传道、授业、解惑"，韩愈的笔下，老师与学生之间也是反复商讨，老师并不一定比学生高明，学生不一定不如老师，大家以"道"为指针。我所讲的理论课，有点类似求"道"，考古学的"道"，我说的也只是参考意见，"道"的追寻才是永远的。

人生第一次接触讨论课是在严文明先生的课上，那时我在北大上硕士。前不久，严先生过世，他在课上的音容宛在眼前。严先生说他的课叫"习明纳尔"。这是英文 Seminar 的音译，就是研讨课。后来我才知道这个词来自拉丁语，原义是"育种的地方"。这个说法真的还挺准确的，严先生具体在课上讲了什么，我已经完全忘记了。但是，我在这个课上做的小报告《中国的旧新石器时代过渡问题》，后来成为我的硕士论文的出发点，也是我的博士论文重点研究的方向，再后来就是《史前的现代化》这部著作。研究的种子就是在这个研讨课上被埋下的！学习终究是学生自己的事情，尤其是到了研究生阶段，启发远比教授要重要。让学生去探索，在探索中培养兴趣，由此而产生不断前行的动力，研讨课的价值正在这里。

在国外读博，课程大多都是研讨课的形式，老师布置讨论主题与阅读材料，每次课上，由一名或多名同学讲一讲阅读的体会，然后进入讨论环节，老师的点评或长或短。这样的课堂对学生来说，其实挺有压力的，尤其是轮到自己主讲的时候。有些遗憾的是，我的英语不好，在课程讨论环节，总有些跟不上；课程阅读材料也只是囫囵吞枣，暂且读过。许多年后回顾，才体会到这些课程的意义，它们帮助我打开了视野，正所谓"师傅领进门，修行在个人"。指望通过一门课就掌握所有的东西，是不现实的，但是，没有这样一门课，学生往往又没有基础与框架。视野比知识重要，这也是

《科学美国人》杂志的宣传语。读苏辙《上枢密韩太尉书》,"且夫人之学也,不志其大,虽多而何为?辙之来也,于山见终南、嵩、华之高,于水见黄河之大且深,于人见欧阳公,而犹以为未见太尉也。故愿得观贤人之光耀,闻一言以自壮,然后可以尽天下之大观而无憾者矣"。读书问学,首先就是要打开视野,研讨课的目的就在于此。我的理论课采用的就是这样的形式,希望能够帮助学生拓展在考古学研究中的视野。

把研讨课变成一本书,是有点异想天开的,好在有古希腊哲人苏格拉底、柏拉图这样的先例。苏格拉底的《对话录》、柏拉图的《文艺对话集》这样的名篇都是以对话的形式写作的。我很喜欢这种自由、自然的形式,在交谈之中,主题逐渐深入,一如我们日常的交谈。在宾福德教授的课上,他对我说过一句让人印象深刻的话:在课堂上,从来只有愚蠢的回答,没有愚蠢的问题。我也是这么对学生说的,而且我也确实是这么认为的。我们都在探究这个世界,有什么问题是不可以追问的呢?然而,面对复杂的世界,我们的回答完全有可能是愚蠢的。读者在书中可能也会发现,年轻一代的头脑是开放的,他们没有那么多的条条框框,有些问题相当犀利,我其实是无法回答的,或者说我的回答有可能是愚蠢的。暴露问题,启发思考,正是"对话"应有的意义,这可能也是西方文化中特别值得学习的地方。

考古学理论课程的形式是对话,也许我们把这个意思进一步引申一下,当代考古学理论发展的本身就是在对话。前者是形式,后者是内容。当代考古学理论发展中,范式、视角或主题众多,它们就像是有许多人在七嘴八舌地表达自己的主张。于其中,我们仍然可以听到两个主要的声调：一个是主张科学的，另一个是主张人文的。当代考古学理论发展的基本线索就是科学与人文的对话。

考古学的核心任务是透物见人，而如何去透物见人则是一个困难的问题。物质遗存又不会讲话，是考古学家代它们讲话。考古学家的讲话如何能够成立呢？从科学角度出发，必定主张发展考古推理，考古学研究不能总是如盲人摸象。无论获得多少信息碎片，都不可能得到"大象"这个认识，除非他们心中已有大象的观念或模型。盲人或许没有看到过大象，但是他们的心目中是有动物的观念的，也知道动物有各种各样的。如果脑海中真的已有大象的样子，那么很可能在有限的触摸之后，就知道触摸的是什么东西。大象是"人类过去"的比喻，发展有关人类过去的观念或模型应该是考古学理论的目标。当前，我们看到不少研究始终都是就材料说材料，跟人类过去基本不相干。其他学科很难利用考古学的成果，也无法与考古学家有效地对话。考古学的理论研究还大有可为。

从人文的视角出发，认为物质遗存本身就是文化意义。这样的意义是人类的主观设定的，不是物质本身所固有的。就同一物质，不同社会、不同历史阶段可能会存在不同的意义。要理解这样的意义，不是通过考古推理就能实现的，需要深入到文化背景中去，需要切身的体验。就如同读《红楼梦》，仅仅认识其中的文字是不够的，完全不了解中国文化、中国历史，是不可能读明白的。我们研究古代的墓葬、图像、建筑，乃至于器物，就像是在阅读古代遗留下来的经典。科学与人文视角都认为自己是正确的，它们都批评对方，其实两者是互补的。科学与人文不应该是分裂的，对话才能帮助我们更深入地了解人类过去。

考古学理论讨论还不止步于此，它还是人与物的对话。在当代考古学理论中，如迈克尔·谢弗、伊恩·霍德等，他们甚至主张考古学就是一门研究人与物关系的学问。千百年来，人就不断在与物对话，难道不是这样的吗？人们创立了偶像，晚近的有佛像，更早的是石雕，甚至可能只是一个粗略削成的木块（类似鄂伦春人挂在树上的神偶）。人们虔诚地与偶像沟通，在万物有灵的史前时代，偶像可能是一切物质，从河流山川到日月星辰，甚至是岩石草木。考古学是通过物质遗存来研究人类过去的学科，理解人与物的关系自然是重中之重。我们知道古人可能一直都在与他们的物质世界对话，我们很想知道他们究竟说了什么，又究竟受到了怎样的影响。

考古学理论还是历史与现实的对话。尽管考古人关注的对象是人类过去，但考古人生活在当下。换句话说，我们是为了现在而去了解过去的，读者也不难发现，书中的对话很多时候正是这样的。两千多年前，司马迁其实已经说出了考古学的宗旨，"究天人之际，通古今之变，成一家之言"，考古学凭借超长的时间尺度、扎实的物质遗存基础，可以帮助我们认识历史、理解现实。对话是多层次的，如果进一步引申的话，我们还可以发现更多的层面，比如中西之间，如何让流行于西方的考古学理论为中国考古学所用；再比如性别之间、专业群体与公众之间……对话也许不能解决问题，但至少可以帮助我们发现问题在哪里。对话是人类社会永恒的需求！

苏格拉底、柏拉图的时代没有录音机，对话的记录是不可能完整的，可能只是有些粗略的记录，然后补充加工成为著作。对话只是形式，没有必要纠结于他们是不是这样说的，重要的是讨论的内容。我们这个时代有录音设备，本书就是源于课堂上的录音；然而，我不得不承认，我们的交谈远远没有达到出口成章的地步，仍然需要不少的加工与补充。跟古希腊哲人相比，我们幸运有录音设备，所以保留下来的原汁原味的东西更多；我们也不幸有录音设备，因此不能够去粗取精，让自己的讨论更加精辟。

最后，非常感谢浙江人民出版社的出版团队，是她们的慧眼与耐心成就了这样的一本书。学生刘睿喆把课堂录音整理成初步的文稿，戴然与王宏炜协助清读了文字。聪明或是愚笨，深刻或是肤浅，正确或是错误，都是作者的责任。阅读就是对话，恳请读者批评指正！

陈胜前

2024年5月5日于中国人民大学